三つの世界の狭間で

西欧・ロシア・オスマンとワラキア・モルドヴァ問題

Akitsu Mayuzumi
黛 秋津……………【著】

名古屋大学出版会

三つの世界の狭間で

目次

デンマーク
モスクワ
大公国
ポーランド
ハプスブルク帝国
ハンガリー王国
モルドヴァ
トランシルヴァニア
ヴェネツィア
ワラキア
オスマン帝国
国境
半独立国の国境線
神聖ローマ帝国

地図 1　中欧（1570 年）

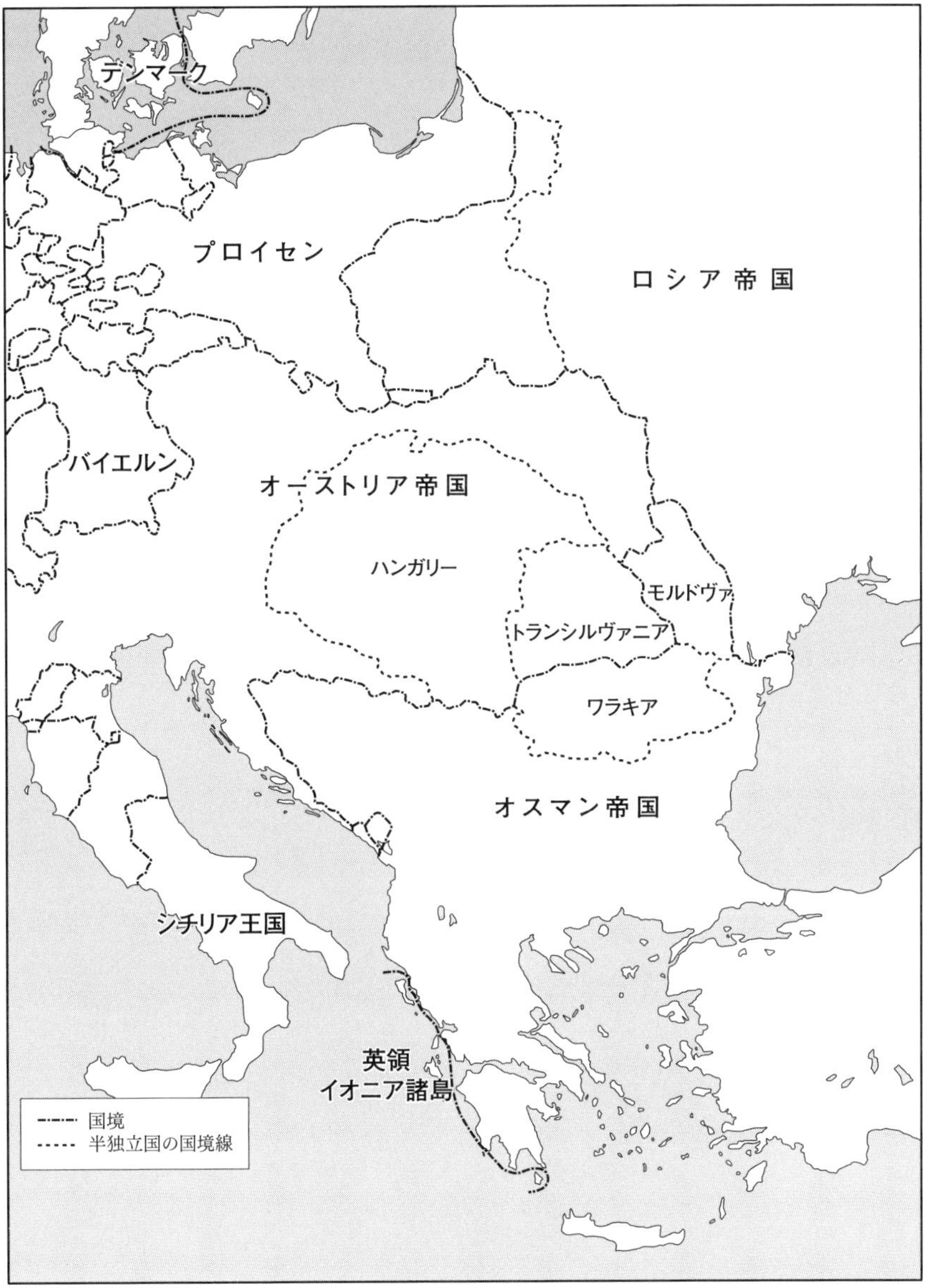
デンマーク
プロイセン
ロシア帝国
バイエルン
オーストリア帝国
ハンガリー
モルドヴァ
トランシルヴァニア
ワラキア
オスマン帝国
シチリア王国
英領
イオニア諸島
国境
半独立国の国境線

地図 2　中欧（1815 年）

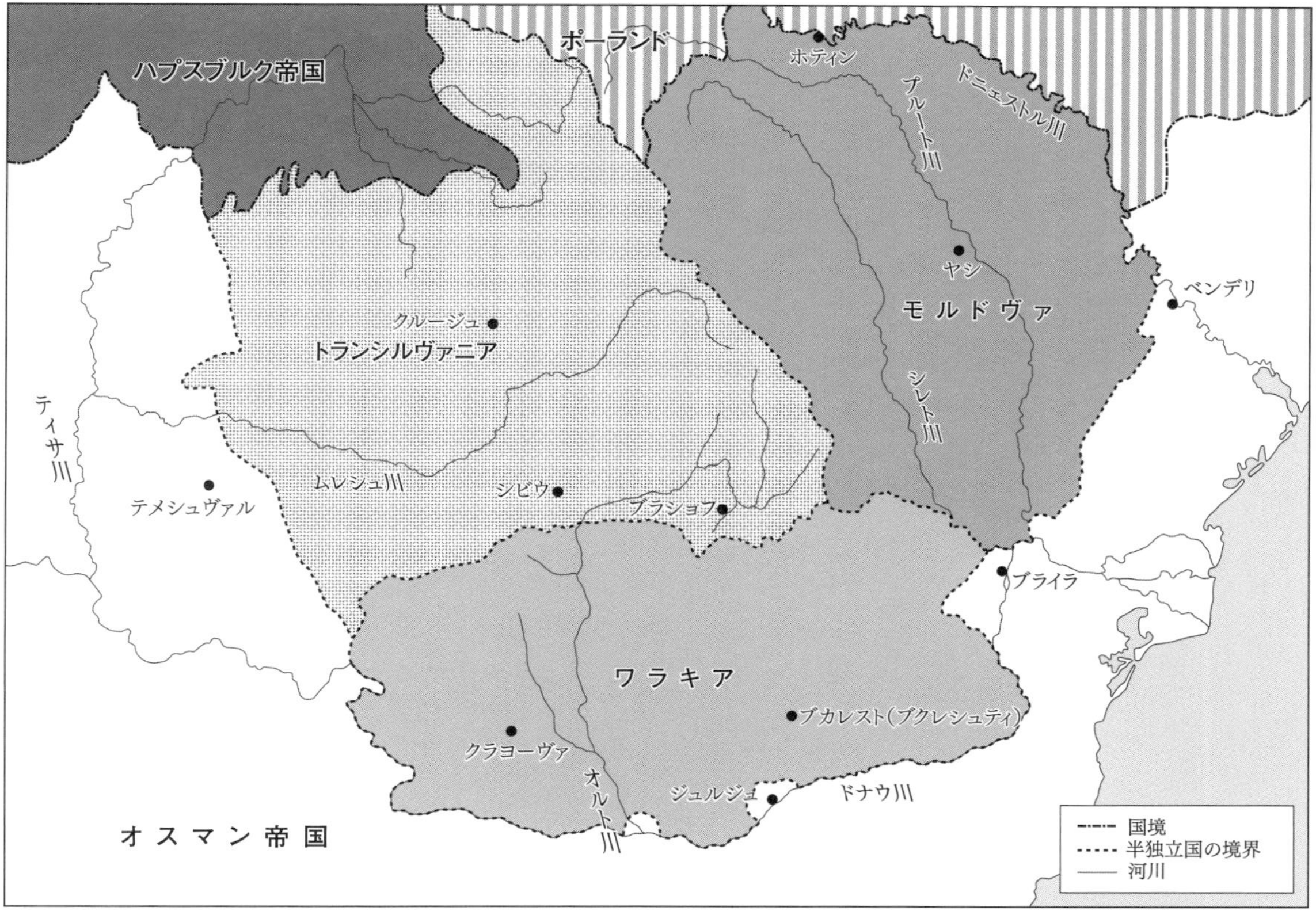

地図3　ワラキア・モルドヴァ（16世紀末）

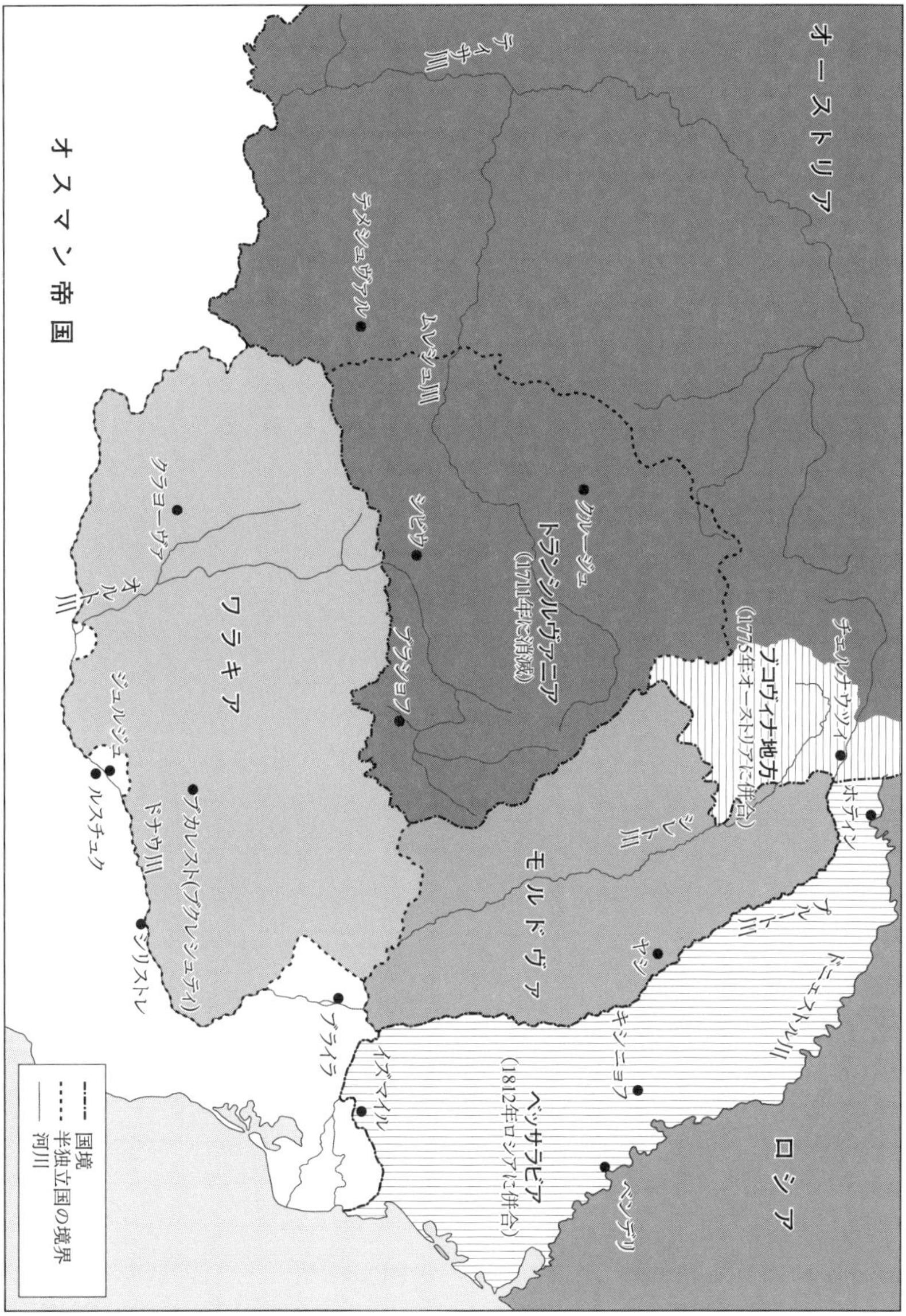

地図4　ワラキア・モルドヴァ（19世紀初頭）

序章　西欧・正教・イスラーム世界の狭間で

1　本書の課題

本書が主な考察対象とするのは、ワラキアとモルドヴァ[1]という歴史上存在した二つの公国である。我々日本人にとってこの二つの国はなじみが薄く、その名前もおそらく聞き慣れないことだろう。バルカンに位置する両国は一四世紀にハンガリーの支配からそれぞれ独立し国家を形成するが、その後一、二世紀のうちにオスマン帝国の支配下に置かれ、一九世紀後半に統一を果たしてルーマニア公国として独立することになる。つまり、両国はそのほとんどの歴史をオスマン帝国の事実上の付庸国（属国）として過ごし、世界史の表舞台で注目を集める機会は少なかった。広さの面でも、時期によって変動はあるが、両国を合わせても約一五万平方キロメートルで、日本の北海道と九州、それに四国を合わせた程度である。本書では、こうしたさほど広くない領域について、一四世紀頃から一九世紀半ばまでの五〇〇年あまりの時期を見渡すが、特に詳細な分析を行う時期は一八世紀後半から一九世紀初頭にかけての約五〇年間である。このように述べると読者は、本書がヨーロッパの辺境に位置する比較的狭い空間の、限られた時期の歴史を扱うものであると思われるかもしれない。確かにそれは間違いではないが、そうした空間的・時間的に限られた範囲で何が起こったのかを示すことが本書の目的ではない。筆者の関心は、前近代から近代への移行期に、西欧と東欧、そしてイスラームの各世界の狭間に位置するこの空間を通じて、周囲の世界がどのように関係や結びつきを深めていったのか、という点にあり、本書はワラキアとモルドヴァに焦点を当てて、この二つの公国と周辺世界との関係、そして両公国をめぐる周辺世界間の関係を政治外交面に焦点を絞って詳細に検討することにより、いわゆる「世界の一体化」のプロセスの一断面をより具体的な形で提示しようとするものである。

今日我々の住む地球においては、社会のあらゆる主体が互いに有機的に結びつけられ、その範囲は地球を覆い尽くしている。「グローバルシステム」と呼ばれるこの地球規模の単一システムが形成されたのはそれほど昔のことではなく、輸送交通・通信・軍事などの各分野における科学技術の発達、とりわけ一九世紀以降の急速な発達によってようやく成立したものであり、それ以前には全世界を覆う単一のシステムというようなものは存在しなかった。では、それ以前の時代の地球上の秩序のあり方をどのように捉えたらよいのだろうか。一つの、そして有力な考え方としては、地球上に複数のシステムが併存していたという見解がある。ここで言う各システムは、「中華世界」などの言葉に見られる、かぎカッコ付きの「世界」と言い換えることができよう。すなわち、共通の文化的・宗教的基盤や歴史的経験の共有、その結果として生じる共通の価値観などに基づき、ある程度外部に開かれつつも、政治的、社会的、文化的に一つのまとまりを成す自己完結的な空間である。これはアーノルド・トインビーが言うところの「社会」あるいは「文明」と同様のものであり、また「文明圏」「文化世界」などの言葉にも置き換え得るものである。[(2)] このような「世界」を前近代における世界秩序の単位とし、それらが併存していたとする考え方は、国際政治学の分野におけるヘドリー・ブルやアダム・ワトソンなどの国際社会論や、[(3)] 西欧モデルの優位を自明とする単線的発達段階論への反省を踏まえて戦後現れた数々の理論、さらに我が国においては上原専禄や西嶋定生らの世界史認識論など、様々な方面の議論の中で力を持ち、新しい世界史像が模索される今日においてもその有効性は排除されていない。そうした、地球に複数存在していた「世界」の中で、ユーラシアの西端に位置しカトリックという宗教を社会の基底に持つ「西欧世界」が、近世以来急速な技術革新を遂げて発展し、その勢力を他地域へと広げることにより、他の諸「世界」を巻き込んでそれぞれの価値観や秩序を大きく動揺させ、やがて西欧的な規範が地球全体を覆う現在のグローバルシステムの形成へと向かったという理解は、今日においても大方認められているのではないかと思われる。

しかし、このような理解がある程度広く認められているとしても、その具体的な過程についてはこれまでに十分明らかになっているとは言えないだろう。時に、「西欧世界が他の諸世界を包摂して」などという表現がなされるが、実際のプロセスは、西欧世界がそれぞれの非西欧世界を個別に従属させ、自らの主導する政治経済システムに取り込んでゆく、というような単純なものではなかったはずである。そもそも、多くの世界に見られるような、その世界の大半の領域を覆う巨大な政治体を持たず、複数の主権国家が併存するきわめて特殊な政治秩序を有する西欧という世界の拡大は、西欧内の各国家間の微妙な力のバランスや互いの競争により、複雑な様相を見せるものであり、さらに西欧諸国がある一つの世界に進出を試みる場合、その進出を受ける世界に近接する別の世界とも、程度の差はあれ関わらざるを得なかったはずである。つまり、西欧世界が地球上のあらゆる「世界」を結びつける原動力になったと言っても、実際の統合と包摂の過程は複雑なものであり、その実態は未だ断片的にしか明らかになっていないのである。本書が「世界の一体化」過程の一断面を具体的に示そうとする動機はまさにこの点にある。

2 「世界の一体化」とワラキア・モルドヴァ

次に、なぜワラキアとモルドヴァを考察対象とするのか、この地域を取りあげる意味は何であるのか、これらの点について説明したい。そのためには西欧世界と、その東に位置する正教世界とイスラーム世界との関係について簡単に見ておく必要がある。

周知のとおり、西欧世界の本格的な拡大は一五世紀末以降のいわゆる大航海時代に始まった。一六世紀にスペインとポルトガルがそれぞれ「新大陸」とインド洋へ、一七世紀には海洋国家オランダが北米東部とインド、東南アジア、日本へ、続いてイギリスやフランスも北米東部とインドなどへと勢力を広げ、そして一八、一九世紀の産業革命を経て、一九世紀後半のいわゆる帝国主義時代に西欧各国がアジア・アフリカ各地へと進出し、二〇世紀初頭までに世界の陸地のほとんどは、直接的であれ間接的であれ西欧世界の強い影響を受ける状況となったのである。こうした西欧世界の拡大過程を見ると、進出は当初、海上を中心に行われたことがわかる。逆に言えば、大航海時代に見られるような華々しい海上進出と比較して、西欧と陸続きで接する世界への進出は遅れた。その理由の一つは、大航海時代以降の西欧諸国の他地域への進出を可能とした、中世の西欧における羅針盤、地図、造船技術などの航海に関わる革新に比べ、陸上における拡大を可能とする軍事・輸送技術などの発展は相対的に遅れたことが挙げられよう。さらに別の、そしてより大きな理由を挙げるならば、西欧の東に隣接する世界が力関係で西欧に対し優位に立っていたことを指摘することができる。

西欧世界は中世以来、東方に隣接する世界への拡大を試みていた。中世においては聖地イェルサレム奪還を目指す一連の十字軍運動や、ほぼ同時期に、バルト海沿岸地域のキリスト教化を目指してドイツ騎士修道会が行った活動、いわゆる「北の十字軍」の運動などに見られるように[4]、西欧内の人口増加に伴う膨張の動きは東方への拡大を促した。このような進出は、分裂したキリスト教会のうち正教を宗教的・文化的基盤とする正教世界の盟主的存在であるビザンツ帝国に打撃を与えたが、一三世紀末頃からアナトリアにおいてムスリム・トルコ系のオスマン勢力が台頭して黒海・地中海地域へ拡大し、西欧世界は逆にその進出を受けることになった。また北方では、ルーシを統一しビザンツ帝国滅亡後の正教会の守護者を自任して成長するモスクワ公国がポーランドと対峙した。これらの結果、西欧世界の東方への拡大は困難となり、そのエネルギーはさらに西方の海側に向けられることになったのである。

一六、一七世紀に西欧世界は、今やイスラームの聖地の管理者となりイスラーム世界の中の中核的存在となったオスマン帝国の強い圧迫を受け、神聖ローマ帝国の中心都市ウィーンが二度にわたってオスマン軍の包囲を受けたことに象徴されるように、この時期の西欧諸国とオスマン帝国の力関係は、明らかに後者が優位に立っていた。しかしながら、一七世紀末から一八世紀初頭にかけて転機が訪れる。オスマン帝国が、西欧諸国からなる「神聖同盟」と戦って敗北し、一六九九年のカルロヴィッツ条約においてハンガリー、トランシルヴァニア、モレア（ペロポネソス半島）などの大規模な領土を喪失した結果、西欧世界は、イスラーム世界の巨大帝国であるオスマン帝国の長年の脅威から解放された。そして正教世界の政治的中心として発展するロシアでは、同時期に傑出した指導者であるピョートル一世（Петр I, 在位一六八二―一七二五）が近代化を進めた結果、北方の大国として台頭し、オスマン帝国と西欧諸国へ拡大の圧力を強め始めていた。こうした一七世紀末から一八世紀初頭における三世界間の政治的力関係の変化の結果、一八世紀にロシアは、西欧内、特にポーランドやスウェーデンなどバルト海沿岸部に位置する国々の問題に積極的に関与し、一方のオスマン帝国も、ロシアの圧力に対抗するため、同じくロシアと国境を接するポーランド、スウェーデン、プロイセン、および、ロシアの西方拡大を阻止したいフランスなどと、それまで以上に連携を取らざるを得なくなる。こうした経緯により、一八世紀前半には、西欧世界、正教世界、イスラーム世界の政治的な力関係は、どの世界が優位に立つということもなく、三者間に一定の均衡状態が生まれ、そのような状況の中で三世界の間の政治・外交関係は徐々に緊密化していったのであった。そして、一八、一九世紀を通じてロシア・オスマン両帝国は、西欧諸国のパワーゲームの中で重要なアクターとなり、結果として、西欧世界に成立していた国際システムが、隣接する正教とイスラーム世界へと徐々に拡大することになったと解釈することができる。正教世界の盟主的存在でありユーラシア大陸北部に広大な領土を有するロシアと、イスラーム世界を代表する大国であるオスマン帝国の二つの国家が、西欧が主体となって形成しつつある国際システムと深く結びつき始めたことが、近代国際システムの形成と拡大に決定的に重要であったことは疑う余地がない[5]。

西欧諸国の中でも、近代以前から特にオスマン帝国とロシア帝国と密接な関係を有していたのは、ハプスブルク家が治める領域、いわゆるハプスブルク帝国であった。西欧世界の東辺に位置し、一六世紀以来数度にわたる戦争を繰り広げてきたオスマン帝国とは言うまでもなく、分権的で、強力な中央権力を持たないポーランドを挟んで台頭するロシアとも対峙したハプスブルク帝国は、早くから東方の二つの世界と関係を持ち、その関係は一八世紀に入るとさらに深まっていった。一八世紀を通じて基本的には常にロシアと連携してオスマン帝国から利益を得ようとしつつも、その一方でロシアの強大化をも警戒し、ロシアとオスマン帝国との間でバランサーとしての役割を果たしたことはよく知られている。そしてこの三国間に挟まれていたポーランドの問題は、一七三六、一七六八、一七八七年に生じたロシアとオスマン帝国、あるいはロシア・ハプスブルクとオスマン帝国間のいずれの戦争においても、戦争勃発の主たる要因の一つとなるほど重要なものであったが[6]、一八世紀後半の二〇年あまりの間に、周辺国による三度の分割によってポーランドは地図上から姿を消し、それと入れ替わるかのように新たに三国間の係争の地として浮かび上がってきたのが、本書で焦点を当てるワラキアとモルドヴァという二つの国家だったのである。

ワラキアとモルドヴァは、オスマン帝国の直接支配を受けずにそれぞれ国家の枠組みを維持し、一定の自治権を保持したまま事実上の付庸国としてオスマン帝国の支配体制に組み込まれていた点で、他のほとんどのバルカン地域とは異なる特徴を持つ。ワラキア・モルドヴァ両公国は、それぞれ一五世紀後半と一六世紀前半までに完全にオスマン帝国に従属し、ともに各種の税の支払いやイスタンブルへの食糧供給などの義務を負い、その見返りとして安全を保障された。一六、一七世紀においては、一六世紀末にミハイ勇敢公（Mihai Viteazul, ワラキア公在位一五九三―一六〇一、トランシルヴァニア公およびモルドヴァ公在位一六〇〇）が短期間ながらワラキア、モルドヴァ、トランシルヴァニアの三公国を統合するという事件や、ワラキアとモルドヴァ、特に後者にポーランドやハプスブルク帝国が干渉を試みる事例なども見られたが、概して両公国にはイスタンブルからの支配が貫徹しており、両公国の諸問題がオスマン帝国と諸外国との関係に重大な影響を及ぼすようなことはなかったと言える。その一方で、こうした強いオスマン政府の統制下にあっても、両公国は、近接するハプスブルク帝国や北方のポーランドと絶えず接触と交流を持ち、オスマン政府にとっては西と北に開かれた窓口であった。例えば、オスマン政府は西欧諸国の情報を、商人、使節、それにスパイなど、いくつかのルートを通じて入手していたが、ラグーザ共和国（Ragusa, あるいはドゥブロヴニク Dubrovnik）経由と並んで最も定期的で継続的な情報ルートの一つはワラキアとモルドヴァ経由であり、西欧に関する両公からイスタンブルへの報告は、一九世紀前半まで続いた。また、両公国の住民のほとんどが正教徒であり、決して頻繁ではなかったものの、一六、一七世紀を通じて、ロシアとの教会を中心とした接触も行われていた。

このような、西欧とオスマン帝国間の橋渡し役という機能、正教世界の中心的存在となりつつあったロシアとの文化的・宗教的紐帯、そして何よりも中央政府の直接支配を受けていないというオスマン支配のあり方、などの背景から、上で述べた一七世紀末から一八世紀初頭における両公国周辺の国際環境の変化に伴い、両公国はオスマン支配から自立の動きを見せることになる。しかしモルドヴァ公で、オスマン史やオスマン音楽などについての著作でも知られるディミトリエ・カンテミール（Dimitrie Cantemir, 在位一六九三、一七一〇―一一）らの自立の試みが失敗に終わると、危機感を強めたオスマン政府によって、従来の公の任命方法、すなわち現地で選出された人物をオスマン政府が承認するやり方は、ファナリオット（ファナリオティス）と呼ばれる、同じ正教徒であり主にギリシア系有力者層出身の人物を、イスタンブルから直接派遣する方法に変更された。このファナリオット制の導入は、長い目で見れば必ずしもオスマン政府が期待したような両公国の統制強化の解決策とはならなかったが、少なくとも一八世紀前半においては、オスマン帝国がロシアや西欧諸国に対して明らかな劣勢に立っていなかったこともあり、イスタンブルの両公国支配を強化する一定の効果があったと言うことができる。しかし、このような状況は一八世紀後半に入ると大きく変わり、一七六八年に勃発したロシア・オスマン戦争[7]とその結果一七七四年に締結されたキュチュク・カイナルジャ条約により、両公国の問題は以後ロシアとハプスブルクの介入をたびたび受けることとなり、さらに時代が下るとイギリスやフランスなど他の西欧諸国も関与して、西欧諸国・ロシア・オスマン帝国間の重要な外交問題となってゆく。一九世紀に入ると、さらに問題は他のオスマン帝国領バルカンにも拡大し、バルカンが列強の利害が複雑に絡み合う「ヨーロッパの火薬庫」となるのである。間接的なオスマン支配を受け、またロシアやハプスブルク帝国に接する両公国の問題は、一連の近代バルカン問題の先駆けと位置づけられるのである[8]。

以上のように、本書で焦点を当てるワラキアとモルドヴァという地域は、西欧と、それに隣接する正教とイスラームという三つの世界の狭間に位置していたことから周囲から非常に複雑な力が働き、バルカンの他の地域に先駆けて三世界を結びつける役割を担ったのであった。それゆえ、グローバルシステムの形成の原動力となった西欧世界が、隣接する二つの世界と結びつき、三世界にまたがる一つのシステムを構築する過程を理解するために、バルカン、その中でも両公国の問題を明らかにすることが重要であると考えられるのである。そのために本書では、ロシアとオスマン帝国との間で本格的な戦争が開始された一七六八年から、同じく両帝国間で一八〇六年に開始された戦争が終結する一八一二年までの時期を主な対象とし、その前後の時期も視野に入れつつ、両公国をめぐって西欧諸国・ロシア・オスマン帝国間で生じた政治外交問題を検討する。そして三世界間の関係の緊密化の過程、その結果として生じた、西欧世界を原動力として形成されつつあった国際システムの東方拡大による近代国際システム形成過程の一局面を具体的に考察するつもりである。

3　オスマン帝国秩序の中のワラキア・モルドヴァ

前節で述べたような、両公国を通じて西欧・正教・イスラームの三世界間の政治外交的諸関係の緊密化と三世界を覆う国際システムの形成を見るということは、裏を返せば、両公国を含むオスマン帝国の伝統的秩序が西欧諸国とロシアの進出を受けて動揺し変容する過程を追うことでもある。本書はオスマン帝国の帝国秩序全体の問題を子細に検討するものではないが、オスマン帝国における両公国の位置づけと、一八世紀後半以降の諸外国の進出に伴う秩序の動揺と変容の問題は避けて通ることができないと考える。

言うまでもなく、イスラーム世界を代表するオスマン帝国はイスラームの法（シャリーア）に基づく支配を行う国家であり、中華思想を理念とする東アジア世界と同様、その秩序観や世界観はイスラームによって規定される。それはイスラーム世界の優位を自明のこととして、異教徒の支配しイスラームが行き渡らない領域を劣った世界と見なし、いつの日か前者が後者を包摂して地球全体に平和と安寧が訪れるというヴィジョンを有する。それゆえ政治外交面で異教徒の領域にある国家との対等の関係は想定されず、常にオスマン側が優位にあることが前提となっていた。実際、一七世紀まではこの理念は実態と合致しており、例えば外交において、力で上回るオスマン帝国側が西欧諸国やロシア側に自らの儀礼や慣習を強制することが可能であった。外交文書などにも、このようなイスラーム世界の異教徒世界に対する優位の感覚が見て取れる。このようなオスマン優位の中、正教徒が大多数を占めるキリスト教国家のワラキア・モルドヴァ両公国はオスマンの帝国秩序に連なったのである。第2章で詳しく述べるが、イスラーム法にはキリスト教国の付庸国に関する明確な規定はなく、オスマン帝国も両公国を条約などで明文化することなどしないまま事実上の付庸国として帝国秩序に位置づけて、そこに権利—義務関係が生じることとなった。このような明確な規定のない、オスマン帝国内における両公国の曖昧な位置づけは、二つの面で現実の力関係が反映されやすいということを意味する。一つにはオスマン政府と両公国間であり、オスマン帝国の全盛期と見なされる一六世紀から、その社会が徐々に変容を遂げつつも依然として他の世界に対して優位に立っている一七世紀にかけて、両公国のオスマン政府に対する義務の負担は増加の傾向を見せていた。すなわちオスマン政府はある程度自由にワラキア・モルドヴァ両国に対して義務や負担の多寡を決定することができ、両公国はたとえそれが過大な要求であっても応えざるを得なかったのである。もう一つはオスマン帝国と諸外国との関係である。オスマン帝国の西欧やロシアに対する優位の時代には、両公国はオスマン帝国と諸外国間の大きな問題にはならなかったが、一八世紀後半に両公国周辺の国家間の力関係が変化を見せたとき、その影響が、オスマン政府の直接支配下にある他のバルカン地域に先駆けて現れた背景には、こうしたオスマン帝国秩序における両公国の位置づけの問題があったと考えられるのである。このような法的に明確に規定されない宗主—付庸関係は、オスマン帝国と諸外国との力関係の変化の影響を大きく受けて動揺する可能性を秘めていたと言うことができよう。

後に本論で検討するが、一七七四年のキュチュク・カイナルジャ条約以降、伝統的なオスマン政府とワラキア・モルドヴァ両公国間の関係は、近接する外国の影響を受けて変化を余儀なくされることになる。ロシアやハプスブルク帝国が両公国に関して試みたのは、この帝国中央と両公国間の曖昧な宗主─付庸関係を明確に規定するようオスマン政府に求めることにより、オスマン政府による自由で恣意的な両公国への様々な要求を制限しオスマン政府の両公国への支配力を弱めた上で、その余地に自らの影響力を伸張させようとすることであった。すなわち両公国への諸外国の進出とは、伝統的なオスマン帝国秩序に基づく宗主─付庸関係を変化させることに他ならず、西欧・ロシア・オスマン間のこの地をめぐる複雑で緊密な諸関係の構築と、それによる三世界統合の動きを考察する際に、避けて通れない問題と言うことができよう。このような例は、クリム・ハーン国やラグーザ、さらに一九世紀のセルビアやエジプトなど、他のオスマン帝国内の付庸国や自治国などの例とともに、近代におけるオスマン帝国秩序の変容を考察する上で有益となるであろうし、また他の世界の例との比較対象ともなると考えられるが、ともかく本書では、上述のような諸外国の影響によるオスマン政府と両公国間の宗主─付庸関係の変化にも注目しながら論を進めることにしたい。

4 研究史

(1) 西欧諸国・ロシア・オスマン帝国間の政治外交関係に関する研究

これまで述べたように、本書は、一八世紀後半から一九世紀初頭におけるワラキア・モルドヴァ問題の国際問題化という現象の分析を通じて、政治外交的側面から西欧・正教・イスラームの三世界間の関係の緊密化と三世界の統合の一端を明らかにしようとするものである。この課題に関してはこれまでに、国際関係論の分野においては、西欧国際システムの他世界への拡大に関する研究が、また歴史学の分野でも、西欧諸国とロシアによるオスマン帝国への進出過程に関する政治外交史研究、いわゆる「東方問題」研究が行われており、またそれぞれの分野で、ロシア側やオスマン側の視点からの研究も、数は少ないものの存在する。しかしながら国際関係論はもちろんのこと、歴史学の分野においても、本書で行うような、西欧側、ロシア側、オスマン側の三方面のそれぞれの一次史料をつき合わせながら分析を進める試みは、これまでの先行研究には見られない。その理由として考えられるのは、やはり学問的ディシプリンの壁と語学上の問題であろう。欧米での長年の伝統として、オスマン帝国史研究は歴史学ではなく東洋学の範疇に含まれ、専門家が文献学的な研究手法に基づく研究を行ってきたが、その中で政治外交史は主たる研究領域とはならなかった。歴史学でこの領域を扱うようになったのは二〇世紀半ば頃からである。一方、伝統的なヨーロッパ外交史、および二〇世紀以降の国際政治史や国際関係論では、非ヨーロッパ言語であるオスマン語やオスマン史料を扱って研究を行った例はまず見られない。また日本においては、明治期に教育上の見地から導入され学問上のカテゴリーとしても定着した東洋史と西洋史という分類が、現在においても依然として本書が扱うような領域の研究の妨げになっている思われる。さらに、本書で対象とするバルカン地域の歴史研究を行うには、欧米諸語のほか、トルコ語とバルカン諸語を扱う必要があり、このような語学上の困難さもこうしたテーマの研究を妨げている要因と考えられる。本書は、こうした壁を少しでも乗り越えることを試みるものである。

では、本書に関連するこれまでの先行研究についてやや詳しく見ておこう。

上で述べたように、西欧諸国・ロシア・オスマン帝国の相互関係を扱った先行研究は、大きく分けて国際関係論の分野における研究と、歴史学の分野における研究があり、さらに西欧側の視点、ロシア側の視点、そしてオスマン側の視点の、それぞれから行われた研究に分類できよう。

まず西欧側の視点から行われたものとして、国際政治学者による、西欧国際システムの拡大とその非西欧世界の包摂過程を考察した研究が挙げられる。[9] これらのいずれにおいても、一八、一九世紀のロシアおよびオスマン帝国と、西欧国際システムとの関係について言及はなされているが、その重点は理論的な問題、あるいは二次史料に基づく巨視的な西欧世界の拡大過程に置かれており、一次史料に基づいた実証的な分析を行うものではない。そして、特にオスマン帝国については、西欧国際システムに対する位置について、十分な考察を行っていない印象を受ける。一方歴史学の研究者も、西欧世界の拡大に関する研究を数多く行っているが、そのほとんどは新大陸やアジア沿岸部への進出であり、ロシアとオスマン帝国を研究対象に含めたものは少ない。そうした中で、一八世紀以来行われてきた伝統的な「東方問題」研究は、本書のテーマに関する西欧側からの研究の一つと言うことができる。一八世紀後半から二〇世紀初頭におけるオスマン帝国支配下のバルカンや中東の諸問題を、西欧諸国とロシアの外交史の対象として考察するのが「東方問題」研究の特徴であるが、オスマン帝国の主体性を軽視する問題の扱い方に対しては批判も多い。本書は、オスマン語一次史料をも用いることによって、オスマン帝国をロシア、西欧諸国と並ぶ国際政治の重要なアクターとして扱い、「東方問題」という問題設定の限界を乗り越えようとする試みであるが、しかしながら、近代の西欧諸国・ロシア・オスマン帝国の相互関係を見る上では、古くは一九世紀後半のアルベール・ソレル、[10] 二〇世紀に入ってJ・A・R・マリオット、[11] イギリスの外交史家マシュー・S・アンダーソンへと続く、これまで長年にわたり蓄積されてきた一連の「東方問題」研究の成果を無視するわけにはいかないだろう。もっとも、「東方問題」研究の主たる対象時期は一九世紀前半から二〇世紀初頭であるため、本書の対象とする一八世紀後半から一九世紀初頭の時期に関する先行研究はそれほど多くなく、ソレルやアンダーソンなど限られた研究の中で扱われているのみである。その中でアンダーソンは「東方問題」研究のほか、ロシアとオスマン帝国にも目を配りながら西欧における外交の発達過程を詳細に跡づけた研究[12]をも発表しており、オスマン帝国については二次史料のみに拠っているものの、本書とも関連する内容である。その他、一八世紀後半から一九世紀前半における西欧国際政治を丹念に追いながら、ナポレオン戦争とウィーン会議を境として西欧国際システムの性格が、無秩序のバランス・オヴ・パワーから、権利、義務、規範といったものを共有するより安定し秩序立ったものへと変化していったことを明らかにしたポール・シュレーダーの研究[13]も、本書のテーマにとってある程度参考となるが、彼の研究は、ロシアについては十分目が配られているものの、オスマン帝国の扱いに関してはきわめて不十分と言わざるを得ない。

次にロシアの視点から行われた研究を見ると、国際関係論の分野では、近代国際システムにおけるロシアの位置を考察したものとしてウラジーミル・デゴエフの研究[14]を挙げることができるが、彼の研究はまとまってはいるものの教科書的であるため、注記がないという決定的な欠陥がある。一方、エカチェリーナ二世（Екатерина II, 在位一七六二―九六）時代のロシア史研究のうち、西欧とオスマン帝国を含む、ロシアの対外政策を論じたものとして、古くは一九世紀末のニコライ・チェチューリン、最近ではイザベル・デ・マダリアガの研究[15]があり、また続くアレクサンドル一世（Александр I, 在位一八〇一―二五）時代の外交政策は、パトリシア・ケネディ・グリムステッドの研究[16]が詳しい。さらに一八、一九世紀を中心に、地政学を重視しつつ軍事外交面からロシアの領土拡大政策とその過程を研究しているジョン・ルドンヌの一連のモノグラフ[17]も、本書のテーマに関連している。またロシア・オスマン関係史の分野でも、一七七四年のキュチュク・カイナルジャ条約の背景、内容、影響などについて詳細に跡づけたエレーナ・ドゥルジニナの研究[18]などは非常に有用であり、必ず参照されるべきではあるものの、オスマン帝国側の事情については、ロシア側文書史料で確認できる範囲にとどまっている。ロシア側の研究全般に見られる特徴は、対オスマン関係史研究と対西欧関係史研究がかなりの程度断絶しており、両者を同時に見渡そうとする研究は概説の域を出ていないという点にある。[19]

続いてオスマン帝国の視点からの研究に目を移すと、オスマン史研究においては、対外関係史研究はこれまで他の分野と比べて弱いとされてきた分野であり、個別事例についての論考は一九世紀を中心にそれなりの数があったが、オスマン外交の本質や特徴を指摘したものは、アフメト・ヌーリ・ユルドゥセフの編集した論集が二〇〇四年に出版されるまで現れていなかった[20]。編者のユルドゥセフは国際政治学者であり、彼自身はオスマン史料を扱わないようであるが、この論集には、既出のオスマン史研究者による論文もいくつか再録されており、理論と実証のバランスの取れた良質の研究と言える。また近年、尾高晋己が一八世紀のオスマン帝国の対ヨーロッパ外交の変化に関する著書を上梓したが、オスマン史料に基づくオスマン・ロシア関係史研究という性格が強い[21]。本書が対象とする一八世紀後半から一九世紀初頭にかけてのオスマン・西欧関係については、包括的な研究は存在せず、欧文ではスタンフォード・ショーのセリム三世（Selim III, 在位一七八九—一八〇七）時代史研究の一部[22]、およびトーマス・ナフの論文[23]、トルコ語では一七九三年に西欧に初めて開設されたオスマン帝国の大使館に関する研究[24]などが挙げられる。対ロシア関係については、アクデス・ニメト・クラトの研究が有名であるが、近現代のロシア・オスマン関係を扱った彼の主要著書『トルコとロシア』[25]の主たる関心は一九世紀末から二〇世紀初頭にかけてであり、一八世紀および一九世紀初頭の時期への言及はわずかである。その他、オスマン帝国側からキュチュク・カイナルジャ条約を扱った最新の研究として、オスマン・キョセのモノグラフ[26]があるが、他の多くのトルコ人オスマン史研究者に見られるように、彼もオスマン語史料のみに依拠しており、ロシア語はもちろん西欧語文献もほとんど使っていない。

以上、簡単にこれまでの研究を眺めたが、いずれの研究でも、西欧側、ロシア側、オスマン側の三つの一次史料をつき合わせて行った研究はなく、いずれか一つ、多くて二つの一次史料に依拠したものである。唯一例外と言えるのは、トルコ系キプロス人のフェフミ・イスマイルが一九七五年にロンドン大学に提出した博士論文[27]であり、一八〇六年から一八二一年までのオスマン帝国とロシア・西欧諸国との外交関係を、オスマン帝国とイギリスの文書史料、およびフランスとロシアの刊行資料集に基づいて考察している。その意味では彼の研究は先駆的であり貴重であると言えるが、内容はオーソドックスな外交史研究にとどまっており、本書が行うような、ある空間を設定してそこを切り口として三世界の関係を捉えようとする視野に立ったものではない。

(2) ワラキア・モルドヴァと周辺世界との関係に関する研究

東方のオスマン帝国、西方のハプスブルク帝国、そして北方のポーランド、後にポーランドに代わってロシア、の三つの大国に囲まれていたワラキアとモルドヴァの歴史は、これらの近隣の大国の動向に大きく影響されてきた。とりわけ一五世紀後半以降従属したオスマン帝国は、両公国の歴史の歩みにきわめて大きな影響を与え続けたことは言うまでもない。しかしながら、両公国とオスマン帝国との関係についての先行研究は決して多くない。というのも、ルーマニアにおいては学問体系が西欧から導入され、オスマン語史料を扱う研究が東洋学の分野に分類されてしまったため、オスマン語の一次史料を用いた歴史研究を国史学が長らく扱わなかったという事情がある。そのため、オスマン帝国が近代ルーマニア史の根幹に関わるきわめて重大な影響を及ぼし続けていたにもかかわらず、ルーマニアにおけるオスマン・両公国関係史研究は発達せず、オスマン語史料を扱える研究者の層も未だ薄い。オスマン語史料を扱うルーマニアの代表的な研究者としては、ミハイル・グブオグル、ムスタファ・アリ・メフメト、タフシン・ジェミル、ミハイ・マキシム、ヴァレリウ・ヴェリマンらが挙げられるが、ヴェリマンを除いて関心の対象は一五世紀から一七世紀が中心であり、本書が対象とする一八世紀後半から一九世紀初頭の時期に関しては、オスマン文書史料を集めた史料集の出版などの成果はあるものの、研究は手薄である。またオスマン側史料に依拠しない研究についても、特にオスマン・両公国関係を対象にしたものはいくつかの論文があるのみで[28]、一八世紀に関して言えば、まとまった成果は出ていない。一方、オスマン史研究の中心であるトルコの研究状況を見ると、すでに外国になってしまったワラキアとモルドヴァに対するトルコ人研究者の関心は低く、本書の扱う一八、一九世紀のみならず、全体の時期を通じて見ても、オスマン・両公国関係研究はほとんど存在しないのが実情である。

それとは対照的に、ロシアと両公国との関係については、冷戦時代、特に一九五〇、六〇年代に、ソ連・ルーマニアの歴史的つながりを強調する目的で両国において盛んに研究が行われた。一九七〇年代以降ルーマニアが自主外交を展開してソ連と距離を置き始めてからは、ルーマニアでの研究は少なくなったが、ソ連では、モスクワのソ連科学アカデミー附属バルカン研究所やモルダヴィア共和国を中心に研究は継続して進められた。その結果、ロシア・ルーマニア関係史料集やロシアの対ワラキア・モルドヴァ関係史研究などのまとまった成果が現れ、本書に関係する時期についても、旧ソ連（ロシア）のリディア・セミョーノヴァ[29]やモルダヴィア共和国のガリーナ・グロスル[30]による研究が発表されている。またロシア側から見た東方問題研究の一環として、一八、一九世紀のロシアの対バルカン政策研究の中でも、ロシア・両公国関係は頻繁に扱われている[31]。

西欧諸国とワラキア・モルドヴァの間の政治外交関係に関する研究は数多く存在するが、西欧の複数の国を見回しつつ両公国との関係を明らかにした研究は、レオニード・ボイクの国際関係史研究[32]などわずかであり、それ以外のほとんどは、西欧諸国のうちイギリス、フランス、ハプスブルク帝国など特定の国とワラキア・モルドヴァとの関係を扱っている。そのような研究のうち、本書にとって重要と考えられる一八世紀のハプスブルク帝国とワラキア・モルドヴァとの関係に関しては、カール・ロイダーによるハプスブルクの東方政策研究[33]と、ハラルト・ヘップナーによるハプスブルク・両公国関係史研究[34]があり、またフランス・両公国関係に関しては、一八世紀末から一九世紀初頭までの時期を中心に扱うルベルのモノグラフ[35]が存在する。

以上のように、繰り返しになるが、本書が目指すような、ワラキアとモルドヴァを中心として、西欧諸国・ロシア・オスマン帝国の三者関係を見渡すような研究はこれまでに行われておらず、いずれも三者のうちの一つとワラキア・モルドヴァとの関係を跡づけたに過ぎない。そうした研究の中でも、他の二つの「世界」にも目を配りながら行われたものはわずかである。

5　史料について

本書では、主にロシア、オスマン帝国、そしてハプスブルク帝国とフランスの一次史料に依拠して論を進めるが、これらの史料について簡単に説明しておきたい。

ロシア側の史料として最も重要なものは、一九六〇年代から一九七〇年代にルーマニアで編纂された、ワラキア・モルドヴァ駐在のロシア領事の報告集[36]と、一九六〇年より刊行が開始されたソ連（現在はロシア）外務省編纂の外交史料集[37]である。前者は、一七八〇年に両公国に置かれた総領事および副領事からの本国への報告と本国からの指令を一八〇六年まで集めたものであり、ワラキア・モルドヴァとロシアとの関係のみならず、オスマン政府やハプスブルク、フランスなどの対両公国政策、あるいはまたドナウ以南のオスマン帝国領の動向などに関する詳細な情報が記されている。後者は、皇帝アレクサンドル一世が外務省を設立した一八〇二年以降の、在外ロシア外交使節と本国との通信の一部が収められており、ワラキア・モルドヴァに関する情報は決して多くはないものの、オスマン帝国、フランス、イギリス、ハプスブルク各国の対外政策、およびロシアとの外交関係について有益な情報を含んでいる。その他、一八六七年から第一次大戦まで定期的に発行されたロシア歴史協会の史料集は、ロシア史に関する重要な一次史料を活字にしたものであり、その中には一八世紀後半から一九世紀初頭にかけての、オスマン帝国および西欧諸国とロシアとの外交史料が多数含まれている。[38] 特に一九世紀初頭のフランス・ロシア関係に関する詳細な史料は重要である。

一方オスマン側史料としては、イスタンブルの総理府オスマン古文書館（Başbakanlık Osmanlı Arşivi）とブカレストのルーマニア国立文書館（Arhivele statului ale României）に所蔵されている文書史料、オスマン朝のいくつかの年代記、そしてルーマニアで刊行されたオスマン・両公国関係の文書史料集などを用いる。総理府オスマン古文書館には多数のオスマン語史料が保存されているが、その中で諸外国とオスマン帝国との外交関係、およびオスマン政府と両公国関係に関する情報を含む外交関係文書[39]などを主に用いる。またブカレストの文書館には、オスマン文書のほか、トルコ国内で複写された多数のオスマン語史料のマイクロフィルムが所蔵されており、その中には外交に関する情報も含まれている。またこのような文書史料のほか、年代記もオスマン帝国史においては重要な史料となり得る。オスマン帝国では、公的な記録である年代記が修史官（vak'a-nüvis）によって一九世紀に至るまで代々書き綴られていった。こうした年代記は、必ずしも同時代の事件を記録したものではなく、やや後の時代に作成されたものが多いが、政権中枢でしか参照することができない貴重な史料に基づいており、一次史料に準じて扱うことに問題はない。本書の対象時期を含むものとして、ヴァースフ史、[40] アースム史、[41] シャーニーザーデ史、[42] そしてジェヴデト史[43]などが挙げられる。その他、セリム三世時代の宮廷官吏アフメト・ジャーヴィド（Ahmet Câvid）によって書かれた著作は、オスマン帝国とロシアとの関係史を、先行する年代記や同時代史料に基づいて一六二三年から一七九一年まで追った貴重な史料であり、一八世紀後半の両者の外交交渉の情報なども含んでいるため、本書で扱うオスマン側の中心的な一次史料の一つである。[44] また、ルーマニアのヴェリマンが校訂したオスマン文書選集は、一七一一年から一八二一年までをカバーしており、一八世紀後半から一九世紀初頭にかけてのオスマン帝国とワラキア・モルドヴァ関係について考察する上では欠かすことができない[45]。

西欧側の史料としては、一九世紀末から二〇世紀初頭にルーマニアのエウドクシウ・フルムザキが中心となって編集した全二〇巻を越える厖大なルーマニア史関係史料集のうち、ハプスブルク史料を集めた第七巻と第一九巻、そしてフランス史料のまとめられている第一六巻と付録一―二、一―三巻を主たる史料として用い[46]、それらを補うものとしてナポレオンの書簡集[47]なども参照する。

それ以外に本書にとっての重要な史料として、各種条約集が挙げられる。ロシアに関してはゲオルク・フリードリヒ・フォン・マルテンスの外交条約集[48]、オスマン帝国については、一九世紀に出版されたオスマン語による条約集成[49]とカブリエル・エフェンディ・ノラドゥンギャンやテスタの編纂したフランス語による条約集[50]を利用する。それ以外の一次史料については、本論の当該箇所で適宜説明を加える。

なお、ロシアの史料ではユリウス暦が用いられるが、本書においては、西欧側の史料をも多数使用するため、日付に関する混乱を避ける意味で、日付は全てグレゴリオ暦で表記する。オスマン史料については、イスラーム暦とグレゴリオ暦を併記することを原則とする。

6　本書の構成

最後に本書の構成を簡潔に示しておこう。

各論に入る前に、第1章で一六、一七世紀および一八世紀前半の西欧世界と正教世界とイスラーム世界間の政治外交関係、具体的には、西欧諸国・ロシア・オスマン帝国の相互関係を広く概観する。まず一五世紀から一七世紀にかけての西欧世界とオスマン帝国との関係を検討して、西欧世界に対するオスマン帝国の位置と両者の力関係を確認し、続いて同時期のロシアについて、西欧とオスマン帝国との関わりを論じる。その後一七世紀末のカルロヴィッツ条約前後の状況と一八世紀に入ってからの西欧諸国、特にハプスブルク帝国と、ロシア、オスマン帝国の間の相互関係の変容と緊密化の過程を一八世紀半ばまで跡づける。

続く第2章では、ワラキアとモルドヴァについて、第1章と同じく一六、一七世紀および一八世紀前半を対象に、オスマン政府との宗主—付庸関係の概要と一八世紀初頭におけるその変容を検討するとともに、同時期の両公国とロシアおよび西欧諸国との関係についても押さえる。

こうして第1章と第2章で、一八世紀半ばまでの本書の課題に関する概要を示した後、第3章以降で、本書の中心となる考察対象時期である一七六八年から一八一二年にかけての両公国に関する諸問題の具体的な検討に入る。上で述べたように、ロシアとオスマン帝国間で一七七四年に締結されたキュチュク・カイナルジャ条約は、両帝国間のみならず、ハプスブルク帝国との力のバランスにも変動をもたらし、国際問題としてのワラキア・モルドヴァ問題の出発点であると言うことができる。そこでまず、第3章においてこの条約締結までの経過とその背景、そして草案や条約中の条文などの詳細な分析を通じて、同条約が両公国および西欧諸国・ロシア・オスマン帝国間の相互関係に与えた影響を考察する。

続く第4章では、フランス革命後の共和国フランスが東方に進出する前の時期、具体的にはキュチュク・カイナルジャ条約後から、オスマン帝国とロシア・ハプスブルク帝国間で一七八七年に勃発した戦争が終結する一七九二年のヤシ条約までの間の、ロシアとハプスブルク帝国のバルカン・黒海進出における両公国の位置づけ、そして両帝国の両公国進出がもたらした、オスマン帝国と他の西欧諸国に対する影響を具体的に検討する。議論の中心は、ロシアの両公国における領事館設置問題、一七八四年初頭にオスマン帝国とロシア・ハプスブルク帝国との間で締結された両公国に関する協約、そして一七八〇年頃からロシア・オスマン間で議論の対象となり始めたワラキアとモルドヴァの公任命をめぐる問題などである。

次に第5章では、フランス革命後の共和国フランスのバルカン・地中海方面進出という新たな展開を迎えた一七九〇年代半ば以降の時期を一八〇二年まで扱う。フランスのエジプト侵攻後に生じたオスマン帝国をめぐる国際環境の変化、そしてバルカンでの混乱と無秩序状態の発生は、両公国問題をめぐる西欧諸国・ロシア・オスマン帝国の関係にも様々な影響を及ぼした。これらの国外要因と国内要因を連関させながら、ロシアの圧力の下、オスマン・両公国間関係を新たに規定し直すべく一八〇二年にオスマン政府から両公国の公宛てに公布された勅令について検討する。

第6章では、一八〇六年に起きたロシア・オスマン戦争の直接の原因となった両公国の公の交替の問題を、ロシアとオスマン帝国をめぐる国際関係の変化の文脈の中で捉え、さらにロシア・オスマン戦争中にロシアとフランスの間で議論された両公国の扱いについて一八一二年のブカレスト条約までの時期を中心に詳細に検討し、一九世紀初頭におけるロシア・オスマン帝国・西欧諸国にとっての両公国問題の位置づけを明らかにする。

そして、まとめと展望の性格を持つ終章では、第3章から第6章までで検討した、一七六八年のロシア・オスマン戦争からナポレオン戦争の終焉までの、オスマン帝国とワラキア・モルドヴァとの宗主―付庸関係、またワラキア・モルドヴァ問題の国際政治の中での位置づけをまとめて、この半世紀足らずの間に、この問題を通じてロシアとオスマン帝国が西欧諸国と政治外交関係を緊密化させ、三世界間が統合の方向へと向かっていった事実を提示する。さらに最後にウィーン体制成立後からルーマニア公国の成立までの時期における同問題についても展望することにより、三世界にとってのワラキア・モルドヴァの全体的な位置づけと役割を示すこととしたい。

第1章　一八世紀前半までの西欧・正教・イスラーム各世界間の政治的相互関係
――オスマン帝国の優位から西欧・ロシア・オスマンの均衡へ

1　一七世紀後半までの西欧世界・正教世界・イスラーム世界

（1）西欧世界にとってのオスマン帝国の衝撃

本書の目的は前章で述べたが、一八世紀後半から一九世紀初頭にかけての時期の本格的な分析に入る前に、やはり歴史的背景として、一七六八年以前の時期の三世界の関係、およびワラキア・モルドヴァとそれぞれの世界との関わりを通観しておく必要があるだろう。したがって本章では、一五世紀から一八世紀半ばまでの西欧・正教・イスラーム各世界間の相互関係を、その具体的なポリティカル・アクターである西欧諸国・ロシア帝国・オスマン帝国間の政治外交関係の変遷として概観する。同時期における、三世界の接点であるワラキア・モルドヴァと各世界との関係については、第2章で検討することとする。

トルコ系遊牧民を起源とし、一三世紀に、ビザンツ帝国に隣接する当時のイスラーム世界の辺境であったアナトリア西部で台頭したオスマン勢力は、一四世紀にはヨーロッパ大陸に渡ってバルカン各地を征服するなど、短期間で一大勢力に成長した。そして彼らが一四五三年にコンスタンティノープルを征服し、正教会に対して強い権限を有する正教世界の政治的中心であったローマ帝国、すなわちビザンツ帝国を滅亡させたことは、当時は政治的にかなり弱体化していたとはいえ正教世界にとって大きな打撃となった。正教世界の中心であるコンスタンティノープルの世界総主教座は、ビザンツ帝国に代わってオスマン帝国の支配と管理の下に置かれ、正教世界の中核地域とも言えるバルカンはイスラーム国家の支配するイスラーム世界へと包摂されることになったのである。その結果、正教世界の政治的中心は、政治的にも文化的にも未熟な北方のモスクワへ移ることとなった。

このオスマン勢力によるビザンツ帝国の帝都コンスタンティノープル征服という事件は、カトリックを文化的基層としカトリック教会の力が及ぶ世界としての西欧世界にも大きな衝撃を与え、さらに西欧へと迫りつつあるオスマン勢力に対し、真剣な対処を迫ることとなった。以後西欧世界は、オスマン帝国の滅亡する二〇世紀初頭に至るまで、イスラーム世界を代表する巨大帝国となったこの国家と、戦争、外交、経済、文化など様々な分野で関わり合いを持ち続けながら対峙することになる。そしてオスマン帝国滅亡後も、その中核地域を継承するトルコと西欧世界との関係は、西欧内の移民問題やトルコのEU加盟問題など様々な課題を抱えながら、今日まで国際的にも重要な問題として推移している。(1)

一九世紀には列強から「瀕死の病人」に例えられたオスマン帝国も、一五世紀から一七世紀にかけての時期に限れば常に西欧世界に対し優位に立ち、直接・間接を問わず、西欧世界に大きな衝撃を与える立場にあったと言うことができる。そしてその衝撃はまず、西欧世界内の各政治体の相互関係を緊密化・一体化させる方向に作用し、西欧世界内における国際システムの形成を促す一因となった。

一例を挙げると、今日一般的となっている外交方式の起源が西欧にあり、中でもその原型は一五世紀にイタリアの都市国家間で成立したものであることは広く知られているが、その成立の直接的な要因となったのは、オスマン帝国の存在であった。コンスタンティノープル征服後、さらに西方への進出をうかがうオスマン帝国に対し、西欧世界のうちで最も脅威を感じたのは、アドリア海を挟んでオスマン帝国と直接対峙するイタリアの都市諸国家、特に東地中海での交易活動を経済基盤とするヴェネツィアであった。[2] コンスタンティノープル陥落直後の一四五五年、来たるべきオスマン勢力の襲来に備えるため、ローマ教皇の同意の下、ヴェネツィア・ミラノ・フィレンツェは同盟を締結し、その後イタリア内の多くの勢力がこの同盟に参加した。ここで、各国が全権を持つ代理人を相互に派遣し駐在させるという、今日まで続く常駐使節の制度がイタリア諸都市間で確立され、その後アルプスを越えてフランスや神聖ローマ帝国など通じて西欧中へと広がりながら共有されていったのである。[3] 後に触れるように、一八世紀末以降、この契機を作ったオスマン帝国自身も、このイタリア起源の西欧的外交方式を徐々に受け入れることになる。

また、西欧世界内における政治・社会変動にオスマン帝国が大いに影響を与えたことも事実である。例えば一六世紀前半の帝国の繁栄を築き、立法者（Kânûnî）と呼ばれているスレイマン一世（Süleyman I, 在位一五二〇―六六）の時代、オスマン帝国はハンガリーを征服して神聖ローマ帝国と対立したが、このことにより神聖ローマ皇帝はルターらのプロテスタント勢力と和平を余儀なくされ、結果として彼らがドイツ一帯に基盤を確立することを間接的に後押しすることになったことは、よく知られているところである。[4]

このように、一五、一六世紀におけるオスマン帝国という西欧世界内共通の脅威は、それまで政治的には分権的でゆるやかなまとまりであった西欧世界を、様々な形で統合し一体化する作用をもたらしたと言うことができる。

このような大きな衝撃を西欧世界に与えたオスマン帝国の西方進出の動きは一七世紀末まで続き、オスマン帝国は西欧諸国にとって脅威となり続けた。しかしながら、一六、一七世紀を通じて東方のサファヴィー朝との戦争が断続的に行われたこともあって、スレイマン大帝の死後、西欧世界に対する急速な領土拡張は停止し、オスマン帝国はハプスブルク帝国やヴェネツィアと一進一退の攻防を繰り広げることとなった。そのような状況下では、当然のことながらオスマン帝国と西欧諸国間の外交の重要性も増していった。確かに一六世紀の対西欧関係において、オスマン帝国は力による解決を優先し、外交の重要性はその後の時代と比較すればそれほど高くはなかったが、必ずしも軽視していたわけではなかった。特に一七世紀に入り西欧に対する領土拡大が顕著に見られなくなると、外交の重要性も次第に増すこととなったが、しかしながら、その外交とは対等な国家間のものではなかった。

当時イスラーム世界の中の超大国であったオスマン帝国の外交は、西欧世界とは異なるイスラーム的世界秩序観に基づいて行われていた。それによれば、世界は、ムスリムが支配しシャリーア（sharī'a，イスラーム法）が十全に行き届いている平和な地である「イスラームの家（dâr al-Islâm）」と、シャリーアが行き届かず、異教徒の支配によって秩序の混乱している「戦争の家（dâr al-harb）」に二分され、ムスリムたちによる「イスラームの家」拡大のための和戦両面での不断の努力としての聖戦（jihâd）により、いつの日か前者が後者を征服して全世界がイスラームの秩序の下に置かれるということになる。しかしこの世界観は、アラビア半島に成立したイスラーム勢力が一つの権力の下、急速に各地に拡大していた時代に確立したものであり、やがてイスラーム世界内に複数の政治権力が並存しイスラーム勢力の拡大が停止するという、当初は想定しなかった事態が現れると、こうした理念と現実の乖離の間を埋めるべく「シヤル（siyar）」と呼ばれる、今日で言うところの国際法に相当する法体系が整備された。(5) これがムスリム国家と非ムスリム国家間の関係の法的根拠となり、非ムスリム国家との休戦・和平・同盟などの現実的な対応は、このシヤルに準拠して行われたのである。理念の上ではイスラーム世界は断続的な聖戦の中にあるわけであり、そこに長期にわたる和平や共存の状態や、「戦争の家」に属する国家との対等な関係というものは想定されないのである。けれども当然のことながら、実際には、状況に応じて和戦両面の非常にプラグマティックな対応をイスラーム国家は取っていたのであり、オスマン帝国も例外ではなかった。

オスマン帝国の外交軽視の象徴としてしばしば挙げられるのが、常駐外交使節の問題である。すなわち、ヴェネツィアが一五世紀半ばに常駐の大使（baylo）をイスタンブルに派遣して以降、一六世紀にはフランスとイギリスが次々とイスタンブルに常駐外交使節を置いたのに対し、オスマン側が西欧にそれを置くことを決定したのが一八世紀も末のことであったという事実は、オスマン側がイスラーム的世界観に基づく片務的外交に固執し、対西欧外交を軽視していたからではないのか、という議論である。上述のようにイスラーム的世界秩序観においては、ムスリム政治体と非ムスリム政治体の間の対等な関係は考えられず、今日の国際法に定められる双務的な相互主義の原則は成立しない。ゆえに、西欧諸国の常駐外交使節設置の問題は、東地中海交易に関する通商上の恩恵（いわゆるカピチュレーション capitulation）の一部としてオスマン側が一方的に認めたものであり、オスマン側が西欧に使節を常駐させるかどうかは、全く別の問題であった。オスマン側は、同じイスラーム世界のサファヴィー朝などにも常駐使節を置いておらず、「戦争の家」「イスラームの家」を問わず、一八世紀末まで外交使節を常駐させるという発想がなかったものと思われる。(6) したがってこの問題は、オスマン帝国の西欧に対する外交の問題とは無関係であると言える。そもそも西欧においても、外交使節が他国に常駐する慣習は一六世紀を通じて徐々に定着していったのであり、例えばフランスがハプスブルクに常駐使節を派遣したのが一五〇九年、また国王フランソワ一世（François I，在位一五一五―四七）の死去する一五四七年に常駐使節が置かれていた国がわずか一〇カ国であることを考えると、(7) 一五三五年に同国が非西欧世界であるイスタンブルに常駐使節を置いたことは、異例の早さであったわけである。また、比較的初期にイスタンブルに常駐使節を置くことを許されたヴェネツィア、フランス、イギリス、オランダの四カ国は、いずれも地中海交易に関するカピチュレーションをオスマン帝国から与えられた国々であり、地中海交易とは無関係のハプスブルク帝国やロシアに使節常駐の許可が与えられたのはさらに後の時代であることを見ると、上述の四カ国のイスタンブル駐在使節は、本国政府を代表してオスマン政府と交渉に当たることは間違いないが、主に通商に従事する本国の居留民をまとめ保護するという、近代以降の概念で捉えるならば、領事としての性格をより強く有していたと考えるべきではないだろうか。

西方への勢力拡大を目指すオスマン帝国は、一六世紀以降は断続的に東方のサファヴィー朝とも抗争を繰り広げることとなったため、全盛期のオスマン帝国といえども、東西二正面で戦闘を行うことは容易でなく、西欧諸国との交渉による休戦・敗戦処理などの必要性は次第に高まっていった。またオスマン帝国内でも一六世紀後半以降、帝国全盛期を支えたティマール制が徐々に変質するにしたがって社会の仕組みも変質し、一部混乱が生じたことも、対外的な領土拡大を困難にした。こうした状況の変化により、オスマン帝国にとって西欧諸国に対する外交の重要性が次第に高まったことは当然の成り行きであった。シャリーアによれば、非ムスリム政治体との和平協定(ahd)の期間は一〇年を超えないこととされているが[8]、現実の国際政治においては、この規定は次第に柔軟に解釈されて和平の期間も延び[9]、オスマン帝国は和戦を巧みに使い分けながら現実的な対応を取り、西欧世界との共存の方向へと向かっていった。

一五世紀から一七世紀にかけて、西欧諸国のうち、オスマン帝国が最も密な関係を有していたのは、地中海ではヴェネツィア、大陸ではハプスブルク帝国とポーランドであり、これらの国々を牽制するために、オスマン側から見てその背後に位置するフランスとの友好関係を重視した。オスマン帝国の外交文書において、西欧諸国の君主のうち、オスマン皇帝と同じ「大王(pâdişâh)」の称号が用いられたのはフランスが最初であり、続いて一六〇四年のオスマン・神聖ローマ帝国間の条約において、オスマン皇帝と神聖ローマ皇帝が同じ「大王」の称号を用いることが約束されたが[10]、その他の国については、一八世紀後半まで、どの国の君主にもオスマン皇帝と同じ称号がオスマン側から用いられることはなかった。フランス国王に自らと対等な称号を用いたことは多分に恩恵的なものであったが、このことからも、オスマン帝国がいかにフランスを重要視していたかが見て取れる[11]。その他の国に関しては、イギリスと一五八〇年、オランダとは一六一二年に条約を結んでカピチュレーションを与え、東地中海交易への参加を許した。これは、オスマン帝国内の交易活動の活性化の他に、地中海交易の主導権を得るヴェネツィアを抑えることが目的であると考えられている。[12] オスマン帝国とオランダの関係はほとんど通商面に限られたが、イギリスは一七世紀以降、オスマン外交の中で政治的にも次第に存在感を増していった。またフィレンツェやナポリなどイタリアの各勢力、ポルトガル、さらに一七世紀にはスウェーデンとも一定のつながりを持ち、オスマン帝国と西欧諸国とのネットワークは広がっていった。

では一七世紀までの時代、西欧世界に対するオスマン帝国の位置をどのように考えるべきなのか。一五世紀から一七世紀にかけては、西方へ進出するオスマン帝国の影響により西欧内に常駐使節の慣習が定着するなど、西欧諸国間の外交関係が緊密化し、恒常的な接触が維持されるようになった時代であった。オスマン帝国も、ヴェネツィア、ハプスブルク、フランスなどの国々を中心に、イスタンブルに駐在する相手国使節や、オスマン側から必要時に派遣される使節などを媒介としながら定期的に接触を行い、[13] 戦争や交易などを通じて西欧諸国と関係を深めていった。この時代のオスマン帝国は、西欧のほとんどの主要国と接触を持ってはいたが、緊密な関係を有していたと言えるのは、そのうちの一部であった。

近代西欧に形成された国際システムについては、研究者によって定義が異なる。例えば、代表的なシステム論研究者の一人であるマーティン・ワイトの定義を要約すれば、メンバーとしては対等な権利を持つ主権国家によって構成され、使節や交易によって恒常的な接触を保ちつつ、共通の会議の場や外交語などを有していること、となる。[14] 共通の会議や外交語とは、別の言い方をすれば、共有されるルールや規範、すなわち国際法ということであり、一言で言えば、「国際システム」＝「国際社会」という定義である。よって、この定義に従えば、イスラーム的世界秩序観や、西欧世界とは異なる外交原理を西欧側に強制し得た当時のオスマン帝国は、当然のことながらこの時期の西欧の国際システムには含まれないことになる。

一方、国際政治学者のチャールズ・ティリーは、西欧世界における国家の発達の歴史を論じた彼の著書の中で、西欧世界の国際システムを、国家間の相互作用が恒常的となり、その相互作用が互いの国家の行動に影響を及ぼす、そのような総体と捉え、[15]「一七世紀初頭までに西欧国際システムはスウェーデンからオスマン帝国、ポルトガルからロシアにまで及んだ」としている。[16]国際法のような共有される規範を重視せず、国際システムを、単に国家行動に影響を与え合う力の相互作用の範囲と捉えるこのような定義に拠ったとしても、例えば三十年戦争が西欧諸国に与えた影響の大きさ、それに比べてオスマン帝国に与えた影響の小ささを見れば、ティリーの言うような、一七世紀におけるオスマン帝国を、西欧世界内に形成されつつあった国際システムの中の一アクターと考えるには多分に無理があると思われる。一七世紀までのオスマン帝国は、近接する西欧諸国を中心に西欧世界と関係を深めつつも、西欧国際システムの構成員というよりはむしろ、その外側にあって西欧内システム全体に影響を及ぼすような、それ自体大きなまとまりであったと考えるべきであろう。

いずれにしても、一五世紀以降、イスラーム世界の拡大に大きな役割を果したオスマン帝国は、西欧世界に対して優位に立ち、しばしば武力によって西欧諸国を圧迫しながらも、時に応じて外交を用いながら主要な西欧諸国と徐々に外交ネットワークを築き上げてゆき、特に海を通じてヴェネツィア、陸を通じてハプスブルク帝国やポーランドなどの近隣諸国と一定の密接な関係を有していた、と言うことができよう。こうした状況は、オスマン帝国と西欧世界の力関係が変化を見せる一七世紀末まで続くこととなる。

(2) 正教世界の中心としてのロシアと西欧・オスマン関係

正教世界の政治的中心であったビザンツ帝国がオスマン帝国の攻撃によって滅亡したことにより、バルカンという正教世界の中核地域はイスラーム世界に包摂され、正教世界は一五世紀半ばに政治的中心を失うこととなった。

ビザンツ亡き後、その政治的中心を受け継ぐものとして名乗りを挙げたのが、ユーラシア北方の小国モスクワであった。モスクワは、大公イヴァン三世（Иван III, 在位一四六二―一五〇五）が最後のビザンツ皇帝の姪ゾエ（Ζωή, ロシア語でソフィア Софья）を妃に迎えて正教世界内での権威を高め、そして雷帝（Грозный）と呼ばれたイヴァン四世（Иван IV Васильевич, 在位一五三三―八四）が「皇帝（ツァーリ царь）」の称号を本格的に使用することなどにより、ビザンツ文明の伝統を受け継ぐ国家であることを内外に誇示した。それに伴い、モスクワ支配地域の現地呼称「ルーシ（Русь）」のギリシア語形である「ロシア（Россия）」という名前が、モスクワの国名として一六、一七世紀を通じて徐々に定着していったのである。[17] ここでは、ビザンツ帝国亡き後、正教世界の政治的中心となったロシアと、西欧世界およびイスラーム世界との政治的な関わりを、一七世紀後半まで概観する。

分裂したキエフ・ルーシの一つであるウラディーミル大公国領の中で、モンゴル支配時代に台頭したモスクワは、一五世紀後半から一六世紀初頭のイヴァン三世の時代に、モンゴルの継承国家の一つキプチャク・ハーン国（ジョチ・ウルス）の従属下から完全に独立し、またバルト―ヴォルガ交易の拠点である共和制都市ノヴゴロドとプスコフを従属させて、将来の発展の経済的基盤を築いた。そして一五五二年には、ヴォルガ中流域の交通の要衝カザンを攻撃して、もう一つのモンゴル継承国家でありイスラーム化したカザン・ハーン国を滅亡させ、さらにはヴォルガ下流域に位置する、これまたイスラームを受け入れていたアストラハン・ハーン国をも併合して、ヴォルガ流域を完全に手中にすることに成功した。カザンはシベリアで産する毛皮の集積地であり、またカスピ海河口に位置するアストラハンは、黒海―カスピ海ルートと、ヴォルガ―カフカース―イランルートの交差点として、ともに経済的にきわめて重要な都市であった。ロシアが、ヴォルガ経由で北海・バルト海から黒海・カスピ海さらに中東までをつなぐ交易路を押え、そして支配領域内にムスリムを抱えたことにより、西欧世界やイスラーム世界との関わりは増大することとなった。一七世紀末までに限ると、ロシアと西欧世界との政治的関係は、近接するポーランドやスウェーデン、デンマークが中心であり、その他の西欧諸国に関しては外交面よりはむしろ経済面に関係の重点が置かれていた。それに対し、イスラーム世界の中の大国オスマン帝国との関係は、カザン・ハーン国、アストラハン・ハーン国というムスリム国家の征服以降、武力衝突を伴う緊張したものであった。

ピョートル登場以前、多くの西欧諸国にとって、ロシアはあまりに遠い存在であった。物理的にも、西欧とモスクワとを結ぶ交通路は劣悪であり、途中に宿泊施設なども少なく、一七世紀のハプスブルクの使節がモスクワまでたどり着くのに四カ月もかかるなど、[18] 使節の往来も容易ではなかった。また政治的な関係も、ロシアにとっては隣接するポーランド＝リトアニア、それを取り囲むスウェーデンやデンマーク以外はさしたる重要性を持っておらず、それ以外の西欧諸国との関係は疎遠であった。例えば一五世紀末に対オスマン対策として、神聖ローマ皇帝マクシミリアン一世（Maximilian I, 在位一四九三—一五一九）と大公イヴァン三世の間で同盟が結ばれたが、実質的な効果は乏しく、またフランスが初めてロシアへ使節を派遣したのは、一六世紀も末のことであった。[19]

しかしながら、西欧諸国の中でイギリスとオランダは、経済的観点からロシアに特別の関心を示した。一五世紀までバルト海交易の主役であり、ノヴゴロドにも拠点を持っていたハンザ同盟が、一五世紀末のイヴァン三世によるノヴゴロド併合を機に次第にロシア交易から退場させられてゆくと、代わって一六世紀にイギリスが参加し、オランダがそれに続いた。西欧の中では最も早くロシアとの貿易に参加したイギリスは、一六世紀半ばにロシアとの貿易を専門に扱うモスコヴィ・カンパニー（Moscovy company）を設立してイヴァン四世から独占的な通商特権を得ると、[20] 北海・バルト海経由でロシアから主に鉱物資源や一次産品を輸入し、特にロシアから供給される鉄や麻、亜麻などの繊維は、イギリスの産業革命を支えたとされる。[21] またハンザ商人に代わってバルト海交易の主役となったオランダも、北海とバルト海双方を通じてロシアとの貿易に積極的に参加した。それゆえ、イギリスにとってもオランダにとっても、ロシアとの外交関係は重要なものとなり、両国とも一七世紀にはモスクワに常駐の代表を置いていた。政治的に関係の深いスウェーデンは一六三一年に、ポーランドも一六七三年にそれぞれ代表をモスクワに常駐させたが[22]、これらの国々以外の国家とロシアが、双方に常駐使節を置き始めたのは、一八世紀以降のことであった。こうした常駐使節の問題は、当時のロシアと西欧諸国との政治外交的距離を端的に示していると思われる。

一方、ロシアにとって、イスラーム世界の中心的国家であるオスマン帝国との関係は、国家の安全保障に関わる、より重要な政治的要素を含んでいた。

一五世紀後半、黒海へ進出したオスマン帝国が、クリミア半島の要衝ジェノヴァ領カッファ（Caffa, トルコ語でケフェ Kefe, 現在のフェオドシア Феодосія）を占領し、続いてモンゴル帝国の継承国家で、カザン・ハーン国などと同様にその後イスラーム化したクリム・ハーン国を従属下に置いたことを契機として、その北に位置するモスクワとオスマン帝国との接触は始まった。モスクワは、クリム・ハーン国との関係の安定を図るために、一五世紀末にその宗主国であるオスマン帝国へ使節を派遣し、これが両者の最初の公的な接触となった[23]。その後両国の友好関係は維持されるが、右でも触れたように、一六世紀半ば、イスラーム化していたカザン・ハーン国とアストラハン・ハーン国が、ロシアによって征服されたことにより、ロシアとオスマン帝国との関係悪化は決定的となった。特に、東西と南北の交通路が交差するアストラハンのロシアによる征服は、オスマン帝国に衝撃を与え、オスマン側は直ちに軍を派遣してその奪回を目指した。その際、ヴォルガ川とドン川の間に運河を掘り、アストラハンまで船団で向かおうとした試みは有名であるが、結局その試みは成功せず、アストラハン奪回も失敗に終わった[24]。

その後一七世紀後半までの約一〇〇年間、両国間に戦争は起きず、共存が続いた。むろん、その共存とは、力で勝るオスマン帝国に対して、ロシアが紛争を避けようとして実現したものであった。この間、ロシア南方では定期的にクリム・ハーン国による略奪が起こり、ヒトは奴隷として黒海経由でオスマン帝国に送られた[25]。このような略奪はロシア南部に荒廃をもたらしたが、ロシアはクリム・ハーン国とその宗主国であるオスマン帝国に対し、実力行使に出ることはできなかった。両国の間の力の差はそれ程に大きかったのである。

一七世紀半ばになると、ドニェプル川一帯で独自の勢力を確立し、周辺諸国にとっても無視できない存在となっていたザポロージェ（Запорожье, ウクライナ語でザポリッジャ Запоріжжя）・カザーク（コサック）をめぐってロシアとポーランドは対立し、一三年にも及ぶ長い戦争が行われるなど、この問題は両国の関係の中で大きな位置を占めていた。そうした状況の中、ボグダン・フメリニツキー（Богдан Хмельницкий, ウクライナ語でボフダン・フメリニツィキー Богдан Хмельницький）率いるカザークたちは、オスマン帝国の援助を求めて一時期その保護下に入り、その結果オスマン帝国の支配が緩やかではあるもののウクライナまで浸透し、この地が西欧・正教・イスラームの三世界の接点として浮上することとなった。喪失したカザーク支配領域を奪回すべく巻き返しを図るポーランドと、カザーク勢力の「宗主」オスマン帝国との間で一六七二年に戦闘が開始され、オスマン側が勝利して、ドニェストル川の要衝カーメニェツ・ポドルスキ（Kameniec Podolski）を含むポドーレ（Podole）地方を得たが[26]、その後、左岸ウクライナ支配をめぐって今度はロシアとオスマン帝国が対立し、一六七五年、約一世紀ぶりに両者が武力衝突することとなった。戦闘では明確な勝敗を決するに至らず、一六八一年バフチェサライ（バフチサライ）条約でオスマン帝国はドニェプル左岸のロシアの主権を承認して、このロシア・オスマン戦争は終了したが、その後の歴史を見ると、この戦争は、その後二世紀にも及び繰り返し行われるロシア・オスマン戦争の前哨戦であった。

以上のように、ビザンツ帝国滅亡後、ビザンツ的要素を交えながらユーラシア北方に台頭し、正教世界の政治的中心となったロシアは、一六、一七世紀を通じて西欧世界との政治的関係については、近接するポーランド＝リトアニアやスウェーデンを除くと希薄であったが、イギリスとオランダとは、北海・バルト海交易を通じた経済的結びつきにより、比較的密接な関係を有していた。一方、イスラーム世界との関係はより緊張感をはらむものであり、ロシアにとってより重要な意味を有していた。すなわち、一六世紀後半のカザンとアストラハン征服によってイスラーム世界の一部を征服することに成功し、ロシアは領内にムスリムを抱えるなど帝国への一歩を踏み出したが、このことは同時にイスラーム世界の主導的国家となっていたオスマン帝国との対立をもたらした。その後一七世紀後半に、ウクライナのカザークの問題により両者は衝突し、この問題はポーランドも巻き込んで、三国間の重要な問題となっていった。こうして、西欧・正教・イスラームの各世界のせめぎ合いが、一七世紀後半にウクライナの地で現れることとなったのである。[27] そしてこのせめぎ合いの地域は、次節で検討するように、その後ウクライナから次第にバルカンへと移行することになる。

以上のように、一六世紀末以降、大規模な領土的拡大こそ停止したものの、一六、一七世紀を通じてオスマン帝国は西欧諸国とロシアに対して優位を保ち、常に西欧・正教両世界に脅威を与え圧迫する存在であった。しかし、一七世紀末にこうしたオスマン帝国優位の力関係に変化が生じることになる。次節では、一七世紀末に生じたオスマン帝国とロシア・西欧諸国間の戦争と、その結果生じたオスマン帝国優位の力関係の変化を検討する。

2　一七世紀末―一八世紀前半の西欧・ロシア・オスマン関係の変化

(1) カルロヴィッツ条約の意義

本節では、一七世紀末から一八世紀半ばまでの時期を対象として、西欧・正教・イスラーム世界間で生じた政治的力関係の変遷を、一七世紀末のカルロヴィッツ条約と一八世紀前半の二度のロシア・オスマン戦争に注目しながら検討し、イスラーム世界の中核であるオスマン帝国の西欧世界と正教世界に対する優位が、次第に解消されてゆく過程を考察する。

一般に一六九九年に締結されたカルロヴィッツ条約は、オスマン帝国と西欧諸国との力関係のターニングポイントと言われている。この条約によりオスマン帝国は、ハンガリーやトランシルヴァニアなど、西欧側に張り出していた領土をかなりの程度喪失することとなった。本書の文脈において重要なことは、この出来事が、皇帝ピョートル一世の下でロシアが近代化を推進し、国力を増大させていった時期と一致していたことであった。長年にわたる「トルコの脅威」から解放された西欧、東へ後退するオスマン帝国、そして北方で台頭する正教世界の中心であるロシア——こうした一七世紀末に生じた国際的な力関係の変動は、一八世紀のユーラシア西方の国際関係に決定的な影響を与えることになるのである。

オスマン帝国大宰相カラ・ムスタファ・パシャ（Kara Mustafa Paşa, 在職一六七六—八三）は、ロシアとの戦争を終結させると、自らの功名心とフランス国王の働きかけにより、ハプスブルク帝国を攻撃することを決意し、軍勢を率いて一六八三年にウィーンを包囲した。スレイマン時代に続くこの二度目のウィーン包囲も、ポーランド王ヤン三世ソビエスキ（Jan III Sobieski, 在位一六七四—九六）らの活躍により失敗に終わり、オスマン軍は退却したが、帝都ウィーンを防衛したハプスブルク軍がオスマン軍を追ってオスマン領に侵入し、両国の間で戦闘が開始された。翌八四年、ローマ教皇の呼びかけにより、ポーランドとヴェネツィアも、ハプスブルクとともに「神聖同盟」を結成して対オスマン戦争に参加することとなり、オスマン帝国は、北はウクライナから南は地中海まで、複数の戦線で同時に戦うことを余儀なくされた。さらに、スウェーデンやオスマン帝国との戦争に備えるべく、ウクライナ問題を調整して一六八六年にポーランドとの和平を実現させたロシアも、この神聖同盟に加わって対オスマン戦争に参加した。実は、ハプスブルク帝国はオスマン軍のウィーン攻撃前にポーランドと条約を締結していたが、その中で将来のロシアとの連携が言及されていたことは注目に値する。[28] またウィーン包囲後の一六八四年にハプスブルク帝国とヴェネツィアとの間で結ばれた条約においても、全てのキリスト教徒支配者に対オスマン同盟への参加が呼びかけられる中、特にロシア皇帝のみが具体的に名指しされた。[29] この時期にロシアの参加が西欧側から積極的に呼びかけられた理由は、ローマ教皇の全キリスト教世界をまとめようとする熱意と、直前にオスマン帝国と互角に戦ったロシアの力を認め、オスマン包囲網をさらに広げたい神聖ローマ皇帝の意向にあると思われるが、いずれにせよ、カラ・ムスタファ・パシャによるウィーン攻撃が、結果として正教国家ロシアと西欧諸国との連携を促す要因となった。ロシアの二度にわたるクリム・ハーン国攻撃はいずれも成功しなかったが、ロシアの参戦によって戦線はさらに北へも広がり、オスマン帝国は苦境に追い込まれた。しかしながら、これだけのオスマン包囲網の中でも、オスマン側は劣勢をはねのけて、一時ハプスブルク軍に占領されたドナウの最重要拠点ベオグラードをすぐに取り返すなど底力を示し、戦闘は次第に膠着状態に陥っていく。戦争は、和平の動きと戦闘再開を繰り返しながら一〇年を越え、フランスへ兵力を傾けたいハプスブルク、一六九六年のヤン三世の死後、後継の国王をめぐって一時混乱が生じたポーランド、そして一六九七年にゼンタ（Zenta）の戦いでハプスブルク軍に大敗北を喫したオスマン帝国の、各国の意向により、一六九八年、カルロヴィッツ（Karlowitz, 現在のセルビア領スレムスキ・カルロフツィ Сремски Карловци）にて各国代表による和平交渉がようやく実現することとなった。

戦況はオスマン側の劣勢であり、オスマン帝国は神聖同盟側に何らかの譲歩を余儀なくされることは明らかであった。そしてその譲歩はまず、和平交渉の形式と進め方という外交方式に表れた。

この交渉でオスマン帝国は、それ以前に経験したことのない新しい外交慣習を体験することとなった。第一に、西欧諸国は一六四八年のウェストファリア（またはヴェストファーレン）条約という国際会議と多国間交渉の経験を持っていたが、オスマン帝国にとっては、同時に四つもの国々の代表と交渉することは初めての経験であった。そしてここでは交渉国間の平等の原則が貫かれ、各国の代表者が会議場に入退場する際に序列がつけられないよう、交渉が行われるカルロヴィッツには、それぞれの代表が出入りするための複数のドアのついた円形の建物が建てられたと伝えられている。[30] 第二に、仲介者が同席する中での和平交渉も、オスマン帝国にとっては過去に例のないことであった。この戦争の和平はイギリスとオランダが積極に動いて実現したものであり、両国の代表は、オスマン帝国と神聖同盟側各国との予備交渉の段階から交渉に同席し、意見の対立の調整を行った。[31] こうした第三国の仲介者の存在は、一八世紀以降のオスマン帝国と諸外国との和平交渉においては現れるが、カルロヴィッツ以前には例がない。このように、この交渉においては、オスマン帝国の有する、自己優位の不対等なイスラーム的世界観に基づく外交原理は否定され、一交渉国として西欧諸国やロシアと対等の立場を強要された。そして軍事的に敗北したオスマン側も、それを受け入れざるを得なかったのである。西欧側がオスマン帝国に対し対等の地位を要求する例は、カルロヴィッツの直前にも見られた。例えば一六八七年、メフメト四世（Mehmed IV, 在位一六四八―八七）が廃位させられてスレイマン二世（Süleyman II, 在位一六八七―九一）が即位すると、新スルタン即位の知らせの伝達と和平に関する話し合いのためウィーンに使節が派遣されたが、ハプスブルク側はこの使節に対し、皇帝との謁見の際、三度の礼と手への接吻を要求した。[32] この時オスマン使節はハプスブルク側の要求を何とか拒否することができたが、カルロヴィッツでの交渉では、西欧諸国側の地位対等の要求を拒むことはできなかった。一七世紀末の外交面でのこのような事実は、オスマン帝国の西欧に対する絶対的優位が解消されつつあることを象徴していると言えよう。

カルロヴィッツにおける和平交渉の結果、オスマン帝国は、ハプスブルク帝国にハンガリーとトランシルヴァニアを、ポーランドには一六七二年に獲得したポドーレ（ポドリア）地方を、ヴェネツィアにはダルマチアとモレアの一部をそれぞれ割譲することになった。[33] ただロシアは、皇帝ピョートル一世率いるロシア軍が、ドン川がアゾフ海に流れ込む河口の港湾都市アゾフ（Азов, トルコ語でアザク Azak）を攻撃して占領することに成功したため、さらなる領土獲得を希望し、一六九九年の時点では和平には消極的であった。他の同盟国に従って、ロシアはカルロヴィッツに代表こそ派遣したものの、アゾフ海から黒海への出口にあるケルチをオスマン側に要求して交渉は紛糾し、神聖同盟の中では唯一ロシアのみがカルロヴィッツでオスマン帝国との和平を実現できなかった。しかしその翌年、イスタンブルに派遣されたロシア使節がオスマン側と改めて和平交渉を行い、一七〇〇年七月、全一四条からなる和平条約が締結された。[34] この条約でオスマン側は、アゾフ近隣の城塞の破壊を条件にロシアのアゾフ領有を承認し（第四条）、また従属するクリム・ハーン国が今後ロシアへの貢納金の要求を一切行わないことを約束するなど（第八条）、ロシア側に有利な条件を認めた。[35] ロシアの目指したケルチ領有は認められなかったが、ロシアはアゾフ海への進出を果たし、黒海まであと一歩のところまで迫った。

一六九九年のカルロヴィッツ条約により、オスマン帝国と西欧諸国との力関係は変化した。しかしここで強調しておきたいのは、その力関係の変化とは、一気に両者の力関係が逆転してしまったのではなく、オスマン帝国の比較的優位が解消される程度にとどまったということである。確かにオスマン帝国はこの戦争で敗北したが、それは地中海のヴェネツィアから北のロシアまで、強国を相手に複数の戦線で戦いながら、十数年を費やしてようやく喫した敗北であり、その後の歴史を眺めれば、一八世紀前半には、一七三九年のベオグラード奪還の事例に見られるように、まだ西欧諸国から領土を奪い返すこともあった。この時点においても、オスマン帝国は西欧諸国とロシアにとって依然として強国だったのである。しかし、この条約により西欧世界の中心部に近いハンガリーなどの領土を失うなど、もはやかつてのような西欧世界を震撼させるような脅威ではなくなったことは事実であろう。それを象徴するのが、上述のカルロヴィッツでの交渉形式である。上で示したとおり、オスマン帝国は、それまでのイスラーム的世界観に基づく自己優位の外交原理を西欧諸国側に強制することはもはやできず、西欧諸国側のルールに基づく交渉を余儀なくされた。そうした意味で、一七世紀末のこの条約を、オスマン・西欧間の力関係の変化の転換点と位置づけることは適当であろう。またこれと同時に、正教世界の政治的中心であるロシアが西欧諸国の戦争に加わりオスマン帝国と対決し一応の勝利を収めたことも、当時の国際政治の力関係の変化という文脈の中では非常に重要なことであった。こうして一七世紀末のこの戦争を通じて、西欧諸国とロシア、それにオスマン帝国は、初めて国際政治の同じ土俵に立つことになったのである。したがって、政治的にイスラーム世界の西欧世界に対する優位が解消され、また正教世界の中心としてのロシアが台頭したこの時期は、一つの重要な節目の時期であったと言うことができるのである。

(2) 一八世紀初頭のロシアの台頭とその影響

一七、一八世紀のユーラシアで生じた最も顕著な変化の一つは、ロシアの急速な領土拡大である。一八世紀にロシアは、西方では西欧世界に属するポーランドとスウェーデンを破ってバルト海への進出を果たし、南方ではウクライナと、イスラーム世界に属するクリミアの獲得、さらにカフカースへと進出して黒海にまで勢力を伸ばした。さらに東方ではすでに一七世紀までにシベリアを東進してその領土は日本海にまで達していたが、一八世紀以降極東への関心をさらに高め、一七九二年のラクスマン（Адам Кириллович Лаксман, 一七六六—一八〇六頃）の根室来航、一八〇四年のレザーノフ（Николай Петрович Резанов, 一七六四—一八〇七）の長崎来航という、我が国の歴史にも深く関わる事件は、このような文脈で理解される。要するに一八世紀、ユーラシアの多くの地域は、ロシアの拡大や膨張にどのように対処するか、という共通の課題を抱えていたと言える。西欧諸国とオスマン帝国もその例外ではなく、一八世紀以降ロシアの膨張に両者は共同で対処することとなり、またロシアも、その両者と外交を通じて妥協を図りながら勢力の拡大を徐々に進めていった。こうしてロシア・オスマン帝国・西欧諸国の間の関係は、ますます緊密化してゆくことになる。

こうしたロシアの大国化の基礎を築いたのがピョートル一世であることは間違いないだろう。彼の進めた西欧をモデルとする一連の軍事・行政改革は、その萌芽がすでに前任者たちの時代に見られたが、具体的な成果を上げてロシアを大国の地位に押し上げたのは彼の治世であり、それによりロシアは、国際的にも西欧諸国にとっては無視できない存在として、そしてオスマン帝国にとっては強敵として現れることになった。

ロシアは一六九九年、ポーランドとデンマークとともに、対スウェーデンのための「北方同盟」を結成していたが、オスマン帝国との和平が実現した直後の一七〇〇年八月、ウクライナのカザークの長（ヘトマン）、マゼッパ（Иван Степанович Мазепа, 一六三九?—一七〇九）の協力も得て、スウェーデンとの戦争を開始した。「大北方戦争」と呼ばれるこの戦争は、当時バルト海の覇権を握っていたスウェーデンに打撃を与え、ロシアがバルト海に進出する目的で開始されたものであるが、若きスウェーデン国王カール十二世（Karl XII, 在位一六九七—一七一八）率いるスウェーデン軍は強力であり、ロシアは戦争開始早々に大敗北を喫し、さらにデンマークとポーランドも破れて両国は北方同盟から離脱した。スウェーデンの優勢を見て、ウクライナに再びカザークのヘトマン国家創設を目指すマゼッパもピョートルを裏切りスウェーデン側についたが、優勢に見えたスウェーデン軍は一七〇九年のポルタヴァの戦いで勢力を立て直したロシア軍に大敗を喫し、カールとマゼッパは少数の兵とともにオスマン帝国領に逃げ込んだ。そのためピョートルは攻撃の矛先を南に向け、オスマン帝国と対決することとなった[36]。

ピョートル率いるロシア軍はプルート川を越えて、オスマン帝国に従属するモルドヴァへと進入したが、次章で詳しく述べるように、事前にモルドヴァ公ディミトリエ・カンテミールと密約を交わしていたにもかかわらず、ピョートル軍のモルドヴァ侵入後、ロシアが期待していたような現地の正教徒たちによる蜂起は起こらず、逆に背後からカザーク軍とクリム・タタール軍に補給路を断たれて、ピョートル軍は完全にオスマン軍に包囲された。ピョートルにとって幸運だったのは、オスマン側の大宰相兼総司令官バルタジュ・メフメト・パシャ（Baltacı

Mehmed Paşa, 在職一七〇四—一〇）が和平に応じ、ピョートルは捕虜となることなく解放されたことである。[37] しかし、その代わりに彼はきわめて不利な状況下で和平交渉を行わざるを得なかった。一七一一年七月、プルート河畔において締結された和平条約でロシアは、一七〇〇年の条約で獲得したアゾフ城塞をオスマン側に返還するほか、スウェーデン王カール十二世のイスタンブルから本国への帰還を妨害しないこと、さらに今後ポーランド問題に介入しないこと、などの譲歩を受け入れることとなった。[38]

解放されたピョートルはロシアに戻り、再びスウェーデン問題に集中することになるが、このプルート戦争をめぐる関係諸国の一連の動きの中で注目されることは、オスマン帝国とスウェーデンの間に連携の動きが現れたこと、そしてロシアとオスマン帝国にとって、ポーランド問題の重要性が増したこと、の二点である。

スウェーデンは、一七世紀前半よりオスマン帝国と公式な接触を持ち、一六五六年と翌五七年にイスタンブルへ使節を派遣して、前者では対ロシア、後者では対ポーランド同盟の提案を行うなどしたが、オスマン側はこれに応じず、一七世紀末まで本格的な連携の動きは見られなかった。[39] しかし一八世紀に入り、ロシアの領土拡大の動きがスウェーデンとオスマン帝国を圧迫し始めると、両国は本格的に連携を模索し、その第一歩が右で述べたカール十二世のオスマン帝国滞在とその本国帰還となったのである。スウェーデンが覇権を握るバルト海と、オスマン帝国の内海である黒海を結ぶ通商上のつながりは、それ以前から存在していたが、一八世紀に入り両国は政治的にも手を組むことになったのである。この後両国は、一七四〇年と一七九〇年の二度、相互防衛条約を結ぶなど、ロシアを共通の敵とする潜在的な同盟国として関係を深めてゆくことになる。

プルート条約の中にポーランドに関する条項が入れられたことは、オスマン帝国にとって、ある意味当然のことであった。というのも、当時、西欧世界の東北辺に位置するポーランドの領土は東へ大きく張り出しており、特にポーランド領であるプルート川とドニェプル川の間の地域は、ロシアとオスマン帝国の緩衝地帯となっていたからである。大北方戦争開始後まもなく、スウェーデン軍はポーランドに入り、スタニスワフ・レシチンスキ（Stanisław Leszczyński, 在位一七〇四―〇九、一七三三―三六）を国王に推したため、国王アウグスト二世（August II,在位一六九七―一七〇六、一七〇九―三三）はザクセンとロシアに援助を求めた。アウグスト二世はスウェーデンの圧力により、一七〇六年に一旦は国王位を放棄したが、カール十二世軍がロシアに敗北すると一七〇九年復位し、それに伴いロシアのポーランドにおける影響も強まった。オスマン帝国にとって、緩衝地帯であるポーランドにロシアの力が浸透することは避けられねばならず、そうした背景から、上述のポーランド問題がプルート条約の中に挿入されたのである。ポーランド問題は、三度の分割によって国土が消滅する一八世紀末まで常に両帝国にとっての最大の懸案の一つであり、この後でも触れるように、一八世紀中のロシア・オスマン戦争には、常にポーランド問題が絡んでくるのである。

選挙王制で地方分権的なポーランドは、非常に諸外国の影響を受けやすい国であり、この時代以前にも、多くの西欧諸国がポーランド問題に関与していた。そのような西欧諸国の中で、ポーランドにおいて積極的な勢力拡大を目指した国の一つはフランスであった。過去にアンジュー公がポーランド国王となり、また一七世紀半ばにはフランス出身者がポーランド王の王妃になるなど、同じカトリックを信仰するフランスは、しばしばポーランドの政治と密接に関わってきた。そのため、一八世紀に入ってポーランド問題への関与を強め始めた正教国家ロシアは、フランスにとっては新たな脅威となり、フランスはロシアの西欧世界への進出を阻止することが必要と考えた。この考えは、ロシアの膨張に悩むオスマン帝国とスウェーデン、そして親ロシア派に属さないポーランド国内勢力の利益に合致するものであった。こうしてフランスは、一八世紀を通じて西欧世界の北辺のスウェーデン、東北辺のポーランド、そしてイスラーム世界に属するオスマン帝国と連携して、ロシアの西方進出を阻止する姿勢を見せる。フランスを扇の要として、スウェーデン・ポーランド・オスマン帝国が、俗に「東方のバリア」と呼ばれる扇の弧を形作るこの構造は、一八世紀末まで基本的に不変であった。このように一八世紀の国際政治におけるポーランドは、ロシアにとってもオスマン帝国にとっても、そして西欧諸国にとっても重要な位置を占めており、西欧諸国とロシア・オスマン帝国の政治外交関係の緊密化という本書のテーマにとっても、いずれ詳細に検討がなされるべき課題であると考える。

プルート戦争後、ピョートルはスウェーデンとの戦争を再開し、新興のプロイセンなどと組んでスウェーデンに攻勢をかけた。対するスウェーデンも、イギリスの軍事的な後ろ盾を得て抵抗したものの、最終的に北方同盟側に本土を攻撃されて劣勢に立ち、やがて敗北が明白となる中、一七二一年のニスタット（Nystad）条約にて戦争を終結させた。ロシアはこの条約で、カレリアのヴィボルグ（Vyborg）から港湾都市リガ（Riga）に至るバルト海沿岸の多くの領土を獲得して、バルト海において支配的な地位を確立し、新たに獲得したリガと、ピョートルが建設したサンクト・ペテルブルクを通じたバルト海交易は、ロシアの経済発展に大きな役割を果たした。[40] この和平後、ロシアをバルトの覇権国の地位にまで押し上げたピョートルに対し、元老院が「全ロシア皇帝（Император Всероссийский）」「大帝（Великий）」「祖国の父（Отец Отечества）」などの称号を与えたことは有名である。この一七二一年をもってロシアは西欧諸国の形成するシステムに加わったとする意見もあるが、[41] いずれにしても、大北方戦争を通じて、ロシアはバルト海沿岸諸国、およびバルト海交易に深く関与するイギリスやオランダなどを中心に西欧諸国と密接に関わり、戦争での最終的な勝利によって、西欧諸国に対する国際的な地位を高めたことは疑う余地がない。その一端は、ロシアの在外常駐使節の数に見られる。ロシアが初めて常駐使節を外国に置いたのは、一七世紀後半のポーランドであったが、ピョートル時代に入るとその数は増加し、一七〇一年までにコペンハーゲンなど四都市、一七〇七年にはロンドン・ベルリン、一七二〇年にはパリ、一七二四年にはマドリッドなど、一七二五年までに国外のロシア常駐使節は一二となった。またロシアに常駐する外国の使節も、一七〇二年にはわずか四カ国であったのに対し、一七一九年になると一一にまで増加している。[42] これらの数は、一八世紀初頭におけるロシアと西欧諸国との関係の深まりを表していると言えるだろう。またオスマン帝国との関係に関しては、一七〇〇年のイスタンブル条約でロシアはオスマン帝国内に常駐使節を置く権利を得て、一七〇二年にベテラン外交官トルストイ（Петр Андреевич Толстой，在職一七〇二―〇九）を派遣し、以後ロシアの駐在使節によるオスマン帝国内の情報収集とオスマン政府との恒常的な接触を通じて、ロシア・オスマン両国間でも、より緊密な関係が築かれることとなった。[43]

以上のように、一八世紀初頭のロシアの台頭は、政治外交面でオスマン帝国と西欧諸国、とりわけ西欧世界の東北辺に位置し、ロシアと直接国境を接するポーランドやスウェーデンとの関係を緊密化させることとなった。その一方でロシア自身も同様にこれらの国々との接触を増大させ、全体として西欧諸国・ロシア・オスマン帝国は、それまで以上に相互の結びつきを深めてゆくのである。

（3）ロシア・オスマン戦争（一七三六―三九）とロシア・ハプスブルク・オスマン三国の均衡の始まり

プルート戦争後から一七六八年のロシア・オスマン戦争開始までの時期、正教世界の中心であるロシア、西欧世界の東部に位置する大国ハプスブルク帝国、そしてイスラーム世界の中核国家であるオスマン帝国の三国の間には、勢力の均衡を保とうとする力が見られるようになる。

プルート戦争によりロシアからアゾフを奪還したオスマン帝国は、続いてカルロヴィッツ条約で喪失した領土を奪回することを目指し、一七一四年、ヴェネツィアに宣戦布告を行った。一六九九年に失ったヴェネツィア領モレアをオスマン軍は容易に奪還したが、この戦争はハプスブルク帝国の介入を招くこととなり、その結果オスマン軍は、一七世紀末に続いて再びハプスブルク軍に敗北を喫した。イギリス・オランダ両国の仲介により、一七一八年パッサロヴィッツ（Passarowitz, 現在のセルビア領ポジャレヴァッ Пожаревац）にて和平が結ばれたが、オスマン側はヴェネツィア領モレアを回復したものの、現在のティミショアラ（Timişoara, Temesvár）を中心とするバナート地方、ドナウ川とサヴァ川が合流する交通の要衝ベオグラード一帯、そして小ワラキア（Küçük Eflâk）と呼ばれるワラキアの西部のオルテニア（Oltenia）などをハプスブルク側に割譲し、カルロヴィッツ条約に続いてさらなる領土喪失を被ることとなった。[44]

一七世紀末まで西欧世界に対して優位に立っていたオスマン帝国では、イスラーム世界の優越性が信じられ、異教徒の支配する西欧世界からの技術の受容などは不要であると長年考えられてきた。しかし右で見たような一七世紀末から一八世紀初頭にかけての相次ぐ敗北によって、オスマン政府上層部内の一部に、その自信に疑念を抱く者が現れたことは注目に値する。そうした開明的な考えを持つ者のうちの一人が、「チューリップ時代（Lâle devri）」と呼ばれる、アフメト三世（Ahmed III, 在位一七〇三―三〇）の治世の後半、長年大宰相職を務めたネヴシェヒルリ・ダーマート・イブラヒム・パシャ（Nevşehirli Dâmâd İbrahim Paşa, 在職一七一八―三〇）であり、彼は使節団をパリとウィーンに派遣して、とりわけパリ派遣大使に対して西欧の文明全般についての報告を求めた。[45] このような西欧世界からなにがしかの有用な知識を得ようとする動きは、オスマン政府内ではまだわずかであったが、一八世紀末のセリム三世の改革から一九世紀のタンズィマートへと進むその後のオスマン帝国の歴史を見ると、パッサロヴィッツ条約後に現れたこのような動きは、その萌芽であると言うことができる。

イブラヒム・パシャの在任中オスマン政府は、パリ・ウィーンに加えてヴェネツィア、ポーランド、スウェーデン、ロシアなどにも使節を派遣して外交による戦争回避を目指し、[46] こうした努力により西欧諸国やロシアとの関係は比較的安定した。しかしそのような状況も一時的であり、一七三六年にロシアと、翌年にはハプスブルクとオスマン帝国との間で再び戦争が行われることになる。

この戦争の芽は、一七二〇年代にすでに現れていた。一七二六年に、スペイン王室との婚姻をめぐってイギリス・フランスと対立したハプスブルク帝国と、イギリスによるロシア・スウェーデン同盟の分断に反発したロシアは、相互防衛条約を締結した。この同盟は、バルト海で主導権を握ったロシアが、今や西欧世界内の国際政治においても重要なアクターとなったことを示しているが、この条約で注目すべきは、オスマン帝国に関する秘密条項が含まれていたことである。(47) それによると、ロシアがオスマン帝国から攻撃を受けた場合、ハプスブルク帝国も対オスマン戦争に参加することになっており、この規定が一七三六年のロシア・オスマン戦争にハプスブルクが参戦する根拠となった。

この一七三六年の戦争の直接の原因は、アゾフ奪還などを目指すロシアの領土的野心などに求めることができるが、間接的な原因として、すでに述べたように、ポーランド問題が絡んでいた。一七三三年にポーランド国王アウグスト二世が死去すると、フランスが支持する前述のスタニスワフ・レシチンスキと、ハプスブルクやプロイセン、それにロシアの推す、アウグスト二世の息子でザクセン選帝侯フリードリヒ・アウグスト二世（Friedrich August II, 在位一七三三―六三）の二人の候補者の間で後継王位をめぐる国際的緊張が高まり、やがて西欧全域とロシアを巻き込むポーランド継承戦争へと発展した。この戦争でハプスブルク帝国はフランス、イタリア、サルデーニャ各方面から攻撃を受け苦境に立たされたため、同盟国ロシアの援助を求めざるを得なかったが、オスマン帝国への攻撃をうかがうロシアはハプスブルク帝国に対し、協力への見返りとしてロシア・オスマン戦争へのハプスブルク側の参戦を要求した。(48) ハプスブルク側は当初難色を示したものの、ポーランド継承戦争を乗り切るためにはロシアの協力は不可欠と判断し、来るべきオスマン帝国との戦争に軍事的に援助を行うことをロシア側に正式に伝え、(49) その後一七三六年のロシア・オスマン戦争にハプスブルク帝国が参加する流れが決定したのである。

このような背景の下、一七三六年にロシアはまず単独でオスマン帝国と開戦した。ハプスブルク帝国は当初、参戦回避を目指したが、ロシアが単独でオスマン帝国と戦争を継続した場合、戦力に勝るロシアがバルカンへの進出を果たす可能性があると判断し、最終的に参戦を決定した。しかし、現実にはオスマン帝国の軍事力は予想したほど弱体ではなく、オスマン軍はロシア軍に対しては、アゾフ城塞を再び失うなど劣勢を強いられたものの、西部戦線では、パッサロヴィッツ条約で失ったハプスブルク領のベオグラードやオルテアへと進軍し、依然として力のあることを示した。またこの戦争では、戦闘と平行してオスマン帝国の外交活動も活発に行われた。オスマン帝国はフランス、[50]そしてスウェーデンに軍事同盟の結成を積極的に働きかけ、[51]その試みは結局成功しなかったが、このような西欧諸国との同盟を自ら模索する動きは、それ以前の戦争時には見られないものであった。一方のロシア・ハプスブルク連合は、互いにバルカンでの勢力伸張を牽制し合い、その協力体制は不十分であった。[52]一七三九年九月、疲弊したハプスブルク帝国は、ロシアの大勝が決定的になる前に、フランスの仲介の下オスマン帝国と単独で講和を結び、ドナウの要衝ベオグラードや小ワラキアを含む、パッサロヴィッツ条約で獲得した多くの領土をオスマン側に割譲して戦争から離脱した。[53]その後単独でオスマン帝国と戦うこととなったロシアも、フランスの圧力もあり、直後に和平締結へと追い込まれた。[54]ロシアは、オチャコフ（Очаков, トルコ語でオズィ Özi）など占領した大部分の領土をオスマン側に返還したが、プルート条約で失ったアゾフを再び獲得し（第三条）、またオスマン臣民の船による、という限定付きではあるが、黒海通商参入を認められた（第九条）。さらに第一四条で、ロシア皇帝の称号についての話し合いを後日行うことが約束され、一七四一年にロシア・オスマン間で行われた会談によって、オスマン側がロシア皇帝に対し、それまで使ってきた「ツァーリ」に由来する“çar, çariçe”（後者は女性形）に代わって「エンペラー」にあたる“imparator, imparatoriçe”を用いることが約束された。[55]これによって、依然オスマン帝国はロシアに対等の立場を認めていないものの、プロトコール上でのロシア皇帝の格式は上昇することとなった。

以上のような戦争の経緯を見ても明らかなように、ロシアのオスマン帝国に対する野心は一七二六年のハプスブルク帝国との条約によってすでに現れ、一七三〇年代のポーランド継承戦争でハプスブルク帝国がロシアに協力を求めたことにより、その見返りとしてハプスブルク帝国はロシア・オスマン戦争に巻き込まれる結果となった。しかしオスマン軍の前に劣勢に立たされたハプスブルク帝国は、ロシアがバルカン・黒海方面への南下に成功することを恐れ、オスマン帝国との単独講和へと進むことになったのである。この事実は、オスマン帝国領をさらに獲得することを希望しながらも、オスマン帝国の弱体化によるロシアのバルカン・黒海進出を阻止しなければならない、というハプスブルクの当時の立場をよく表している。第3章以降でも示すように、ハプスブルク帝国のロシア・オスマン両帝国に対するこのようなバランサーとしての役割は一八世紀末まで続くことになるが、一八世紀前半のこの戦争におけるハプスブルク帝国の行動は、この頃からロシア・ハプスブルク・オスマンの三国間に、勢力の均衡を維持しようとする力が働き始めたと言うことができよう。

西欧世界では、その後オーストリア継承戦争（一七四〇―四八）、続いて七年戦争（一七五六―六三）と、大きな戦争が続いたが、これらの戦争へのロシアとオスマン帝国の対応は対称的であった。七年戦争においてロシアは、プロイセン攻撃の中心となってプロイセンを壊滅寸前まで追い込むなど、フランスやハプスブルク帝国と並ぶ参加主要国として、戦争の行方を左右する重要な役割を果たした。一方オスマン帝国は、西欧諸国とロシアの戦争への軍事的な関与には消極的であったが、オーストリア継承戦争時に紛争の仲介を申し出るなどして西欧諸国を驚かせ[56]、外交分野では関与する姿勢を見せた。また七年戦争時には、苦境に経つプロイセンと一七六一年に通商友好条約を締結して、ロシアとハプスブルクから攻撃を受けているプロイセンを側面から支援したが[57]、プロイセンが望んだ防衛同盟条約締結については拒否した。こうして外交面では西欧諸国と一定の関わりを持ちながらも戦争への参加は巧みに回避し、一七三九年から次のロシア・オスマン戦争が開始されるまでの三〇年足らずの間、イランとの戦争を除き、オスマン帝国は比較的平和な時期を過ごしたのであった。しかし、一八世紀後半に生じるロシア・オスマン戦争とそれに関係する一連の出来事が、両国間、また両国と西欧諸国との関係に大きな変化をもたらすこととなるのである。

このように、一七世紀まで西欧世界に対して優位に立っていた、イスラーム世界の中核国家であるオスマン帝国は、カルロヴィッツ条約によってその優位の立場を失い、その後一八世紀前半には大きな領土的喪失を被ることはなかったが、西欧側の外交方式を部分的に受け入れ、また自ら西欧事情を求めるなどしながら、徐々に自己優位のイスラーム的世界秩序観を修正させられていった。そして一七世紀末以降の、バルカンの多くのオスマン臣民と信仰を同じくする正教世界の中心的国家ロシアの台頭は、オスマン帝国にとって脅威であり、オスマン帝国はそれまで以上に西欧諸国やロシアと外交を通じた国家の安全保障を重視せざるを得ない状況となって、各国との政治的・外交的結びつきを深めていった。一方、一七世紀末まで西欧世界にとってマージナルな存在であったロシアは、ピョートル時代のバルト海への進出を契機に、西欧世界内の国際政治に不可欠なポリティカル・アクターとなり、またロシアのオスマン帝国領への進出の試みは、オスマン帝国と西欧諸国、そしてロシア自身の三者の関係を互いに近づけることとなった。こうして一七世紀までは相互に一定の影響を与えながらもそれぞれ独立した「世界」に属していた西欧諸国、ロシア、オスマン帝国は、一八世紀半ばまでに様々な政治外交的な関係を緊密化させて互いに接近し、ロシア・オスマン両帝国は、結果的に西欧諸国間のパワーポリティックスへの関与を徐々に深めてゆくのである。これは、近代西欧世界を原動力として、他世界を包摂しながらグローバルな国際システムが形成される過程の端緒であると捉えることができよう。

第2章　一八世紀前半までのワラキア・モルドヴァと周辺世界

――オスマン帝国との宗主―付庸関係、西欧・ロシアとのつながり

1　一七世紀後半までの両公国をめぐる国際関係

（1）三世界の中における両公国の位置とオスマン帝国による征服

前章では、一六、一七世紀に西欧世界に対して優位に立っていたイスラーム世界の中心的国家であるオスマン帝国が、一七世紀末から一八世紀初頭にかけての西欧諸国の巻き返しと正教世界の盟主ロシアの台頭により、その優位は解消され、その後一八世紀を通じて、西欧世界の東北辺に位置するポーランドを緩衝地帯としつつ、この三つの世界が政治外交的により密接な関係を徐々に築いていったことが示された。この章では、西欧世界・正教世界・イスラーム世界の狭間に置かれ、正教徒が多数を占めるものの、イスラーム世界の大国オスマン帝国の支配を受けていたワラキアとモルドヴァの二つの公国に焦点を当て、一六、一七世紀のオスマン帝国優位の時期、一七世紀末のオスマン優位の解消期、そして一八世紀前半の三世界間の均衡期という、前章で概観した三世界間の政治的変動の中で、両公国がこれら各世界といかなるつながりを有し、またその関係がどのように変容したのか、という問題について検討を行う。その際、ワラキアとモルドヴァの国のあり方を強く規定することになった、オスマン帝国と

両公国との宗主―付庸関係を中心にして議論を進める。

モンゴルとハンガリーの支配から脱し、一四世紀にはそれぞれ国家を形成したワラキアとモルドヴァは、間もなく、ほぼ同時期にバルカンに進出したオスマン勢力と対決することとなった。地理的に南に位置するワラキアがまずオスマン軍と対峙し、時の公（voievoda, voyvoda）[1]であるミルチャ老公（Mircea cel Bătrân, 在位一三八六―一四一八）が一三九〇年代にスルタン、バヤズィト一世（Bayezid I, 在位一三八九―一四〇三）に貢納金を支払ったことが、オスマン帝国への従属の第一歩となった。[2]その頃ワラキアの北に位置するモルドヴァをめぐっては、ハンガリーとポーランドの支配権争いが行われていたが、一五世紀半ばにこの地にもオスマン軍が進出し、一四五六年にモルドヴァが貢納金の支払いを条件にオスマン側と和平を結んだ。こうしてワラキア・モルドヴァ両公国は、貢納を行うことによりオスマン側の攻撃を回避することができたが、これは一時的なものに過ぎなかった。その後も両公国はオスマン帝国に対して服従と抵抗を繰り返し、ワラキアでは有名なヴラド・ツェペシュ（Vlad Țepeș, 在位一四四八、一四五六―六二、一四七六）、モルドヴァではシュテファン大公（Ștefan cel Mare, 在位一四五七―一五〇四）らが抵抗を試みたが、上昇期のオスマン帝国に勝利することはできず、結局ワラキアは一四六二年、モルドヴァは一五三八年を最後に抵抗をやめ、最終的にオスマン帝国に服属した。

一四、一五世紀にオスマン勢力に征服されたブルガリアやセルビアなどのドナウ以南のバルカン地域は、ワラキア・モルドヴァ両公国と同様、従属下に置かれた後、やがて併合されてオスマン帝国の直接支配に組み込まれたが、ワラキアとモルドヴァに限っては、併合されることなく近代に至るまで間接統治が継続されたことが、他のバルカン地域と大きく異なる特徴である。では、なぜオスマン帝国は両公国を併合しなかったのか。この問題は、以前からルーマニアの研究者の間で議論の対象となっており、一九四七年にルーマニア人史家のペトレ・パナイテスクはその理由として、イスタンブル―ソフィア―ベオグラード―ブダペスト―ウィーンというローマ時代以来の大動脈からワラキアとモルドヴァが外れているため、同地を直接押さえる必要性が低いこと、そして征服後も現地の支配組織を温存した方が、オスマン帝国にとって直接統治を行うよりも高い収益が確保されること、の二つを挙げ[3]、これが一応の定説になっていた。しかし一九九〇年頃、同じくルーマニアのミハイ・マキシムは、パナイテスクの説のうち二番目の理由についてはおおむね賛成したものの、一番目の理由については異論を唱え、オスマン帝国にとって、イスタンブル―ソフィア―ベオグラードのルートは、ルメリの三つの主要路のうちの一つであり、大動脈や幹線だと考えられていたわけではないことを指摘した上で、彼はワラキアとモルドヴァの間接統治の主な理由として、オスマン帝国の直接支配を困難にするほどの両公国の国力の大きさ、という国内的要因とともに、ハプスブルク帝国やポーランドとの間に緩衝地帯を設ける必要性という国際関係上の要因を主張した[4]。オスマン帝国によるワラキア・モルドヴァ両国の間接統治の理由の一つが、ミハイ・マキシムの主張するように、果たして両公国を取り巻く国際環境にあったのかどうかをここで詳しく検討する余裕はないが、一四世紀にオスマン勢力がバルカンに進出して以来、正教徒が多数を占めるワラキアとモルドヴァが、常にイスラーム世界と西欧世界の狭間に置かれ、政治的にハプスブルク帝国、ポーランド、オスマン帝国という三つの大国に囲まれていた状況であったことが、この二つの公国に、ドナウ以南の地と異なる特別な地位を与えた可能性は大いに考えられる。

上述のように、ワラキアとモルドヴァがオスマン帝国の進出を受け、最終的に従属したのはそれぞれ一五世紀半ばと一六世紀前半のことであったが、その過程において、外国勢力が両公国の問題に深く関与したことは、両公国の地理的な位置からしても当然のことであった。例えば一五世紀半ばのワラキアでは、公ヴラド・ツェペシュがハンガリー、トランシルヴァニアと同盟を結び、さらに同時期に地中海でオスマン帝国との対立が鮮明となっていたヴェネツィアやローマ教皇とも連携して、オスマン軍の攻撃に対処しようとした。しかしこの連携の試みは、ブラショフ（Brașov）やシビウ（Sibiu）の通商問題をめぐってワラキアとハンガリーとの間に対立が生じるなど、各国の思惑が複雑に絡んだため必ずしも有効に機能しなかった。そのため、十分な援軍を得られなかったワラキアは、一四六二年のオスマン軍の攻撃に持ちこたえることができず、結局オスマン帝国の軍門に降った。(5)

モルドヴァでは状況がさらに複雑であった。一五世紀後半から一六世紀初頭にかけて公位にあったシュテファン大公は、ワラキアと同様反オスマン同盟の結成に努力し、彼の外交的な接触は、隣接するポーランド、ハンガリー、ワラキア、トランシルヴァニアにとどまらず、ヴェネツィア、ローマ教皇、ジェノヴァ、モスクワ、キプチャク・ハーン国、クリム・ハーン国、さらにアナトリアの君侯国アク・コユンルやイランにまで及んだとされる。(6)モルドヴァにとって最も重要であったのは、北のポーランドと西のハンガリーとの関係であり、シュテファンは、モルドヴァ支配を望むポーランド・ハンガリー・オスマン帝国の三者の間で、戦争、同盟、従属を繰り返しながら約半世紀にわたってモルドヴァの一応の独立を維持した。(7)シュテファンの時代、モルドヴァはポーランドにも貢納金を支払ってオスマン帝国と二重に従属しており、同地は、黒海への進出を狙うポーランドと、黒海を内海にすることを目指すオスマン帝国が衝突する場所となっていた。その一方で、ポーランドとオスマン帝国は常に対立していたわけではなく、ハンガリーとその背後に控えるハプスブルク帝国を共通の敵としていたため、両国は時に衝突し、時に対ハンガリー同盟を結び、モルドヴァとそれを取り囲むハンガリー・ポーランド・オスマン帝国の間には、きわめて複雑な関係が構築されていたのであった。(8)その後、オスマン帝国が一五二六年のモハーチ（Mohács）の戦いでハンガリーを破り、さらに北上して首都ブダを征服したため、ハンガリー王国は領土を大幅に縮小させ、モルドヴァをめぐる争いから脱落した。そして一五三三年に締結されたオスマン帝国とポーランドとの条約では、依然としてポーランドがモルドヴァの宗主権を主張していたが、(9)一五三八年にスレイマン大帝はモルドヴァへ兵を送り、ハプスブルクと連携していたペートル・ラレシュ（Petru Rareș, 在位一五二七―三八、一五四一―四六）を敗走させると、オスマン帝国による同国支配は決定的となった。その際オスマン帝国は、モルドヴァ領であったドナウ川とドニェストル川の下流域をオスマン直轄領に組み入れてモルドヴァを黒海から切り離し、さらにドニェストル川下流にベンデル（Bender, あるいはBenderi. ルーマニア語でディギナTighina）の城塞を築いて北方からの黒海方面への侵入に対し万全の防御を敷いた。このような経緯と、一六、一七世紀を通じてハプスブルクとポーランドという大国に挟まれたこの地の地政学的な位置を考えるならば、オスマン帝国がモルドヴァを緩衝地帯とするために直轄統治に組み入れなかったという考え方も、十分納得できるが、よりオスマン領に近いワラキアに関しては、諸外国との緩衝地帯としての役割を間接統治の根拠とするにはやや弱い。むしろパナイテスクが指摘した二番目の理由である経済的理由の比重が大きいのではないかと推測される。

理由はともかくとして、オスマン帝国がワラキアとモルドヴァを、直接支配でなく間接支配の下に置いたことは、一五、一六世紀の興隆期のオスマン帝国が、ワラキアやモルドヴァに諸外国が進出することはできないであろうと思うほど、またその裏返しとして、ワラキアとモルドヴァが諸外国と結んで離反の動きを示すことはないであろうと考えるほど、自らの軍事力に自信を持っていたことを示しているではないだろうか。一七世紀末までの、西欧諸国に対するオスマン帝国の優位が明らかであった時期には、オスマン帝国の両公国支配はほぼ貫徹していたと言える。もちろん、この時期においても、ポーランドやハプスブルク帝国が介入を試みたり、あるいはワラキアやモルドヴァの公がこれらの国々と結んで自立を目指そうとしたりする例は見られたが、いずれもオスマン支配を動揺させるには至らなかった[10]。一例だけ挙げるならば、一五六八年にポーランドはオスマン領オズィ（オチャコフ）を攻撃し、同時にイスタンブルに派遣した使節を通じて、ポーランド王の同意に基づくモルドヴァ公の任命を要求した[11]。ほぼ同時期に、モルドヴァ公ボグダン・ラプシュネアヌ（Bogdan Lăpusneanu, 在位一五六八—七二）もポーランド王に臣従を誓い、シュラフタ（szlachta）と婚姻関係を結ぼうとした。こうした事態に対しても、力に勝るオスマン側はポーランドの要求のほとんどを拒絶し、ポーランドと結ぼうと画策したラプシュネアヌは、結局ポーランドへ逃亡せざるを得なかった[12]。このようなポーランドのモルドヴァへの干渉の試みは一七世紀初頭まで継続したが、オスマン帝国の西欧世界に対する優位が揺るぎないこの時代には、いずれも成果なく終わった。

唯一例外的な事例と見なしうるのは、一六世紀末のミハイ勇敢公の例であろう。彼は一五九三年に生じたオスマン・ハプスブルク間の紛争に乗じて蜂起し、武力と外交によってオスマン帝国、ハプスブルク帝国、ポーランドの影響を排除して、一時的にワラキア、モルドヴァ、トランシルヴァニアの公を兼ねた。短期間とはいえ、後のルーマニア領にほぼ匹敵する領土を統一したことにより、ルーマニア史学史では彼の活動に英雄としての高い評価が与えられている[13]。しかし、その期間は一年足らずに過ぎず、バルカンをめぐる国際関係史の観点から彼のオスマン帝国やその他の周辺諸国に及ぼした影響を検討すれば、それは過大評価であると言わざるを得ないが、ワラキアとモルドヴァのオスマン支配に、非常に短期間ではあるが動揺を与えたことは事実であった。

このように、一七世紀末までのワラキアとモルドヴァは、政治的にオスマン帝国、ハプスブルク帝国、ポーランドの間に囲まれ、そうした国際的な環境の下、現地の統治機構が温存されたままオスマン支配に組み込まれた。そして、西欧世界の東辺に位置し、時に両公国への干渉を試みる二つの大国、ハプスブルク帝国とポーランドとは、上で見たラプシュネアヌの例のように、接触がなかったわけではないが、オスマン帝国の西欧世界に対する優位の時期には、オスマンの両公国支配を揺るがすには至らず、イスラーム世界の大国オスマン帝国の支配はおおむねしっかりとしたものであった。

(2) 一七世紀後半までのオスマン帝国とワラキア・モルドヴァの宗主―付庸関係

近隣のハプスブルク帝国やポーランドと多少の関係を有していたとはいえ、オスマン帝国の確固とした支配下に置かれていたワラキアとモルドヴァにとって、イスタンブルのオスマン中央政府との関係は、国家のあり方の根本を規定する非常に重要なものであった。第3章以降で、この宗主―付庸関係が諸外国によって緩められる方向に変化させられてゆく過程を検討するので、そのためにもこの項では、両公国のオスマン帝国に対する法的な位置づけや、両公国がオスマン中央政府に負っていた負担と義務、そして従属後も維持することができた権利などについて概観しておきたい。

前章の第1節で述べたように、イスラーム的世界秩序観は、「イスラームの家」が不断の努力によりいつの日か「戦争の家」を包摂し、世界中がシャリーアに基づいて統治されるというヴィジョンを有していたが、現実の問題としてムスリム政治体と非ムスリム政治体との間では戦争と和平が繰り返され、共存の時期も長くなった。オスマン帝国の場合も、当初西欧諸国との和平条約の期限が数年であったのが、一六世紀の拡大期が終わり一七世紀に入ると、一応の目安とされる一〇年を越えるようになったことは、右で見たとおりである。[14] そして、ワラキアとモルドヴァの例のように、ある非ムスリム国家が条約（ahd）に基づく貢納などの義務を果たすことによりオスマン帝国と和平を結び、その和平が長期化すると、その地は「イスラームの家」でも「戦争の家」でもない、第三のカテゴリー「契約の家（dâr al-ʻahd）」と認識されることとなった。「契約の家」については、イスラーム法の学派により容認するか否かが分かれるが、オスマン帝国の採用するハナフィー派ではその存在を認めていない。よって理論的には両公国は「戦争の家」に属していることになり、史料の中でも「モルドヴァはイスラームの家ではないので（Boğdan dâr al-Islâm olmamağın）」といった文言が見られることからそれが裏づけられる。[15] しかし現実問題としてオスマン帝国はワラキアとモルドヴァ、その他ラグーザなどのキリスト教国の「事実上」の付庸国を抱えており、それらの国々との関係は、一時的な「戦争の家」に属する国家との和平の状態とは考えられない。したがって、実態の上では「契約の家」が存在したと考えるべきであろう。いずれにせよ現実には、オスマン帝国はワラキアとモルドヴァのような、いくつかの従属する非ムスリム国家を抱えていた。[16]

では、ワラキア・モルドヴァとオスマン政府との間に、権利—義務関係を定めた「契約（ahd）」があったのだろうか。両公国と同様、オスマン帝国に従属したラグーザとオスマン政府との間にはいくつかの条約が見られるが、両公国に関しては、実際にオスマン政府との間に、そのような条約が存在したのかどうかについては疑問である。というのも、一八世紀半ば以前のオスマン政府と両公国との間に交わされた条約は、これまでに一つの例外を除いて発見されていないからである。その例外である一四八〇年頃にオスマン・モルドヴァ間で交わされた条約の写し（sûret）も、あまり具体的な権利—義務関係には触れておらず、一四七六年にオスマン帝国に反旗を翻して結果的にオスマン軍に鎮圧されたモルドヴァに対し、ジズヤを二倍に引き上げることを定めている他は、抽象的な内容であるため、戦争回避のための一時的な臣従を規定したものと考えられよう。[17] こうした状況は、諸条約がその写しも含めて火事などで失われてしまった可能性も考えられるが、それでも全てが失われてしまったというのはあまりに不自然であり、もともとそのような条約は存在しなかったと考えるのが自然である。いずれにしても、ミハイ・マキシムなども指摘しているように、オスマン帝国と両公国との宗主—付庸関係、権利—義務関係は、その全てが含まれるような一つの条約によって規定されたわけではなく、一五、一六世紀以降必要に応じてイスタンブルから両公国宛に発せられる勅令（fermân）や勅許状（berât）などによって定められ、慣例化し定着したと理解すべきであろう。[18] 次章以降で検討するが、オスマン・両公国間の権利—義務関係を明文化した契約（条約）は、一八世紀後半以降、ロシアなどの諸外国の圧力によって初めて現れるのである。

このように、オスマン政府と両公国との間には、その関係全般を明確に規定するものはなく、現実の力関係の中で状況に応じてその権利と義務が定まっていった。

次に、両者の権利と義務に目を移すと、具体的な条文がなかったとはいえ歴史的現実を見れば、量や額の多寡はあるものの、ワラキアとモルドヴァにはほぼ同様の種類の義務がオスマン政府から課せられ、その遂行と引き換えに、両公国は支配組織の温存とスルタンから国家の安全の保証を得た。両公国が果たすべき義務としては、イスタンブルへの公式・非公式な各種金品の支払い、食糧や物資のイスタンブルへの供給、オスマン帝国の戦争時の兵と物資の供給、キリスト教世界の情報収集とその伝達、などが挙げられる。[19]

両公国からイスタンブルへ支払われる金銭のうち最も重要なものは、イスラーム世界において非ムスリムの庇護民にのみ課せられるジズヤとハラージュ（トルコ語ではジズィェ cizye とハラチ haraç）の二つの税であり、これらは両国の公から毎年イスタンブルへ送られた。その金額については、インフレや貨幣価値の変化などを考慮に入れると、両公国の支払う実質的な額は一六世紀初頭から上昇傾向を見せ、特に一六世紀後半に増大したことが明らかになっている。この理由をオスマン側の一方的な増額要求のみに帰するのは誤りであり、ワラキアとモルドヴァの公位獲得を狙う候補者が、オスマン政府による支持と承認を求めて自ら増額をオスマン政府に提案することも時には起こった。[20]また公からスルタンや政府高官へ贈られる贈物（peşkeş あるいは pişkeş）は、イスタンブルへの忠誠の証として半ば義務となっており、[21]具体的には、毛皮の衣服（câme, postîn）、馬（esb）、鷹（doğan）、食器類などの品が贈られた。[22]

また、ワラキアとモルドヴァは豊かな農業生産を誇ったため、多数の人口を抱える帝都イスタンブルの食糧供給地として位置づけられた。それゆえ、両公国で産する穀物、羊、牛、蜂蜜、塩などの食糧や蜜蠟や木材などの生活必需品は、何よりもまずオスマン政府への供給を優先するよう義務づけられ、オスマン政府によって市場価格よりも安い公定価格（narh）で買い付けられた。[23]また、オスマン帝国と他国との戦争時になると、両公国には、軍勢を率いての戦役への参加義務が課せられ、[24]さらにイスタンブルへの特別税（avârız）の支払いや戦地への食糧、その他の必需品の供給を義務づけられることもあった。[25]また平時・戦時を問わず、キリスト教世界、特に一七世紀まではポーランドとハプスブルク帝国に関する情報の収集とイスタンブルへの伝達も両公国の公に課せられた重要な義務であり、オスマン帝国にとってワラキアとモルドヴァは、ラグーザとならんで、恒常的にもたらされる西欧についての重要な情報源となっていた[26]。両公国からの西欧情報の伝達は、オスマン帝国が西欧諸国に常駐使節を置いた一七九三年以降も続き、少なくとも一九世紀初頭まで史料により確認できる[27]。

このような各種の義務を果たすことにより、ワラキアとモルドヴァは一定の自治を得ることができた。具体的には、両公国では現地住民の信仰の自由が保障され、教会の新築や修復なども、ドナウの南側のオスマン直轄地とは異なり、自由に行うことが可能であった。また原則としてムスリムの入国は禁止され、商人など政府から許可を得た一部の者だけが入国できることになっていた。国内の統治機構はオスマン帝国従属後もそのまま維持され、内政に関しては、ある程度イスタンブルの干渉を受けながらも独自に政策を決定できたが、対外政策については原則としてオスマン帝国の外交方針に反するような独自の外交は禁じられた。これは両公国宛のオスマン文書でしばしば定型句として用いられる、「(オスマン帝国の――引用者) 友人には友人、敵には敵であり」[28]という表現によく表されている。もっともそれは建前に過ぎず、後に見るように両公国の公や、貴族であるボイェールたちは、情報収集のために近隣諸国にエージェントを派遣して独自の外交ネットワークを有しており、時には密かにオスマン帝国と対立する国に使節を派遣して外交的接触を図ることもあった[29]。その他、支配者である公は、従属前と同様、現地のボイェールたちによって、彼らの中から選出される権利を留保していた。しかし、最終的な公への就任にはスルタンの承認が必要とされ、このことが実質的にイスタンブルによる公の任免を可能にした。したがって、ボイェールたちによる選出、続いてスルタンへの請願、最後にスルタンによる新公の承認、という手順を踏まず、時にスルタンが直接新たな公を指名するケースも見られた。一八世紀初頭まで、ワラキアとモルドヴァでは現地のボイェールから公が選出されるという原則だけは、いくつかの例外を除いて守られたものの、公の任免権は事実上オスマン皇帝の手に握られていたのである[30]。

このように、オスマン帝国に従属して以降、ワラキアとモルドヴァは主権を制限され、様々な負担をオスマン帝国に負った。特に両公国にとって経済的な負担は重く、一七世紀初頭のワラキアとモルドヴァは、歳入の三分の二をイスタンブルへ送っていたとする説もある。(31) この説の真偽の程はともかく、オスマン帝国に従属する両公国からイスタンブルへかなりの富が流出していたことは間違いない。しかし、オスマン帝国が西欧諸国とロシアに対して優位にあり、ワラキアとモルドヴァの周辺に位置する他の国家の力を凌駕していた時代、両公国がオスマン帝国の要求するこうした種々の義務と負担を受け入れることは、それぞれの国家とその支配体制を維持するために必要なことであった。だが、一旦オスマン帝国の西欧世界に対する優位が崩れたとき、こうした重い負担と義務を課せられた両公国がオスマン帝国から離反する動きを見せたとしても不思議ではない。そしてそれとほぼ同時期に、正教徒が人口の大部分を占めるワラキアとモルドヴァの近隣に、信仰を同じくし、正教徒の保護者たらんとする国家が台頭するならば、両公国がその国家に接近することは大いにあり得ることである。一七世紀末まで、西欧世界に属するハプスブルク帝国とポーランド、そしてイスラーム世界のオスマン帝国に囲まれていた両公国にとって、ビザンツ帝国滅亡後、正教世界の政治的中心となり、以来着々と領土を広げ国力を増して来たロシアの台頭は、国家のあり方に新たな選択肢をもたらす出来事であった。このような一七世紀末から一八世紀初頭にかけての、両公国を取り巻く三世界間の政治的変動により、それまで確固とした支配を続けてきたオスマン政府と、その支配下に置かれていたワラキア・モルドヴァとの関係にも変化が生じることになる。

2　一八世紀ファナリオット時代の両公国と周辺諸国

（1）一七世紀末の国際政治の変動とロシア・両公国の接近

一七世紀末に発生したオスマン帝国と神聖同盟との戦争、そしてその結果としてのカルロヴィッツ条約とイスタンブル条約は、西欧世界とオスマン帝国の力関係を変化させ、同時にロシアの台頭をもたらしたことは、第1章で見たとおりである。こうした国際政治の変動は、これら三つの世界に囲まれたワラキアとモルドヴァにも当然影響を与え、両公国にオスマン支配からの離脱の動きを促すこととなった。この節では、正教世界を代表する国家として台頭するロシアと、住民の大多数が正教徒である両公国との接近について、およびそのような動きを阻止し、それまでどおりゆるぎない支配を継続したいオスマン政府が取った対応策、具体的にはファナリオット制と呼ばれる新たな公任命制度の導入について、西欧諸国の動きにも注意しながら検討する。

まず一七世紀の両公国とロシアとの関係を、簡単に見ておこう。

両公国のうちロシアと公的な接触を最初に持ったのは、モルドヴァであった。一六二九年に、モルドヴァ公の派遣した使節がモスクワに現れたことが確認されているが、本格的に相互の使節の往来が開始されたのは、ドン・カザークによるアゾフ占領が起こった一六三七年以降であった。[32]一六五三年にウクライナのボグダン（ボフダン）・フメルニツキーをめぐるロシアとポーランドの対立が発生すると、モスクワにとってウクライナの南西に位置するモルドヴァは戦略的に重要な意味を持つようになり、モルドヴァも、この頃一時的にクリム・ハーン国がオスマン帝国からの自立を強めたため、クリムからの攻撃を警戒してロシアとの連携を必要とした。そのため、両者の間では使節が秘密裏に往来し、一六五四年にはモルドヴァ公が、有事の際にロシアの保護下に入る意向を皇帝に表明し、ロシアもこれを受け入れる旨をモルドヴァ側に伝えている[33]。一方同じ頃、オスマン政府による公位からの解任の危険を感じていたワラキア公コンスタンティン・シェルバン・バサラブ（Constantin Şerban Basarab，在位一六五四—五八）もロシアに援助を求めている[34]。オスマン帝国の両公国支配が依然強力であったこの時代、ワラキア・モルドヴァ両公のこのような動きが、具体的な成果を上げることはなかったものの、一六五〇年代が、儀礼的ではなく実質的な意味を伴う両公国とロシアとの外交関係の開始時期と考えられる。

一六八三年のオスマン軍によるウィーン包囲に端を発するオスマン帝国と神聖同盟との戦争では、ポーランド軍がモルドヴァへ侵入し、ハプスブルク帝国もトランシルヴァニアからワラキアへ兵を進めるなど、両公国の一部は戦場となった。この時、両国の公はオスマン側不利の戦況を注意深く観察しつつ、ポーランド、ハプスブルク帝国、ロシアと接触し、にわかに現実味を帯びてきたオスマン支配からの解放に向け準備を開始した。時の公の関心は、オスマン帝国の優位が失われつつある中、ワラキアとモルドヴァそれぞれの国家の安全を守り、さらに時の公一族の権力を代々保障してくれるのはどの国であるのか、という点にあった。例えば、ワラキア公シェルバン・カンタクジノ（Şerban Cantacuzino，在位一六七八—八八）は、ウィーンからの使節と交渉し、ワラキア・モルドヴァ両国がハプスブルク支配下に入り、カンタクジノ家が王朝を開設して両国を統治するという提案を行ったことが知られており[35]、またモルドヴァでも、一六九〇年に公コンスタンティン・カンテミール（Constantin Cantemir，在位一六八五—九三）がハプスブルク帝国と非公式ながら条約を結び、戦争の結果オスマン支配からの解放が実現した暁には、ハプスブルク帝国に従属することが約束された[36]。

一六五〇年代にモルドヴァが庇護を求めたロシアであるが、この戦争中にあっては、両公国からは当初そうした対象とは見なされなかった。というのも、この戦争でロシアは、軍を専らクリム・ハーン国とアゾフへ向けていたため、両公国にとっては、実際に軍が領内に侵入しているハプスブルク帝国とポーランド、そして締め付けを強めるオスマン政府との関係を最優先で考えざるを得なかったためである。しかし一六九〇年代に入り、バルカン戦線で膠着状態に陥ったオスマン帝国とハプスブルク帝国との間で和平の動きが現れて、ハプスブルク帝国による、両公国のオスマン支配からの解放の可能性が小さくなり、その後一六九六年にロシアがオスマン軍に勝利してアゾフを奪取すると、ワラキアとモルドヴァは、クリム・オスマン連合に対して優勢にあるロシアに急速に接近した。一六九七年にはワラキアから、[37]翌九八年にはモルドヴァから、モスクワへそれぞれ使節が派遣され、[38]共同の軍事行動の提案や、両国をロシアの保護下に置く請願などがなされた。しかし、カルロヴィッツでオスマン側と神聖同盟側との交渉が開始され、一六九九年に締結された条約、および翌年ロシアとオスマン帝国の間で締結されたイスタンブル条約では、ワラキア・モルドヴァとオスマン政府との関係や位置づけには触れられず、両公国は以前と同様、オスマン帝国の支配下にとどまることになった。

実現はしなかったものの、この一七世紀末の戦争において両公国のオスマン宗主下からの離脱が、過去のミハイ勇敢公などの時と比べ、より現実味を持ったことは事実であった。そして、オスマン帝国の神聖同盟側への大規模な領土割譲、正教世界の擁護者としての立場を確立しつつあるロシアの台頭という、両公国を取り巻く国際関係の変化の中で、ワラキアとモルドヴァの公、および大土地を所有する貴族である有力ボイェールたちは、自国の自立を求めてロシアと連携し、より具体的な計画を立てて行動することになる。その最初の事例が、一七一〇年にロシアと秘密裏に同盟を結び、オスマン支配からの離反を狙ったモルドヴァ公ディミトリエ・カンテミールであった。

イスタンブル条約締結後も両公国とロシアとの頻繁な接触は継続し、特にワラキア公コンスタンティン・ブルンコヴェアヌ（Constantin Brâncoveanu, 在位一六八八―一七一四）は積極的にロシアと接触し、モスクワに事実上の常駐使節を置いて、ロシアによるワラキアのオスマン支配からの解放や、彼が解任された場合のロシアの保護などについて、具体的にロシアと交渉を行った。[39]一方モルドヴァでは、一七〇〇年から一七一〇年までの間に公は二、三年ごとに交替したが、いずれの公もロシアとの定期的な通信を中断することなく接触を維持していた。

大北方戦争が始まり、ポルタヴァの戦いにおいてロシアが勝利すると、両公国のロシアに対する期待はさらに高まり、一七〇九年以降ブルンコヴェアヌは、オスマン側の様々な情報をロシア側に流すなどしてロシアに協力した[40]。また一七一〇年のプルート戦争開始と同時に、オスマン政府に忠実な人物と見なされてモルドヴァ公に即位したディミトリエ・カンテミールも、実は公就任以前からイスタンブル駐在のロシア使節トルストイと接触しており、オスマン政府の期待に反して、公就任後はイスタンブルにいる自分の代理人を通じて密かに皇帝ピョートルと連絡を取り合った[41]。翌一一年、彼はロシアと密かに条約を結び、その中でモルドヴァ軍のピョートル軍との共同行動、オスマン支配からの離脱が実現した場合におけるロシア保護下でのカンテミール王朝の開設、またそれが失敗した場合におけるロシアへの亡命の保障などが約束された[42]。そのような事前の準備を行ったうえでロシア軍はオスマン領を攻撃したわけであるが、戦争開始後ロシアは、さらにバルカンの正教徒へ向けてマニフェストを発し、ワラキアとモルドヴァのみならず、広くバルカンの正教徒オスマン臣民に対し、ロシア軍への協力を呼びかけた[43]。しかしロシアのこのような呼びかけに応えたのは、ツルナゴーラ（モンテネグロ）の住人などごく一部の正教徒にとどまり、ロシアが大規模な蜂起を期待していた両公国住民の反応は鈍く、その結果、前章で見たようにロシア軍はプルート河畔でオスマン軍に包囲され、敗北を喫することとなった。カンテミールは当初の約束どおりロシアへ脱出し、こうしてモルドヴァのオスマン宗主下からの離脱の試みは完全な失敗に終わった。ワラキア公のブルンコヴェアヌは、戦争開始前からロシアとの関係をオスマン政府から疑われていたために、イスタンブルに忠誠を示しながら慎重に行動せざるを得ず、カンテミールのようにピョートルと条約を結ぶこともなく、戦争時にロシア軍が一時ワラキア領に侵入した際、共同行動を取ることもできなかった。そのため、彼は戦争後もしばらくワラキア公位にとどまることができたが、二〇年以上におよぶ公位の独占から、ワラキア国内のボイェール、特にカンタクジノ家一派からの不満が高まり、彼らがスルタンにブルンコヴェアヌの過去のロシアとの関係を暴露したことにより、結局一七一四年にその地位から去ることになった[44]。

こうして、カルロヴィッツ条約とイスタンブル条約後、正教世界の盟主として台頭するロシア帝国、オスマン帝国からかなりの領土を獲得し東方へ進出した西欧諸国、そして東へと後退するイスラーム世界の中核国家オスマン帝国の三者の力関係の変化に伴って生じた、ワラキア・モルドヴァのロシアへの接近とオスマン支配からの脱却の動きは失敗に終わった。しかし、西欧諸国やロシアとの関係が新たな段階に突入したオスマン帝国にとって、ハプスブルク帝国と国境を接し、ロシアにも近接することとなった両公国の問題も、また新たな段階に入ったと言うことができよう。一八世紀に入り、両公国支配に危機感を持ったオスマン帝国は、ロシアやハプスブルク帝国の動向にも目を配りつつ、西欧世界に対して優位であった一七世紀までとは異なる、両公国支配の再強化のための新たな手段を講ずる必要性を感じたのであった。

(2) オスマン政府によるファナリオット制の導入とその影響

プルート戦争では勝利したものの、ワラキア公ブルンコヴェアヌの長年にわたるロシアとの接触や、戦争でロシア側につき亡命したモルドヴァ公カンテミールらの行動など、台頭する正教国家ロシアと両公国との結びつきを目の当たりにしたオスマン政府は危機感を強めた。そして、両公国への統制強化のためは、外国と通じることのないイスタンブルに忠実な人物を公位に就ける必要があると考えたオスマン政府は、その手段として、それまで行われていたような両公国の現地出身者を公として承認する公任命方法を改め、イスタンブルで直接任命した信頼に足る人物を現地に派遣する制度を開始した。そうした信頼できる人物として白羽の矢が立ったのが、政府の公的な通詞(tercüman あるいは dragoman)などとしてオスマン支配層に取り込まれていた、「ファナリオット」と呼ばれる主にギリシア系の正教徒有力者階層であった。一八世紀初頭から一九世紀初頭まで、ワラキアとモルドヴァの公は、わずかの例外を除いてファナリオットたちの中から選出され派遣されたため、このオスマン政府による公の直接任命制度は、一般に「ファナリオット制」と呼ばれる。

ファナリオットは、一七世紀頃から海運業、商業、銀行業などを経済基盤として台頭し、イスタンブルの正教徒のミッレト（millet，宗教共同体）内で勢力を伸ばしていった。彼らは、正教世界の宗教的中心の一つである世界総主教座の位置するフェネル地区（Fener）を中心に活躍したことからファナリオット（Phanariote，ギリシア語でファナリオティス Φαναριώτες，トルコ語でフェネルリ Fenerli）と呼ばれるが[45]、一七世紀後半になると、彼らの経済的な影響力とともに、広範な通商活動や留学経験などから得た、西欧に関する豊富な知識と語学力が、オスマン政府の強く求めるところとなり、政府内で通詞として活躍するようになった[46]。そのため彼らの勢力は正教徒ミッレト内にとどまらずオスマン政府内にも広がり、特にオスマン帝国にとって外交の重要性が増すにつれて、通訳として外交に携わる彼らの政府内における影響力も増大していった。

このように、ファナリオットは正教徒でありながらオスマン支配層に取り込まれており、それゆえ現地のボイェールの中から選出された人物よりもオスマン政府に忠実であると期待されたことが、彼らが公としてワラキアとモルドヴァに派遣されることになった最大の理由であった。しかし、次章以下で触れるように、一八世紀後半以降、イスタンブルから派遣されるファナリオットの公の中にも、オスマン政府の期待に反して、ロシア、フランス、ハプスブルク帝国などの国々と通じてワラキアとモルドヴァで自立しようとする者も現れるようになる。したがって、一七一一年から一八二一年まで続いたこのファナリオット制は、全体として見ると、必ずしもオスマン政府が期待したような、諸外国の影響を断ち切り、オスマン支配を強化するという結果をもたらさなかったと言える。しかし少なくとも一八世紀前半について言えば、彼らは概してイスタンブルに忠実であり、この制度はある程度有効に機能したと言うことができよう。

また、ファナリオットから公が選出されるようになったもう一つの理由は、彼らが就任時にスルタンやその一族、それに政府の要職にある者たちに支払う多額の金銭にあった。ファナリオットのある人物が公に選出されると、彼はスルタン、スルタンの母親（vâlide sultân）、ハレム（harem）や内廷（enderûn）の要人[47]、さらに大宰相府の高官たちに金品を贈ることが慣例になっていた[48]。このように、公就任時にスルタン一族や高官に金品が支払われることは一七世紀までと同様であったが、イスタンブルに居住し、オスマン支配層と太いパイプを持つファナリオットの任命によって、より迅速により確実に支払われることになった。公には、御前会議主席通詞（dîvân-ı hümâyûn baş tercümanı）が任命されるのが一般的なキャリアパターンであり[49]、その任期は三年であった[50]。そして三年後、任期の延長がオスマン政府により認められると、留任にあたって再び就任時と同様、スルタン一族と政府高官へ支払いを行うことになっていた[51]。したがって、スルタン一族や政府の高官たちは、少なくとも三年に一度はワラキア公とモルドヴァ公からそれぞれ金品を受け取ることになるわけであるが、ファナリオット時代の公たちの任期を見ると、三年未満で解任される例も数多くあった。というのも、公就任ごとに宮廷と大宰相府の要人たちは収入を得られるため、できる限り短期間で公を解任する方が自らの利益になったからである。また、公的な史料には現れないものの、次の公位を狙うファナリオットたちからの賄賂を伴う働きかけなども行われていたと推測できる。こうした理由から、在任中の公の些細な違反行為を口実に、任期途中で公が解任される事例が時に見られた。このような公の頻繁な交替が、後の一八世紀後半から一九世紀初頭にかけて、ロシアとオスマン帝国の間の大きな外交問題の一つとなることを、あらかじめ指摘しておく。これについては第4章以降で詳細に検討する。

新任の公は、就任にあたって多額の費用が必要であり、相当の経済的基盤を有した家系でなければ公位を得ることができなかった。そのため、一八世紀前半にワラキアとモルドヴァの公に就いた人物は、マヴロコルダト

(Mavrocordato)、ラコヴィツァ（Racoviţa)、ギカ（Ghica）のわずか三家系からのみ輩出された。しかしこうした有力家系出身の人物であっても、公就任時に必要な費用は商人などからの借金で賄うことが多く[52]、その場合、任期途中で解任されるリスクを考慮に入れて、任地での費用の回収を性急に進める傾向があった。そのため、オスマン政府による公の頻繁な交替は、ワラキアとモルドヴァの経済を疲弊させる一因となった。またファナリオット出身の新公は、イスタンブルからファナリオット出身の側近らを引き連れて任地に赴き、彼らを要職に就けて様々な利権を押さえたため、権力の中枢から排除された現地の有力ボイェールとファナリオット公の一団との間には、しばしば緊張関係が生じることとなった。もちろん、イスタンブルから来た集団とボイェールたちとの関係は各公によって異なり、中にはコンスタンティン・マヴロコルダト（Constantin Mavrocordato, ワラキア公在位一七三〇、一七三一―三三、一七三五―四一、一七四四―四八、一七五六―五八、一七六一―六三、モルドヴァ公在位一七三三―三五、一七四一―四三、一七四八―四九、一七六九）のように、ボイェールたちと協調しつつ、国内改革を推進した例もある[53]。しかしイスタンブルから派遣される公とその一団が、かつてボイェールたちが有していた様々な権利を侵食したことは事実であり、そのことが、状況によってはボイェールたちの間で、ファナリオットたちの排除、さらにオスマン帝国の宗主権の排除を目指す動きを引き起こした。そのため、オスマン政府によるファナリオット出身者の公任命は、一七世紀まで権力の周辺で大きな政治的影響力や利権を有していた現地のボイェールを、諸外国、特にハプスブルク帝国とロシアに接近させる要因ともなったのである。

両公国の有力ボイェールたちと諸外国との接近の動きが特に現れたのは、一七一六―一八年のハプスブルク・オスマン戦争、および一七三六―三九年のロシア・ハプスブルク対オスマン帝国の戦争時であった。前者では、ハプスブルクを頼るワラキアのボイェールの一部がハプスブルク軍をワラキア領へと手引きしたことにより、ハプスブルク軍はワラキア領へ容易に進入することができ、さらにボイェールたちの狙いどおり、ハプスブルク軍は、ブカレストにいたワラキア公、ニコラエ・マヴロコルダト（Nicolae Mavrocordato, ワラキア公在位一七一五―一六、一七一九―三〇、モルドヴァ公在位一七〇九―一〇、一七一一―一五）を捕虜として彼をブカレストから追放した。またモルドヴァでも同様に、有力ボイェールの一部がトランシルヴァニアのハプスブルク軍指揮官にモルドヴァ公の追放を要請し、ハプスブルク軍のモルドヴァ領への進軍を援助したのであった。[54] この時モルドヴァでは、別のボイェール一派が、ロシアへ亡命したディミトリエ・カンテミールを通じて皇帝ピョートル一世に、ロシアの介入を要請している。[55] また一七三六年の戦争時にも、ボイェールたちの間には外国との連携を目指す動きが起こり、戦争開始後ワラキアのボイェールたちは、ロシアの援助によるオスマン支配からの脱却を求める嘆願書とともに使節をサンクト・ペテルブルクへ派遣し、モルドヴァのボイェールたちもこれに続いた。[56] このように、ファナリオット制導入後、公と諸外国との連携の動きは見えなくなったが、有力ボイェールの、近接するロシア・ハプスブルクへの接近は継続していた。

戦争時におけるこのようなボイェールたちの動きは、ロシアとハプスブルク帝国にとって、軍事的にも、また介入を正当化するという意味では政治的にも重要なものであった。しかし一八世紀前半においては、このようなボイェールたちとロシア・ハプスブルク帝国との連携が政治外交的に意味を持ったのは、上で述べた戦争時に限定され、平時においてはオスマン帝国と両公国との関係に大きな影響を及ぼすことはなかった。

このことは、ワラキアとモルドヴァをめぐる西欧諸国・ロシア・オスマン帝国の関係にも当てはまる。すなわち第3章以降で見るような、平時においても常に両公国の問題が何らかの形で国際的な問題として扱われることは、ファナリオット制導入以降、一七六八年のロシア・オスマン戦争まで見られなかった。一七一八年のパッサロヴィッツ条約でワラキアの一部がハプスブルク領となったが、残りのワラキア領やモルドヴァに関する規定は同条約には見られない。またロシアとオスマン帝国間で勃発した一七三六年の戦争では、ロシアはワラキアとモルドヴァをオスマン宗主下から独立させてロシアの影響下に置くことを目指したが、同盟国であるハプスブルク帝国はこれを強く警戒した。ハプスブルク参戦の表向きの理由は、ロシアとの同盟条約に規定されているためであるが、実際はロシアが単独でオスマン帝国に対し勝利を収めれば、ロシアが黒海・バルカン方面へ進出し、ハプスブルクの国益に重大な影響を及ぼす可能性があると考えたためであった。[57] そのため、一七三七年にポーランドのネミロフ（Nemirov）で開かれたロシア・ハプスブルク・オスマン間の和平交渉では、ロシア保護下のワラキア・モルドヴァの独立というロシアの提案を、オスマン側はもちろん、ハプスブルク代表も拒絶し、[58] 結局一七三九年、オスマン帝国とロシア、ハプスブルクそれぞれの間で締結されたベオグラード条約における両公国に関する条項は、ハプスブルクとオスマン間で、ハプスブルク側についた両公国のボイェールやその他の地域のオスマン臣民が許され罰せられない、という内容の第八条のみとなった。

このように一八世紀前半は、一七世紀末から一八世紀初頭における西欧諸国・ロシア・オスマン帝国の力関係の変化に伴って緩みが生じたオスマン・両公国関係を、オスマン帝国はファナリオット制の導入によってある程度引き締めることに成功した、と言うことができるだろう。また国際関係の観点からすれば、一七三七年のネミロフでの和平交渉で、ロシアの両公国への勢力浸透の意図をオスマンとハプスブルクが阻止したことからもわかるように、ロシア・ハプスブルク・オスマン帝国の中心に位置する両公国は、外交の争点となる萌芽は現れたものの、未だ大きな国際的な問題としての意味を持つことはなかったのである。

以上、本章では、ワラキアとモルドヴァに焦点を当て、オスマン政府との関係とロシアやハプスブルク帝国との関係について、一七世紀までと一八世紀前半に分けて考察した。簡潔にまとめるならば、一五、一六世紀にそれぞれオスマン支配下に置かれたワラキアとモルドヴァは、自国から公を選出する権利など一定の自治を有し、支配体制を温存したままオスマン支配に組み込まれたが、その関係は条約などで規定された明確なものではなかった。こうした両公国に対し、時折ポーランドやハプスブルク帝国が介入を試みたものの、それは西欧世界に対するオスマン帝国の優位と、両公国に対する確固としたオスマン支配の前では、政治外交的に大きな影響を及ぼすものではなかった。しかしながら一七世紀末にオスマン帝国が神聖同盟に破れ、ヨーロッパ側の多くの領土を喪失したことが、オスマン帝国のワラキア・モルドヴァ支配、および両公国をめぐる国際関係に転機をもたらす。両公国の公は、一七世紀末の戦争中からハプスブルク帝国やロシアと連携し、オスマン支配からの脱却を模索していたが、一八世紀に入ると、北方で台頭し正教世界の盟主として存在感を増し始めたロシアと、より積極的に接触し、その動きはプルート戦争時に表面化した。

その後、こうした両公国の離反の動きに危機感を強めたオスマン帝国は、両公国の住民と同じ正教徒でありオスマン支配層に取り込まれていたファナリオットを、公としてイスタンブルから派遣することによって、正教徒が多数を占める両公国に対するオスマン支配を強化しようとした。その目的は一八世紀前半に限っては成功したが、その副作用として、現地の有力ボイェールたちを外国へと近づけることにもなった。しかし、一八世紀前半の、未だオスマン帝国の西欧諸国とロシアに対する劣勢が決定的となっていない時代、戦時に現れたボイェールたちとハプスブルク・ロシアとの連携の動きは、ロシア・ハプスブルク・オスマンの三国の関係に大きな影響を与えることはなく、ファナリオットの公を通じたオスマン帝国の両公国支配をも揺るがすことはなかったのである。それでも、一七三六年の戦争時には、ロシアが両公国のオスマン支配からの独立と自らによる保護を主張し、オスマン・ハプスブルクがそれを拒否するなど、両公国の処遇が国際問題化する萌芽は現れ始めた。一八世紀前半は、ロシアという正教国家が、信仰を同じくする両公国の近隣に台頭したことから、オスマン・両公国関係および両公国を取り巻く国際関係は、それ以前の時代と比べて緊張を伴うものとなっていったのである。

　そのような状況の中でも、一応の安定を見せていたオスマン帝国と両公国間の宗主―付庸関係、そして両公国を取り囲むオスマン帝国とハプスブルク帝国、それにロシア帝国との関係は、一七六八年に勃発するロシア・オスマン戦争を境に大きく変化することになる。次章では、その契機となったキュチュク・カイナルジャ条約を検討する。

第3章　キュチュク・カイナルジャ条約

——国際問題としてのワラキア・モルドヴァ問題の出発点

1　ロシア・オスマン戦争（一七六八—七四）の開始と両公国の状況

第1・2章を通じて示したように、一七世紀まで、西欧諸国とロシアに対して優位に立っていた、イスラーム世界の中核的国家であるオスマン帝国は、一七世紀末にその優位を失い、同時期にピョートル率いるロシアが台頭したこともあり、一八世紀前半の西欧・正教・イスラームの三世界は、ユーラシア西部の地理的なヨーロッパにおいては、どの世界が力で優位に立つということなく、緊張の中で併存していた。そして政治的には、西欧世界の東辺のハプスブルク帝国と、ロシア帝国、そしてオスマン帝国の三つの国が力の均衡を保ちつつ、ロシアとオスマン帝国はそれぞれ、前者はバルト海沿岸諸国、後者はロシアと国境を接するポーランド、スウェーデン、プロイセンなどの西欧諸国との結びつきを強めていた。その結果、全体としてこの三つの世界は、政治的に徐々に緊密化することとなった。

一七七四年のキュチュク・カイナルジャ条約は、ロシアとオスマン帝国との間で締結された条約である。しかし、この条約が締結されるまでの過程には西欧諸国も関与し、またこの条約がその後の歴史に及ぼした影響は、正教世界の中心ロシアとイスラーム世界を代表するオスマン帝国の関係のみならず、西欧世界と正教・イスラーム世界との相互の力関係を大きく動かす原動力として現れたのである。それゆえこの条約を、一六九九年のカルロヴィッツ条約により成立した、西欧・正教・イスラーム三世界間の力の均衡が崩れる大きな転換点と捉えることができる。(1) しかしながら、このキュチュク・カイナルジャ条約に関するこれまでの研究は、同条約が後の歴史に与えた影響の大きさを考えれば非常に乏しいと言わざるを得ない。同条約に関する研究は、長らく、ロシア側の視点から、ロシア・オスマン戦争開始から条約締結、さらにその後の一七八三年のクリム・ハーン国併合までの過程を、ロシア語史料を用いて詳細に跡づけたドゥルジニナのモノグラフのみであった。(2) 一方のオスマン側の視点から同条約を扱った研究は近年まで存在せず、ようやく二〇〇六年に、ドゥルジニナと同様、ロシア・オスマン戦争開始時からクリム併合までの過程を、オスマン語史料により明らかにしたキョセの研究が現れた。(3) これらの研究はそれぞれ重要であり、同条約の影響についても一七八〇年代前半まで追っているが、より広い視野に立って、この条約が、その後の西欧諸国とロシア、それにオスマン帝国の力関係の変化に与えた影響について考察する本格的な研究はまだなされておらず、今後この条約の歴史的な位置づけを明らかにする作業が不可欠であろう。

この条約は、ワラキアとモルドヴァにとってもきわめて重要な意味を持っていた。なぜなら、ロシアとオスマン帝国間のみならず、オスマン帝国と諸外国間で結ばれた条約の中で、両公国の内政を初めて問題としたのが同条約だったからである。したがって、ワラキアとモルドヴァの諸問題を通じて三つの世界の関係を考察しようとする本書にとっても、この条約は重要な出発点であると考える。

本章では、一七六八年のロシア・オスマン戦争開始からこのキュチュク・カイナルジャ条約締結に至る過程と条約の内容の検討を行い、以下の二点について明らかにすることを目的とする。一つは、ロシア・オスマン戦争が開始され、やがて和平の動きが生じたとき、西欧諸国、特にハプスブルク帝国とプロイセンがどのように和平に関与し、そしてその中でロシアが希望するワラキアとモルドヴァの処遇が、オスマン帝国とこれらの国々によってどのような形で修正されていったのかを跡づけることにより、一七七〇年前後における、この問題の国際問題としての広がりを確認することである。もう一つは、次章以降で検討するキュチュク・カイナルジャ条約後のロシアの対ワラキア・モルドヴァ政策を考察するためにも、本条約においてロシアが両公国に関して獲得した権利の詳細を、ロシア側が提示した和平草案と実際の条約中の条文との比較なども行いながら、検討し明らかにすることである。そしてこの条約の影響については、第4章以降で折に触れて言及することにする。

一七六八年に勃発したロシア・オスマン戦争の原因もやはり、ロシア・ハプスブルク帝国・オスマン帝国の三国に挟まれたポーランドの問題であった。一七六二年に即位したロシアのエカチェリーナ二世は、かつての自分の愛人スタニスワフ・ポニャトフスキ（Stanisław August Poniatowski，在位一七六四—九五）をポーランド王位に就けることに成功したが、彼はロシアの期待に反して中央権力の強化を目指す積極的な国政改革を開始したためにロシアが干渉し、それに反発するポーランド士族（シュラフタ）が現在のウクライナ領バール（Bar）を拠点に武装連盟を結成してロシアに対抗した。

このようなポーランドへのロシアの干渉は、オスマン帝国にとっても無視できない事態であった。一八世紀初頭のプルート条約の第二条でロシアによるポーランド問題への不干渉が定められたように、ポーランドをロシアとの緩衝地帯と見なすオスマン帝国は、ロシアのポーランドへの圧力と、ロシア軍によるバール連盟主導の蜂起の鎮圧を見て態度を硬化させ、とりわけロシア軍に鎮圧されたバール連盟の一団がオスマン帝国領に逃げ込んで援助を求めると、オスマン軍投入によるロシア軍のポーランドからの排除を真剣に検討し始めた。オスマン政府内では、直ちに戦争開始を主張するスルタンらの主戦派と、準備不足を理由に開戦は時期尚早とする慎重派に意見が分かれたが、時のスルタン、ムスタファ三世（Mustafa III，在位一七五七—七四）は慎重派の大宰相ムフシンザーデ・メフメト・パシャ（Muhsin-zâde Mehmed Paşa, 在職一七六五―六八、一七七一―七四）を解任して、一七六八年一〇月、ロシアに宣戦布告を行った。こうして、一七三九年以来三〇年近く続いたオスマン帝国の平和な時期は終わりを迎えた。

翌年春より戦闘が本格的に開始されたこのロシア・オスマン戦争は、規模の点でそれ以前の両国間の戦争をはるかに凌ぐものであった。戦線は黒海を取り囲むカフカース、クリミア、ウクライナとワラキア・モルドヴァに広がり、さらにはロシア艦隊が地中海に進出してモレアやエーゲ海さえも戦場となったのである。(4) これらの各戦線でロシア軍はオスマン軍に対して当初から優位に立ち、準備不足のオスマン軍の劣勢は明らかであった。

ここで、この戦争の各戦線における戦闘の状況を詳細に述べる余裕はないので、戦争中のワラキアとモルドヴァの状況についてのみ触れておこう。

一七六九年春にルミャンツェフ元帥（Петр Александрович Румянцев, 一七二五―九六）率いるロシア軍は、モルドヴァ国境を越えて秋には首都ヤシを占領し、さらに一一月にはワラキアの首都ブカレストをも陥落させた。両公国における戦闘では、ロシアが圧倒的優勢であり、ロシア軍が戦争開始後わずか数カ月で両公国を占領したことは、現地の住民たちに驚きと期待を与えた。両公国の首都を押さえたルミャンツェフは、ワラキアとモルドヴァの住民宛にロシア軍への協力を呼びかけるマニフェストを発布して、ロシアの両公国に対する庇護者としての立場を強調し、(5) これに呼応して、義勇兵として両公国住民からロシア軍に加わる者や、軍に直接加わらないまでもオスマン側に抵抗する住民が各地で現れた。(6) オスマン側に反旗を翻す住民に対してオスマン政府は、叛徒たちを厳罰に処すことを宣言する一方で、オスマン政府に従う者たちに対しては、モルドヴァでは五年間、(7) ワラキアでは三年間(8)の免税を約束するなどして懐柔に努めたが、ロシア占領下の両公国の混乱状態は容易には収まらなかった。

こうしたロシアへの期待は住民レベルだけでなく、ワラキアとモルドヴァの支配層においても同様であった。かつて一七世紀末からプルート戦争前夜にかけて見られたように、ワラキアとモルドヴァそれぞれのボイェールと聖職者たちは、ペテルブルクへ使節を派遣し、女帝エカチェリーナに両公国の保護を求める嘆願を行うなど、積極的な行動を取った[9]。さらに、オスマン支配層に取り込まれているファナリオット出身で、一八世紀初頭以来オスマン政府に概して忠実であった両公国の公までもが、この戦争が開始されると、密かにロシア側に協力する事態となった。例えば、ワラキア公グリゴレ・ギカ（Grigore III Alexandru Ghica, ワラキア公在位一七六八—六九、モルドヴァ公在位一七六四—六七、一七七四—七七）は、オスマン軍に供給するべき食糧の輸送を故意に遅らせるなどしてロシア側に協力したため、一七六九年にオスマン政府によって解任され、彼はその後ロシアへ逃亡した[10]。また、モルドヴァ公グリゴレ・カリマキ（Grigore Callimachi, 在位一七六一—六四、一七六七—六九）もギカと同様ロシアに接近し、オスマン軍の行軍のための道路整備などへの妨害を行い、またオスマン軍への食糧供給を怠ったため、解任されその後処刑された[11]。

この戦争で、両公国のみならず全ての戦線においてロシア軍が圧倒的優勢に立ったことは、各方面に衝撃を与えた。一七三九年のベオグラード条約でオスマン帝国は一時失ったワラキア西部とベオグラードを回復し、依然として強力な大国であることを内外に示した。しかしそれからわずか三〇年後、ロシアの軍事力が明らかにオスマン帝国のそれを上回ったことがこの戦争によって証明されたのである。もちろんオスマン帝国においても、一八世紀前半にフランス人ド・ボンヌヴァル（Claude Alexandre de Bonneval, トルコ名フンバラジュ・アフメト・パシャ Humbaracı Ahmed Paşa, 一六七五—一七四七）を登用して砲兵隊を改革するなど、近代西欧の技術導入による軍事改革の試みはなされていた。しかし未だ多くの者がイスラーム世界の優位を信じ、また様々な利害関係から新技術の導入に反対する守旧派の抵抗も根強かったため、改革はきわめて限定的なものであった。そうした間にロシアは着実に国力を増強し、この戦争でオスマン帝国を圧倒したのである。

このようなロシアの軍事的優勢、そしてワラキア・モルドヴァにおけるロシアへの期待が支配層から一般民衆まで広がっている状況を見て、西欧諸国、特に西欧世界の東辺に位置し、ロシアとオスマン帝国に近接するハプスブルク帝国とプロイセンが、この戦争に関与せざるを得なくなったのは、当然のことと言えるだろう。ロシアの大勝によるバルカン進出を恐れる両国は、そうした事態を避けるために、ロシアとオスマン帝国の和平のプロセスに積極的に関わることになる。

2 和平への動き

(1) ロシア側の動き

軍事的なロシアの大勝とオスマン帝国の大敗は、西欧世界にとっては、一八世紀前半から継続する西欧世界東辺の安定を大きく崩す可能性をもたらすものであった。そのため、こうした事態を特に懸念するハプスブルク帝国とプロイセンは、一七六九年末頃から外交活動を活発化させ、ロシアとオスマン帝国の間で和平の動きが起こると、その仲介役として名乗りを上げて、和平交渉で大きな役割を果たすこととなった。

このロシア・オスマン戦争の行方に最も関心を持つ国はハプスブルク帝国であった。とりわけロシアのワラキア・モルドヴァへの進出は、ハプスブルク領であるトランシルヴァニアがロシアとの国境となる可能性を秘めており、緩衝地帯なしにロシアと直接国境を接することを望まないハプスブルク帝国にとっては、何としても阻止されなければならない事態であった。戦争開始時には中立を宣言していたハプスブルク帝国であるが、一七六九年末までに明らかになった予想外のロシアの圧倒的優勢、特にワラキアとモルドヴァにおけるロシアの勝利はウィーン政府に衝撃を与え、オスマン帝国を支えるために何らかの行動を取らざるを得なくなった。

一方プロイセンは、一七四〇年に即位したフリードリヒ二世（Friedrich II, 在位一七四〇―八六）の下で急速に発展し、ロシア・ハプスブルク・オスマンの三国が構成するシステムの中に新たに登場したアクターとなっていた。隣接するロシアとハプスブルクという二大国に挟まれたこの新興国にとって、この両帝国との関係が国家の安全保障を決定する重要な要素であったが、七年戦争後のプロイセンはロシアと同盟を結び、それがハプスブルクからの攻撃の抑止力となっていた。[12] しかしプロイセンにとっては、時の同盟者とは言えロシアが巨大になり過ぎることにも脅威を感じており、したがって、このロシア・オスマン戦争でのロシアの巨大化を抑制することが、プロイセンが仲介役として積極的に名乗りを上げた理由の一つであった。[13] さらにもう一つ理由は、フリードリヒのポーランド分割構想であった。彼はプロイセンの発展のために領土の拡大を切望しており、ポーランドの一部をロシアとハプスブルク帝国との間で分割する構想を持っていた。彼はロシアとオスマン帝国との利害調整を行う中で、ロシアとハプスブルク帝国をこのポーランド分割へと引き込むことを狙っていたのである。ロシア・オスマン戦争開始時には、現実味を帯びていなかったこの構想も、[14] ロシア・オスマン間の和平の仲介をする中で実現の方向へと向かってゆくことになる。

では、ロシアとオスマン帝国間で和平交渉が開始される一七七二年秋までに、来るべき和平交渉に向けてロシアが取った行動について、ワラキア・モルドヴァ問題を軸に、プロイセンとハプスブルク帝国との関係を具体的に追ってゆこう。

戦争でのロシアの勝利が拡大するにつれて高まるハプスブルク帝国やプロイセンの懸念をロシアも無視することはできず、ロシアは一七七〇年より和平交渉へ向けた準備を開始する。ロシアは同年八月の国家評議会においてオスマン政府との和平を決定し、その基本案策定に取り掛かった。[15] 具体的な案についてはロシア暦の九月一六日の会議においで討議され、ロシア商船のアゾフ—黒海間の自由通航、オスマン側に抵抗したオスマン臣民の恩赦、クリム・ハーン国の独立などを要求することが決定されたが、[16]ここでワラキアとモルドヴァの扱いについても討議され、以下の二つの案が承認された。一つ目は、ロシアのこの戦争における損失額を二五〇〇万ルーブリと計算し、両公国の収入の一部をその補塡に充て、その補塡が終了するまでの期間ロシアが両公国の占領を継続するというもの。そして二つ目は、ロシアの損失の補塡を求めない代わりに、ワラキアとモルドヴァをオスマン宗主下から独立させ、ドナウ川を両公国とオスマン帝国との国境とする、というものであった。[17]二番目の案にある両公国の独立とは、もちろん事実上ロシアの影響下に入るということである。いずれの案にしても、ロシアが戦争終結後も両公国に強い影響力を残すことを目指したものであった。

ロシアは、オスマン帝国との和平交渉において、ロシアの拡大を阻止しようとすることが明白なハプスブルクとプロイセンの仲介を望まなかった。しかし、一七七〇年九月、フリードリヒがエカチェリーナに、プロイセンとハプスブルクの仲介を受け入れるよう強く迫り、[18]ハプスブルク帝国とフランスが結んでロシアと相対することを恐れたエカチェリーナは、フリードリヒの要求どおり両国の仲介を受け入れざるを得なかった。[19]一方のオスマン側も、同年八月にハプスブルクとプロイセンに仲介を受け入れる旨の書簡を送っており、この時点で両国がロシア・オスマン和平の仲介役となることが正式に決定した。[20]

一七七〇年一二月九日、エカチェリーナの御前で行われた国家評議会において、オスマン帝国との和解案が承認され、[21]その内容はプロイセンに伝えられた。プロイセン側の反応に従ってその内容がやや修正された後、翌七一年三月、修正された和平案が、来るべきオスマン帝国との交渉で首席全権代表を務めることが決まったアレクセイ・オルロフ（Алексей Григоревич Орлов, 一七三七—一八〇八）に訓示された。その内容はグルジアからアゾフ、クリム、モレアにまで至る広範囲に渡るものであるので、ここではワラキアとモルドヴァについてのみ述べると、一七七〇年九月一六日（ロシア暦）の国家評議会で決定された内容、すなわち賠償金の獲得手段として戦争後もロシアが一定期間両公国を占領し続けるという案と、両公国をオスマン帝国に従属しない完全な独立国とするという案に変更は加えられず、両案が併記された[22]。

オルロフはこの訓令を持ってモレアに戻る途中、一七七一年五月にウィーンを経由し、ハプスブルク政府に、クリム・ハーン国とワラキア・モルドヴァの独立というロシア側の和平案の一部を伝えたが、ハプスブルク側はこの案を拒否するとペテルブルクに回答した[23]。ロシア側は両公国のキリスト教徒を救済するのがロシアの使命であると主張して、ハプスブルク側に理解を求め、この時は両公国独立案を取り下げなかった[24]。

ところでオルロフがウィーンへ伝えることになる和平案が審議された一七七一年五月九日（ロシア暦）、ロシアの国家評議会はもう一つの重要な問題について議論を行った。それがポーランド分割問題へのロシアの対応である。ここでポーランド分割問題についてプロイセンとハプスブルク帝国との交渉を進めることが決定されが、その一方で、ハプスブルク政府内では、分割協議を本格的に進めるべきか否か、未だ最終的な意見集約ができておらず、この問題の先行きは不透明であった。ハプスブルク政府にとっての最大の障害は、ロシアがワラキアとモルドヴァへの進出に固執していることであった。しかし同年一〇月二四日（ロシア暦）、ロシアが、ワラキア・モルドヴァの占領継続および両公国のオスマン宗主下からの独立を正式に断念することを決定し[25]、その知らせがウィーンに届いたとき、ハプスブルクのポーランド分割参加への流れが固まったのである。一七七二年一月にハプスブルク政府はポーランド分割を積極的に進めることを決定し、三国間による交渉の後、同年七月二五日、ロシア・プロイセン・ハプスブルク間で協定が調印された[26]。このポーランド分割は、ロシア・オスマン戦争、およびその和平の動きの中のワラキアとモルドヴァに大きく関係した。というのも、協定の第四条で、ロシアがワラキアとモルドヴァの占領も、また両公国のオスマン帝国からの独立も求めないことが明記されたのである。要するに、ロシアはハプスブルク帝国の抵抗によって占領中の両公国への進出を断念し、その代償としてプロイセン・ハプスブルクとともにポーランド領の一部を得ることにより、自らの領土的な野心を満足させたのであった。この解決策は、ロシアのワラキア・モルドヴァ進出を阻止し、しかもポーランド領の一部を獲得したハプスブルクにとっても十分満足なものとなったのである。

こうして、一七七二年七月のポーランド分割協定締結により、ロシア占領中のワラキアとモルドヴァが、ロシアからオスマン帝国へと返還されることが確実となった。そしてその後同年秋から行われるロシアとオスマン帝国との和平交渉では、両公国返還に際しての条件が問題となり、できうる限り現地に影響を残したいロシア側と、無条件での返還を望むオスマン側の間で、プロイセンやハプスブルク帝国をも巻き込みながら、攻防が繰り広げられることとなるのである。

(2) オスマン側の動き

では、一方のオスマン側は、一七七二年の和平交渉開始まで、外交的にどのような活動をしていたのか。ロシアに対し圧倒的な劣勢に立たされたオスマン帝国は、ロシアとは反対に、諸外国の力、特にプロイセンとハプスブルク帝国の力を十分に利用して劣勢を打開しようと試みていた。そしてオスマン帝国がこれほどまでにロシアに対して劣勢に立たされることは予想していなかったハプスブルク帝国も、ロシアの強大化を抑えるべく、オスマン帝国を後押ししていた[27]。

実はオスマン帝国は、戦況が不利であることが明らかになる前の一七六八年の戦争開始当初から、ハプスブルク帝国とプロイセンに、ロシアをポーランドから退却させるための同盟の提案を行っていた。この提案が成果なく終わると、オスマン政府は一七七〇年三月、ハプスブルク政府に対し、ロシア勢力を共同でポーランドから排除した後、ハプスブルク帝国とオスマン帝国でポーランド領を分割するという、驚くべき案を持ちかけたのであった。[28]しかしこうした提案は、神聖ローマ帝国が異教徒の帝国と同盟を結ぶことへの抵抗感もあり、ウィーンの政府に受け入れられなかったため、オスマン帝国は上述のとおり一七七〇年八月、プロイセンとハプスブルクによる和平仲介の受け入れを表明したのである。

こうしてロシア・オスマン戦争の決着方法は、両国の仲介による交渉となることが一旦は決まった。しかしその後ハプスブルク帝国はオスマン帝国に、一つの協定へ向けた提案を行った。その内容は、オスマン帝国がそれまでにロシアによって失った領土を、ハプスブルク帝国があらゆる手段を用いてロシアに返還させる見返りに、オスマン側は三四〇〇万グルデンの支払い、オスマン帝国内での最恵国待遇、一七一八年から一七三九年までハプスブルクが領有したワラキア西部、およびベオグラードとヴィディンの割譲を承認する、というものであった。[29]この背景としては、ハプスブルク政府が、ロシアの両公国への進出を阻止するために、イタリアやオランダからトランシルヴァニアのワラキア・モルドヴァ国境付近へ大量の兵を輸送して威嚇を行う必要があり、それにかかる多額の費用の一部をオスマン側に負担させるべきである、と考えていたことが挙げられる。ハプスブルク帝国の宰相カウニッツ（Wenzel Anton Kaunitz, 在職一七六四—九四）は国内外への影響に配慮し、異教徒へのこの提案は「同盟」ではないことを強調し、交渉役のイスタンブル駐在ハプスブルク代表トゥグト（Johann Amadeus Franz de Paula Thugut, 在職一七六九—七六）にも「同盟」という言葉を用いないように命じているが、しかしこれは事実上の同盟の提案であった。[30]

一七七一年二月にイスタンブルで開始されたトゥグトとオスマン政府との交渉の結果、同年七月六日に合意がなされ、この協定は署名された。ハプスブルクの要求のうち、ベオグラードとヴィディンの割譲は実現せず、オスマン側からハプスブルク側に支払われる金額も当初の案の三分の一程度にとどまったが、ワラキア西部の割譲と通商における最恵国待遇の獲得についてはハプスブルクの要求どおり条文に盛り込まれた。[31] この協定は、交渉開始時点からずっと極秘にされてきたが、合意後も、その内容のみならず合意の事実そのものも秘密にされた。

こうしてオスマン帝国は、ワラキアの一部割譲という代償は支払うものの、近い将来ハプスブルク帝国の力によって、ロシアからワラキアとモルドヴァを取り戻すことができるはずであった。しかし、結論から言えば、この協定は実際には発効しなかった。その理由の一つは、一七七一年中もロシアは各地でオスマン軍に勝利して占領地域が拡大し、ハプスブルク帝国の軍事的・外交的努力のみでは、オスマン帝国へのロシア占領地の返還は事実上不可能となったためであるが、もう一つの理由は、先に述べたポーランドの問題にあった。この協定には、「ポーランドの自由と独立」をできる限り尊重することを規定した条文があり、もしハプスブルク政府が、プロイセンやロシアの求めに応じてポーランド分割協議に参加すれば、この条文に抵触することになる。したがって、政府内でポーランド分割を積極的に進める意見がある限りは、イスタンブルでトゥグトが署名した協定の批准を留保せざるを得なかったのである。そうした中で、同年一〇月、ロシアがワラキアとモルドヴァをオスマン帝国に返還する決定を下したことがウィーンで知られると、[32] これがハプスブルク政府をポーランド分割協議への参加へ進ませる決定的な要因となったことは、先に述べた通りである。ロシアの両公国進出の懸念が消えたとき、ハプスブルク帝国にとってオスマン帝国との協定は意味を持たなくなった。その結果、結局オスマン帝国に残された道は、プロイセンとハプスブルクの「良き」仲介に期待しながら、ロシアと和平交渉を進めることのみとなったのである。そして一七七二年より、ロシアとオスマン帝国との間で本格的な和平交渉が開始されることになる。

右で述べた経緯から明らかなことは、ハプスブルク帝国のワラキア・モルドヴァへの関心が、ロシアとオスマン帝国の和平交渉開始に至る過程に大きな影響を与えたことである。ロシアにとってポーランド分割による領土獲得は、ハプスブルク帝国によって断念を余儀なくされたワラキア・モルドヴァへの進出の代償という意味を有しており、オスマン帝国にとっては、オスマン・ハプスブルク協定は発効しなかったものの、結果的にハプスブルク帝国の外交により、ロシアに占領された両公国の返還が実現することとなった。またプロイセンは、この時期両公国に強い関心を持っていたわけではないが、ロシアとハプスブルク帝国をポーランド分割に引き込もうとする中で、ロシアとハプスブルク帝国の力のバランスを維持させようとし、結果としてオスマン帝国のワラキア・モルドヴァ喪失を阻止する役割を果たすことになった。このように、ロシアの軍事的大勝と両公国占領という事実がハプスブルク帝国を強く動かし、そこにプロイセンも加わって、この戦争中、両公国の周辺諸国間で様々な外交が展開されたのであった。

3　ロシア・オスマン間の和平交渉とキュチュク・カイナルジャ条約

(1) ジュルジュ休戦協定からブカレストでの交渉まで

前節で述べたように、一七七二年のうちに、和平がプロイセンとハプスブルク仲介の下でのロシア・オスマン間の交渉によってなされることが確定し、またハプスブルク帝国とロシアとの間で、ワラキアとモルドヴァのオスマン帝国への返還が合意された。そうした中で、翌七三年より実際にロシアとオスマン帝国間で和平交渉が行われることとなるが、本節では、西欧・正教・イスラーム世界間の、ワラキア・モルドヴァを通じた関係の緊密化を論じる上で前提となる、一七七四年のキュチュク・カイナルジャ条約、および同条約締結に至る交渉過程の中の、ワラキアとモルドヴァの問題の扱いに関して検討する。

前節で扱ったようなロシア・ハプスブルク・オスマン関係においては、両公国の問題は重要な位置を占めたが、広範囲にわたって戦闘を繰り広げたロシアとオスマン帝国にとってこの問題は数ある問題のうちの一つであり、和平交渉中、最も重要な問題とは見なされなかった。交渉での主要な議題は、ロシアの黒海進出に関するもの、中でもクリム・ハーン国の独立問題であり、オスマン帝国への返還が決定しているワラキアとモルドヴァの問題が最大の争点ではなかったことについては、確認しておく必要がある。とはいえ、交渉中には両公国問題に関しても、返還後も影響力を残したいロシアと、それを排除したいオスマン帝国との間で議論がなされ、そして締結されたキュチュク・カイナルジャ条約における両公国に関する規定が、両公国問題の出発点としてその後の歴史に大きな影響を与えるのである。

ロシアとオスマン帝国の間の和平の動きは、一七七二年に入り本格的となった。ロシア・オスマン帝国双方と友好関係にあるプロイセンが、イスタンブルとペテルブルク、あるいはルミャンツェフ元帥のいるヤシとの間の連絡役となり[33]、同年四月ドナウ岸の都市ジュルジュ（Giurgiu, トルコ語でイェルギョユ Yergögü）で、和平交渉に先立つ休戦交渉が開始された。ここでは、来るべき和平交渉がワラキアかモルドヴァのどこかで行われることを前提に、ワラキア、モルドヴァ、ベッサラビア、クリミア、クバンなどの地域では和平交渉終了までの期間、そこから離れたグルジアなどの地域では同年一〇月一日までの休戦が取り決められた[34]。和平交渉の開催場所については、両国の間で多少の議論があったが、ワラキアとモルドヴァの国境に位置するフォクシャニ（Focşani）に決定し[35]、同年八月、ロシア・オスマン間の和平交渉は開始された。

交渉にあたってロシア政府は当初の予定と異なり、首席全権代表に、アレクセイ・オルロフの兄であるグリゴリー・オルロフ（Григорий Григоревич Орлов, 一七三四—八七）を起用し、次席代表には、イスタンブルに長年駐在したオスマン問題の専門家であるアレクセイ・オブレスコフ（Алексей Михайлович Обресков, 一七一八—八八）[36]を任命した。ロシア政府が彼らに与えた訓示には、ワラキアとモルドヴァについて、当初のロシア側の要求、すなわち賠償として二五年間のロシアの両公国占領か、あるいは両公国のオスマン帝国からの完全独立という主張を、ハプスブルク帝国に配慮して控え、代わりに今後のクリミア戦線の軍の強化のために金銭を獲得するよう書かれており、また恩赦の実施や移動の自由などの両公国住民のための措置をオスマン側に求めるほか、当時ロシアに亡命していた前ワラキア公グリゴレ・ギカを終身のモルドヴァ公に任命させることも命じられていた[37]。ここで注目されるのは、やはりグリゴレ・ギカの存在である。ロシアはハプスブルク帝国に配慮してオスマン側に両公国を返還することは確約したものの、返還後もロシアにより近いモルドヴァに影響力を残そうと目論み、その結果考え出された方策が、自分たちの傀儡を公の地位に就けることだったのである。

こうした訓示を受けたロシア代表団は、プロイセンとハプスブルクの仲介者出席の下、オスマン側代表と交渉を開始した。しかし、上述の訓示の中の両公国に関する内容はこの交渉では大きな意味を持たなかった。というのも、交渉はクリム・ハーン国の独立問題をめぐって紛糾し、ワラキア・モルドヴァ問題にはほとんど触れられることなく決裂したからである[38]。

フォクシャニでの交渉は決裂したが、ロシア・オスマン双方ともに和平交渉の継続の必要性は認めており、その年の一一月、ワラキアの首都ブカレストで改めて和平交渉が開催された。この交渉は翌年三月にまで及ぶ長いものとなり、両者の最大の懸案であるクリム・ハーン国の問題のみならず、あらゆる問題が包括的に協議され、もちろんワラキア・モルドヴァ問題についても協議が行われた。両公国の問題が議題となったのは、一一月三〇日（ロシア暦）の第七回目の会談であった。この会議でのロシア側の首席全権代表は、フォクシャニでの次席代表を務めたオブレスコフであったが、彼はオスマン側首席全権代表である書記官長（reis'ül-küttâb）アブデュルレッザーク・エフェンディ（Abdürrezzâk Efendi）に以下のような提案を行った。もしオスマン帝国がワラキアとモルドヴァを自由で独立した国とするならば、ロシアはこの戦争によって被った損害に対する賠償金としての三〇〇〇万ルーブリの要求を放棄する。あるいはもし、オスマン帝国が三〇年間のロシアによる両公国の占領に同意するのであれば、ロシアは賠償を放棄する。しかしもし、オスマン帝国が両公国の返還を望むならば、上述の三〇〇〇万ルーブリを支払わなければならない。[39] 両公国のオスマン帝国への返還は、ハプスブルク帝国との関係もあり、すでに決定事項であるため、オブレスコフのこの提案は交渉の駆け引きと捉えるべきであろう。アブデュルレッザーク・エフェンディもこのような提案を受け入れず、両公国問題の解決は先に持ち越された。

ブカレストでの交渉は、双方とも時折本国の指示を仰ぐために中断しながら進められた。一七七三年三月にロシア側は、占領下のワラキア・モルドヴァをオスマン帝国に返還するにあたって、オスマン側が遵守すべき条件を定めた和平草案を、アブデュルレッザーク・エフェンディに提示した。一一項目からなるその草案の内容を、以下簡単に紹介する。

一、オスマン側に抵抗した両公国住民に恩赦を実施し、彼らを戦争以前の地位や職に戻すこと。
二、キリスト教信仰の自由と教会の建築と修復を妨げないこと。
三、以前領有し、不正に奪われた土地を、修道院や個人に返還すること。
四、聖職者たちに敬意を払うこと。
五、国内での移住の自由と、一年間の国外への移住の自由を保障すること。
六、住民に対し、彼らの不在であった期間の支払い義務を請求しないこと。
七、戦争期間中および条約締結後二年間の税負担を両公国住民に求めないこと。
八、ラグーザ共和国と同様、人頭税のイスタンブルへの支払いは三年に一度行われること。また両公国に、それ以外のいかなる税の負担も課さないこと。そして彼らが、スルタン、メフメト四世時代と同様の権利を享受することを認めること。

九、ラグーザ共和国に認められているように、両公国はそれぞれ、これまでの代理人（капы-кегая）[40]に代わって領事（консул）をイスタンブルに置く権利を認めること。

一〇、グレゴリ・ギカを終身のモルドヴァ公に任命し、いかなる理由によっても彼の排除や彼への脅迫を行わないこと。

一一、オスマン帝国に駐在するロシア代表は、両公国の状況に関して発言を行うことができ、オスマン政府がそれを尊重すること。[41]

これらの草案は、本国からの訓令にオブレスコフが自らの判断で条文を加え作成されたものである。第一項から第七項までの内容をまとめるならば、ワラキアとモルドヴァ住民の経済的負担の軽減と尊厳の尊重、とでも言えよう。第五項の国外への移住の自由を除いて直接ロシアの利害に絡む内容ではないが、正教世界の盟主かつ正教徒の保護者をもって任ずるロシアが、オスマン帝国への要求を通じて両公国の住民にこれらの「恩恵」を与えることは、彼らの間でのロシアのプレステージを高めるためには一定の効果があるだろう。しかし、本書のテーマにとってより重要なのは、第八項から第一一項までの内容である。

第八項と第九項は、オスマン帝国とワラキア・モルドヴァの宗主―付庸関係に関連するものである。ともに「ラグーザ共和国」という言葉が使われている点が特徴的である。ラグーザ共和国はアドリア海に面する都市国家であり、中継貿易で栄え、オスマン帝国に従属しているものの、その宗主―付庸関係はワラキア・モルドヴァよりもはるかに緩やかなものであった。[42]オブレスコフの狙いは、ワラキア・モルドヴァとオスマン帝国との関係を、より義務負担の少ないラグーザ型にすることによって、オスマン帝国の両公国に対する影響力を減少させ、ロシアの影響力拡大の余地を広げることにあったと思われる。

第八項に現れる「スルタン、メフメト四世」については、唐突で奇妙な感じを受ける。正確な文言は、以下のとおりである。「偉大なるスルタンであり、親愛なるわが先祖メフメト四世の、記憶に値する御世において、彼ら（両公国──引用者注）が享受したのと同様の権利を有することが許される」[43]。メフメト四世は一六四八年から一六八七年まで四〇年近く在位したスルタンである。なぜメフメト四世の名が具体的に挙げられたのか。これまでの研究によれば、一七七二年に行われたフォクシャニでの和平交渉において、両公国のボイェールたちがロシア代表団に、過去のオスマン政府と両公国との関係を規定したいくつもの条約や両公国の歴史を記した小冊子などを提示し、ボイェールたちが権力を有していたファナリオット制導入以前のオスマン政府との関係に戻すよう働きかけていたことが知られている。これらの条約はおそらく偽物であり、ボイェールたちが創作したものであろうということで研究者の意見は一致しているが、その中に一六三四年にメフメト四世とモルドヴァ公ヴァシレ・ルプ（Vasile Lupu，在位一六三四―五三）との間に結ばれた条約というものがあり[44]、それをロシア代表団がそのまま受け入れ草案に挿入したことがこの第八項の根拠となったと考えられる。しかし一六三四年にスルタンの位にあったのはメフメト四世ではなくムラト四世（Murad IV，在位一六二三―四〇）であり、このことからも、ボイェールたちの提出した条約が彼らの創作であったことがうかがえるが、いずれにしても、この「スルタン、メフメト四世時代と同様の権利」は、一七世紀半ばのボイェールたちの権利復活とファナリオットの公の排除を念頭に置いたものと考えてよいだろう。しかし、オブレスコフがこうした意味をどれだけ理解していたかは疑問である。というのも、第一〇項ではグリゴレ・ギカを終身のモルドヴァ公とすることが定められているが[45]、ロシアが親ロシアの傀儡の公就任をオスマン帝国に要求し、しかも任期が終身であるのは、ボイェールたちが自ら公を選出するという、「メフメト四世」時代に両公国が有していた権利と明らかに矛盾することになるからである。ここでは、ボイェールの権利拡大は、ロシアの両公国への影響力拡大の障害とならない範囲で認められる、と解釈するのが妥当であろう。

第一一項は非常に曖昧な表現である。正確な条文は次のようなものである。「また、両公国の状況に関し、オスマン帝国駐在ロシア代表は、両公国のために発言できることが合意される。そして、（オスマン帝国は――引用者注）それを、友好的かつ敬意を払うべき国家に対する尊重をもって聴くことを約束する」（ロシア語テキストから訳出）[46]。オスマン側からすれば、ロシアの発言に耳を傾けるだけでそれに従う必要はないとも解釈でき、ロシア側からすれば、オスマン帝国がロシアの意見を尊重せず、遂行しないのは条文に反するとも解釈できる。この条文は双方にとって拡大解釈が可能であるが、ロシアがワラキア・モルドヴァの様々な問題について申し入れを行う根拠となり得ることは確かである。したがってこの第一一項は、ロシアの両公国への干渉に道を開く可能性を持つものと言うことができる。

以上のことから、ロシアがオスマン側に示した両公国に関する草案は、両公国のオスマン帝国に対する義務や負担を軽減し、法的にも宗主―付庸関係をラグーザ共和国型のより緩やかなものと規定することで、両公国とオスマン帝国の政治的・経済的結びつきを弱め、そして傀儡であるギカを終身の公としてモルドヴァに置くことにより、オスマン帝国への返還後も両公国におけるロシアの影響力を可能な限り温存しようとするものである、とまとめることができよう。

アブデュルレッザーク・エフェンディはこの内容に同意することなく、結局四カ月あまり続けられたブカレストでの交渉も終了することとなった。ロシア側がオスマン側に提示した草案は二七カ条あったが、そのうち合意を見たのは一〇カ条のみであった[47]。しかし、合意に至らなかった残りの条項についても、この草案の一部修正という形で一七七四年のキュチュク・カイナルジャ条約の中に取り入れられることになる。したがって、最終的な合意に至らなかったとはいえ、キュチュク・カイナルジャ条約の内容の実質的な審議は、ほとんどこのブカレストでの交渉で行われたと言うことができる。

(2) キュチュク・カイナルジャ条約

それでは、ブカレストでの交渉でロシア側が提示した草案が、キュチュク・カイナルジャ条約の中でどのように修正されたのかについて検討しよう。

ブカレストでの和平交渉後、休戦期間も終了し、一七七三年春より両国間の戦闘が再開された。両公国に駐留していたロシア軍はさらに南下し、歴史上初めてドナウを越えて、オスマン政府軍の本営のあるシュムヌ（Şumnu, 現在のブルガリア領シュメンШумен）を攻撃し、再び優位に立った。[48] しかしロシア国内では、同年秋頃にエメリヤン・プガチョフ（Емельян Иванович Пугачев, 一七四二—七五）率いる反乱が発生し、ヴォルガ流域一帯に拡大して政府に深刻な影響を与えた。そのため、各地に展開している軍を反乱鎮圧に向ける必要に迫られたロシアは、オスマン帝国との和平を急がなければならない状況となった。一方オスマン側も、大宰相兼オスマン軍総司令官率いる政府軍の駐留するシュムヌがロシア軍によって包囲されるなど、危機的な状況にあった。そのような背景により、両者は和平交渉再開に同意し、ドナウ岸のシリストレ（Silistre, 現在のシリストラ Силистра）にほど近い小邑キュチュク・カイナルジャにおいて交渉が再開された。この交渉は開始からわずか一週間足らずで終了し、一七七四年七月二一日、全二八カ条と二カ条の分離条項からなる和平条約が調印されて、[49] ようやくこのロシア・オスマン戦争は終結することとなった。

まず、ワラキアとモルドヴァに関する条項を検討すると、両公国に関する内容は条約の第一六条に規定されており、前述の一一項目からなる草案と比較して、最初の七項目については一カ所のわずかな点を除き修正はない。また、ロシアの発言権を規定した第一一項もそのままである。大きな変更が加えられたのは草案の第八項から第一〇項までであり、第八項で、草案の中で見られた「ラグーザ共和国」の文言は削除され、シズヤの支払いについて、草案の「ラグーザ共和国が支払うのと同様の方法で」が「二年ごとに派遣される代理人を通じて」に修正された。[50] また第九項の領事の問題については、イスタンブルに置かれるのは、「領事」ではなく、両公国の「ギリシア正教のキリスト教徒の代表」とされた。[51] そして草案の第一〇項にあった、グリゴレ・ギカの終身モルドヴァ公就任については、条約には盛り込まれなかったものの、オスマン側はこれに同意し、条約締結後の九月下旬、彼はオスマン政府により終身のモルドヴァ公に任命された。[52]

ロシアは条約調印を急ぐ中で、「ラグーザ共和国」という文言を削除して一定の譲歩を行った。しかしそれ以外の項目についてはおおむね草案どおりとなり、この第一六条の内容を見ても明らかなように、ロシアは占領した両公国をオスマン側に返還するにあたって、返還後も一定の影響力を現地、特に傀儡の公のいるモルドヴァに残すことに成功した。

キュチュク・カイナルジャ条約において、ロシアはワラキア・モルドヴァ以外でも様々な権利を獲得した。特に、ロシアの黒海とその周辺地域への進出を可能とする内容が多数含まれていた。例えば、クリム・ハーン国をオスマン宗主下から独立させたことは（第三条）、後のロシアによる併合への大きなステップとなり、またアゾフ海と黒海をつなぐ水路の出入口に位置する要衝イェニカレ（Yenikale）とケルチ（Kerç）の領有（第一九条）と、ロシア商船の黒海での自由航行権獲得（第一一条）は、黒海が「オスマンの海」から「オスマンとロシアの海」へと移行することを意味した。

第一六条以外にも、この条約の中には、その後のワラキア・モルドヴァ問題に大きく影響を与えるような内容が含まれている。それは、第一一条の中で規定されている、ロシアがオスマン帝国内に領事または副領事を置く権利である。領事は、本来通商に携わる本国人の保護や、現地での通商活動の促進などの目的で置かれるが、同時に現地の情報収集や有力者との接触などの政治的活動をも行い、領事館や副領事館の設置は、当該地域との関係を構築する上で外交的に重要な役割を果たす。次章で見るように、ワラキアとモルドヴァへのロシアの領事館設置の動きは、一七七〇年代末から一七八〇年代初頭にかけて、ロシアとオスマン帝国間で大きな問題を引き起こすことになる。

もう一つ触れておくべきは、本条約におけるオスマン帝国内のキリスト教徒の保護についてである。これまでに出版された文献の中には、本条約によってロシアはオスマン帝国内のキリスト教臣民を保護する権利を得た、と記しているものが複数見受けられる。もしこれが本当であるとすれば、ロシアはバルカンのみならず、エーゲ海沿いやシリア、さらにはエジプトまで、オスマン帝国内のあらゆるキリスト教徒居住地域に干渉することが可能となってしまう。しかし、実際に条文に書かれているのは、「ロシア」ではなく「オスマン政府」によるオスマン帝国内のキリスト教徒臣民の保護であり（第七条）、ロシアが実際に「保護権」を得たのは、ロシアがイスタンブルに建設する教会とそこで勤務する者たちに対してのみであった（第七条、第一四条）。したがって、一部の文献にあるような、本条約によってロシアがオスマン帝国内の「キリスト教徒保護権」を得たという事実はない[53]。しかし、右で見たとおり、住民の大多数が正教徒であるワラキアとモルドヴァに関しては例外的に、「保護権」というような明確な権利ではないが、いかようにも解釈され得る曖昧な表現によって、ロシアは「発言権」を獲得したのであった。

キュチュク・カイナルジャ条約締結によって、ロシアのバルカン方面進出の大きな一歩が踏み出されたことは間違いない。ワラキアとモルドヴァについては、ロシアはハプスブルク帝国に配慮してオスマン帝国に返還したが、右で詳細に検討したように、その後の進出を可能にするようないくつかの権利を得た上での返還となったため、その結果、ロシアはオスマン帝国を強く圧迫することとなった。このことは、それまで西欧・正教・イスラームの三世界の間に一定の安定をもたらしてきた秩序、具体的にはロシア・ハプスブルク・オスマンの三国間のバランスに変化をもたらし、次章以降で考察するように、その後ハプスブルク帝国も、両公国と黒海への進出を加速させることになる。このようなロシアとハプスブルク帝国の動きは、やがてフランスやイギリスなどの他の西欧諸国の対バルカン・黒海政策にも影響を与えることとなり、西欧諸国・ロシア・オスマン帝国の間のそれぞれの関わりと交流を、さらに密にする結果をもたらすことになるのである。そのような意味で、このキュチュク・カイナルジャ条約の締結は、西欧世界・正教世界・イスラーム世界という三つの世界の関係を考える上で、非常に重要な出来事であった。

ワラキアとモルドヴァの諸問題は、この戦争以前は長らくオスマン帝国の「内政問題」であった。しかしキュチュク・カイナルジャ条約以降、同条約で獲得した権利を行使したロシアの進出により、ロシアとオスマン帝国、さらにハプスブルク帝国をも巻き込む「国際問題」へと転化することとなった。そうして、両公国の諸問題をめぐって、オスマン帝国とロシア、そしてハプスブルク帝国は関わりを深め、全体として三つの国が属する「世界」は、徐々に結びつきを深めることになるのである。

第4章　一七七四年以後の三世界間の政治的相互関係

――ロシアとハプスブルク帝国によるワラキア・モルドヴァ進出の開始

1　両公国へのロシアの進出とその挫折

(1)　ハプスブルク帝国のブコヴィナ獲得

西欧・正教・イスラームの三つの世界の接点であるワラキアとモルドヴァは、一八世紀初頭以降、政治的に力の均衡を保っていたロシア・オスマン・ハプスブルクの三つの帝国の間で一応の安定を得ていた。しかし前章で示したように、一七六八年のロシア・オスマン戦争においてロシアがオスマン帝国を圧倒し、その結果、両国間で一七七四年に締結されたキュチュク・カイナルジャ条約により、ロシアがワラキアとモルドヴァに関するいくつかの権利を獲得したため、両公国を取り巻く三つの国のバランスに変化が生じることとなった。

この章では、キュチュク・カイナルジャ条約によって生じたこのバランスの変化が、ワラキアとモルドヴァにいかなる影響を及ぼしたのかを検討し、両公国が三世界間の政治外交的な激しいせめぎ合いの場所へと変化してゆく初期の過程を明らかにする。具体的には、ロシアのワラキア・モルドヴァへの進出を中心に、その動きとハプスブルク・オスマン両帝国との関わりを検討しながら、両公国の存在が三国間の国際問題へと浮上してゆく過程を、次のロシア・オスマン戦争が終結する一七九二年まで追う。主な論点は、①キュチュク・カイナルジャ条約直後のハプスブルク帝国のブコヴィナ（Bucovina）獲得と、終身モルドヴァ公グリゴレ・ギカの処刑によるロシアの両公国進出の挫折、②一七七〇年代末から表面化した、両公国におけるロシアとハプスブルク帝国の領事館設置問題と一七八四年のワラキア・モルドヴァに関する両帝国とオスマン帝国との協約、③一七八〇年代のオスマン政府によるワラキア・モルドヴァ公任命をめぐる問題、④一七八七年のロシア・ハプスブルク帝国対オスマン帝国の戦争と、その終結時における両公国の扱い、の四点である。

キュチュク・カイナルジャ条約によってワラキアとモルドヴァ、特に傀儡の公を就けることによりモルドヴァへの進出の足掛かりを得たロシアであったが、その後ロシアの両公国への影響力拡大が急速に進むことにはならなかった。それを阻止する力がオスマン帝国とハプスブルク帝国側から働いたためである。その最初の例が、一七七五年のハプスブルク帝国によるブコヴィナの獲得であった。

一七七一年にオスマン帝国との間で締結された条約を批准せず、ロシア、プロイセンとのポーランド分割協議に加わったハプスブルク帝国は、翌七二年、分割によりポーランドからガリツィア地方を獲得すると、再び関心をオスマン帝国に向け、さらなる領土獲得を目指した。一七七三年春にヨーゼフ二世（Joseph II, 神聖ローマ皇帝在位一七六五—九〇）自らトランシルヴァニアとガリツィアを行幸し、その報告を受けてハプスブルク政府は、双方に隣接するモルドヴァ領ブコヴィナを獲得する方針を決定した。(1) ハプスブルク帝国がポーランド分割によって新たに獲得したガリツィアと、カルロヴィッツ条約以来領有するトランシルヴァニアとの間にはカルパチア山脈がそびえ、両者の間の往来が容易でないのに対し、ブコヴィナは平野によってガリツィアと結ばれている。また中心都市の一つであるスチャヴァ（Suceava）はモルドヴァの首都ヤシからわずか一〇〇キロ程度の位置にあり、もしブコヴィナをハプスブルク帝国が押さえることになれば、隣接するモルドヴァの動向にも大きな影響を与えることになる。

ブカレストで行われたロシアとオスマン帝国間の和平交渉において、両公国に関する和平草案をロシア側が提出したのは一七七三年三月であり、このハプスブルク政府のブコヴィナ獲得の意思と獲得に向けての準備開始の訓示がイスタンブルのトゥグトに伝えられたのは同年七月のことであった[2]。したがって、ロシアが傀儡の公グレゴリ・ギカを通じてモルドヴァに影響力を温存しようとしていることをも考慮に入れた上で、ハプスブルク政府がこのような決定を下したものと思われる。

ハプスブルク帝国宰相カウニッツからの訓示を受けたイスタンブル駐在のトゥグトであるが、一七七三年末から七四年初頭にかけての時期は、ムスタファ三世からアブデュル・ハミト一世（Abdül-Hamid I, 在位一七七四—八九）へのスルタンの交替によってオスマン外交が一時停滞し、そして新スルタン即位後もしばらくは、オスマン政府のハプスブルク帝国に対する不信感が消えなかったため、彼はオスマン政府にブコヴィナ割譲要求を切り出すことができなかった[3]。トゥグトはカウニッツに、外交手段のみによる問題の解決が困難であること、そしてハプスブルク軍によるブコヴィナ占領という実力行使が必要であることを伝え[4]、その意見に基づいてウィーンの政府は、キュチュク・カイナルジャ条約締結から間もない一七七四年八月、トランシルヴァニアに駐留するハプスブルク軍にブコヴィナへの進軍を命じ、二週間足らずのうちにハプスブルク軍は同地を占領した。

この突然の知らせはオスマン帝国とロシアを驚かせたが、オスマン帝国はロシア・オスマン戦争で疲弊しており、一方のロシアもプガチョフの反乱により国内が混乱していたため、両国とも本格的にブコヴィナのハプスブルク軍と対決するのは困難な状況であった。ロシアは、ハプスブルク帝国とオスマン帝国が対決してブコヴィナからハプスブルク軍が排除されることを期待し、オスマン帝国を戦争へと仕向けるような工作を行ったものの、成果はなかった[5]。

ハプスブルク側は一七七五年二月、正式にブコヴィナ割譲のための交渉を行うようオスマン政府に要求し[6]、それを受けてオスマン側と交渉が開始された。オスマン政府は交渉開始後まもなく、ハプスブルク帝国の要求どおり、ブコヴィナをハプスブルク側に割譲することに同意し、[7] 同年五月七日、両者は四カ条からなる条約を締結した。[8] オスマン側は、ハプスブルク帝国が同地に城塞を建設しないことを条件に（第二条）、ブコヴィナ割譲を承認した。

このハプスブルク帝国によるブコヴィナの占領と最終的なその併合には、大義名分が全く存在しなかった。ハプスブルク政府の説明によれば、ブコヴィナはかつてポーランドが一時期領有していた地域であり、ハプスブルク帝国がポーランド領ガリツィアを得たことにより、ポーランドのブコヴィナ領有の権利をも引き継ぐ立場となったのだと主張し、条約の中でもそのことが触れられているが、[9] これはかなり無理のある理由づけと言わざるを得ない。実際は、戦略的なレアル・ポリティークに基づき、ハプスブルク帝国は、ロシアとオスマン帝国が戦争終結直後で動くことがままならない状況を利用して、トランシルヴァニアとガリツィアを結ぶ回廊と、モルドヴァで影響力を強める可能性のあるロシアの動きを牽制するための場所を確保することに成功したと考えるべきである。

一方、ハプスブルク側からの正式なブコヴィナ割譲要求からわずか二週間足らずの間に、オスマン帝国がこの大義名分のない要求に簡単に同意した理由は、単にオスマン帝国がロシア・オスマン戦争によって疲弊し、ハプスブルクと戦争を始めることができなかった、ということのみであるとは思われない。真の理由は、やはりオスマン政府のロシアに対する警戒感であろう。トゥグトもそのあたりを心得ており、オスマン政府に、モルドヴァ公ギカの行動の背後には常にロシアがいることを強調し、[10] ハプスブルクにブコヴィナを譲れば、将来のロシアのモルドヴァ占領のいかなる試みをも阻止できると説得していた。[11] 正確なことは、オスマン政府内のモルドヴァ問題に関する議論についての史料を参照していないため断言はできないが、オスマン政府がロシアによるモルドヴァへの一方的な進出を阻止するために、敢えてハプスブルク帝国を利用しようとした、という側面があったのではないかと思われる。

そのようなオスマン政府の決断を後押ししたのは、イスタンブルに駐在する西欧諸国の外交使節であった。中でもフランスは伝統的にイスタンブルで強い影響力を有しており、トゥグトだけでなくフランス代表も、ロシアの両公国と黒海進出を阻止するためにオスマン政府にしばしば働きかけを行っていた。例えば、フランス大使はオスマン政府に、キュチュク・カイナルジャ条約をすぐには批准せず、ロシアに内容の修正を要求するように助言し[12]、オスマン政府はそれに従って、ロシアに条約修正の要求を行った[13]。また、ハプスブルクへのブコヴィナ割譲を忠告したのもフランス大使であった[14]。いずれにしても、一七七五年のオスマン帝国からハプスブルク帝国へのモルドヴァ領ブコヴィナの割譲は、キュチュク・カイナルジャ条約によってロシアがモルドヴァへの影響力を強め始めたことに対応して現れたものであり、ロシアの一方的なモルドヴァへの進出を阻止するべく、ハプスブルク、オスマン、フランスなどの国から、様々な力が働いた結果、実現したものであった。

(2) グリゴレ・ギカの処刑

キュチュク・カイナルジャ条約後、ロシアの両公国への進出が順調には進まなかったもう一つの例として、ロシアの強い要求により終身のモルドヴァ公に任命されたグリゴレ・ギカの問題を取り上げる。

前章で見たとおり、キュチュク・カイナルジャ条約後モルドヴァには、戦争中ロシアに逃亡していた前ワラキア公のグリゴレ・ギカが終身の公として任命されたが、ほぼ同時にワラキアにはアレクサンドル・イプシランティ(Alexandru Ipsilanti, ワラキア公在位一七七四—八二、一七九六—九七、モルドヴァ公在位一七八七—八八)が、従来どおりの方法でオスマン政府により公として任命された[15]。一七六八年のロシア・オスマン戦争前と状況が異なる点は、二人の公は、かつてのようにほとんどイスタンブルにのみ顔を向けているのではなく、ロシアとハプスブルクとの外交的接触を密に行ったことであった。ロシアの後ろ盾で終身モルドヴァ公となったギカについては、ロシアとの恒常的な接触が行われていたことは言うまでもないが、さらに彼は就任後、ブコヴィナ獲得を狙うハプスブルク帝国から割譲への同意を求められ[16]、ロシア、ハプスブルク、オスマンの三国、そしてモルドヴァ国内のボイェールたちの間で非常に難しい舵取りを迫られることとなった。

一方、ワラキア公のイプシランティも就任後、ワラキアの安全を確保するために、戦争中一時小ワラキア（オルテニア）を占領していたハプスブルク帝国へ敵対心のないことを示すと同時に[17]、彼はモルドヴァに浸透しつつあるロシアにも接近した。一七七五年六月、彼は自らの代理人を通じて、イスタンブルへ派遣される途中のロシア代表レプニン（Николай Васильевич Репнин, 一七三四―一八〇一）に書簡を送り、モルドヴァ公ギカと同様の終身の公位、オスマン政府へのジズヤの支払い額を五〇年前の額と同じにすること、オスマン帝国の直轄地となっているジュルジュのワラキアへの返還、イスタンブルにおけるワラキアの代理人（kapı kethüdâsı）をロシア代表の保護下に置くこと、など七項目にわたる請願を行った[18]。

ロシアに接近したのは、公だけでなく、ボイェールたちも同様であった。キュチュク・カイナルジャ条約の中で、「スルタン、メフメト四世時代と同様の権利を有する」と規定されたにもかかわらず、条約締結後も状況が変わらないことへの不満を募らせたモルドヴァのボイェールたちは、レプニンがイスタンブルへ向かう途中ヤシを経由した際に、九項目からなる要望書を提出し、メフメト四世時代以上の金額が諸税として支払われたこと、ホティン（Hotin）周辺のモルドヴァ領が戦争後も未だに返還されないこと、などの問題について、ロシアに解決への協力を求めた。そしてその中には、ファナリオットがイスタンブルから連れてくるギリシア人が相変わらず要職に就いていることへの不満や、自分たちによって公が選出できないことへの不満も含まれていた[19]。また右と同様の内容を含む、主教などの聖職者や一般住民からの嘆願も、レプニンの下に届けられた[20]。公、ボイェール、聖職者、住民たちの目指すところはそれぞれ異なっていたが、共通しているのは、「メフメト四世時代」のような、オスマン支配からのより高度な自立であった。そして公から一般住民に至るまで、ワラキアとモルドヴァの状況に関してオスマン政府に圧力をかけられる存在はロシアであるとの認識は共通していたのである。これらの請願は、キュチュク・カイナルジャ条約後、両公国において正教世界の盟主ロシアの存在感と影響力が高まっていたことを示すものと言える。しかしながらロシア・オスマン戦争後、戦争当事国であった両国の関心の多くは、オスマン支配から独立したクリム・ハーン国に向けられており、ワラキアとモルドヴァの問題はロシア・オスマン関係の中の中心的課題とは言えなかった。そのためレプニンも、そして一七七六年に彼の後任としてイスタンブルに駐在することとなったアレクサンドル・スタヒエフ（Александр Стахиевич Стахиев, 一七二四—九四）も、両公国の待遇改善に関して、積極的にオスマン政府に公式な申し入れを行うことはなかった。

一七七六年秋頃から、終身であるはずのモルドヴァ公ギカを解任しようとする動きがイスタンブルで現れてくる。ファナリオット出身のアレクサンドル・カリマキ（Alexandru Callimachi, 一七三七—一八二一）[21]が、大宰相や書記官長を巻き込んでモルドヴァ公廃位を画策し、スタヒエフはそれを察知した。彼は直ちにオスマン政府に対し、公交替の意思の有無を文書で質問し、オスマン側からワラキア・モルドヴァ両公ともに交替させる意思はない、との回答を得たが[22]、ファナリオットたちにとって、ギカが終身にわたってモルドヴァ公位にとどまることは、相当の期間、公位獲得の機会がなくなることを意味したため、彼らの間には不満が高まっていた。モルドヴァの住民やボイェールたちもギカに対する不満をしばしばロシア代表に訴えており[23]、オスマン政府にとっても、事実上のロシアの傀儡が終身にわたってモルドヴァ公位にあることは容認し難いことであった。そこで一七七七年九月、オスマン政府はギカを公位から排除する決定を下し、宮廷の門衛長職（kapıcıbaşlık）にあるカラヒサーリーザーデ・アフメト（Kara Hisârî-zâde Ahmed）という人物にギカの処刑を命じてモルドヴァに派遣した。彼はヤシ到着後、ギカの屋敷に乗り込んで彼を処刑することに成功し、後任には従来どおりの方法によって、御前会議通詞のコンスタンティン・モルーズィ（Constantin Moruzi, 在位一七七七―八二）がオスマン政府により任命された[24]。

キュチュク・カイナルジャ条約後、ワラキアとモルドヴァでは、上は公から下は住民に至るまで、ロシアに様々な請願を行ったことからもわかるように、ロシアは両公国での影響力を強めていた。しかし同時にそれを阻止しようとする力も作用し、ロシアが傀儡の公を就け浸透を試みたモルドヴァの一部であるブコヴィナが、西欧世界の東辺に位置するハプスブルク帝国の領有するところとなり、さらにロシアの傀儡の公もオスマン政府によって処刑された。こうして、ロシアの両公国への進出の試みは、条約締結からわずか三年で一旦挫折し、その戦略の見直しを迫られることとなったのである。

2　ロシア・ハプスブルク帝国の領事館開設問題と一七八四年の協約

（1）両公国における領事館開設問題

前節で見たような、一七七四年の条約以後のワラキアとモルドヴァにおける三国のせめぎ合いの激化は、一七八〇年代前半の、両公国におけるロシアとハプスブルク帝国の領事館開設の実現と、両帝国とオスマン帝国との間で締結された両公国に関する協約により、さらに本格的なものとなり、三世界は政治的に両公国の問題を通じて結びつきを深めてゆく。本節では、その一七八〇年代前半の時期について検討する。

グリゴレ・ギカの処刑によりロシアの両公国への進出は一旦挫折したが、これを契機としてロシアは、ワラキアとモルドヴァに領事を置くことを真剣に検討し始め、やがてハプスブルク帝国も同様の目標を掲げることになる。

しかし、この領事の問題を議論する前に、一七七七年から一七七八年に危機を迎えたクリム・ハーン国をめぐるロシア・オスマン関係について簡単に触れておこう。ギカ処刑の事件をきっかけに、モルドヴァをめぐる問題がロシアとオスマン帝国間の外交問題にすぐに発展しなかったのは、同時期にクリム・ハーン国をめぐる対立が両国間で先鋭化していたためであった。

キュチュク・カイナルジャ条約によってオスマン宗主下から独立したクリム・ハーン国では、オスマン帝国の支持するデヴレト・ギライ（Devlet IV Girây，在位一七六九—七〇、一七七五—七七）に対し、ロシアはシャーヒン・ギライ（Şâhin Girây，在位一七七七—八三）を支持し、武力を背景に彼をハーン位につけることに成功した。しかし敗れたデヴレト・ギライがイスタンブルに逃亡してオスマン帝国に支援を求めると、一七七八年一月、オスマン帝国はクリミア派兵を決定し、この問題をめぐるロシアとオスマン帝国との緊張は高まった。オスマン帝国は派兵を決定したものの、ハプスブルク帝国とプロイセンはバイエルン継承戦争（一七七八—七九）の最中であり、伝統的友好国であるフランスも北米大陸でイギリスと戦っていたため、期待していた西欧諸国の援助を得られる見込みはなかった。一方ロシアは、オスマン帝国のクリミア派兵の決定を知ると、直ちにクリミアへ軍を進めて現地の反乱を鎮圧し、シャーヒン・ギライを支えた。このような緊張状態の中、フランスが仲介役となってロシア・オスマン両国間で話し合いが行われ、一七七九年一月アイナルカヴァク協約（Aynalıkavak tenkîhnâmesi）の締結により戦争は回避された[25]。この協約は、基本的にはキュチュク・カイナルジャ条約の有効性の確認であり（第一条）、クリム・ハーン国の問題に関してのみ、新たな合意事項が盛り込まれている。しかし、例外としてワラキアとモルドヴァについては、その第七条において、キュチュク・カイナルジャ条約第一六条の内容の若干の修正を規定している。第七条の中に特に重要な修正点は見られないが、ジズヤのイスタンブルへの支払いについて、一七七四年の条約では、「イスタンブルから派遣される代理人」によってなされるとされたが、この条約では「現地の代理人」に変更された[26]。

クリム・ハーン国をめぐって生じた開戦の危機が協約締結によって回避されると、ロシアはいよいよワラキアとモルドヴァでの領事館開設のために行動を開始する。

　ロシア国内では、両公国での領事館開設に関する議論は、すでにキュチュク・カイナルジャ条約直後の一七七五年に通商参議会で行われていた[27]。そして一七七六年にイスタンブルに派遣されたスタヒエフも、両公国における領事館開設の必要性を本国に伝えていたが[28]、ロシア政府内ではオスマン帝国との無用な軋轢を避けるため、領事館についての本格的な議論に入ることはなかった。しかし、事前にファナリオットの陰謀など、ギカをめぐる不穏な動きをイスタンブルで把握していたにもかかわらず、現地モルドヴァにおける情報不足から、ロシアは傀儡の公ギカを失う結果となってしまったことから、アイナルカヴァク協約後、両公国における領事館開設問題が本格的に議論され、一七七九年一二月、ワラキア、モルドヴァ、そしてモルドヴァ北東部のベッサラビアを管轄する総領事として、イスタンブルにいるロシア外交使節の一員であるセルゲイ・ラシュカレフ（Сергей Лазаревич Лашкарев, 一七三九―一八一四）を任命することが決定された[29]。

　早速ロシアはオスマン政府に対し、ラシュカレフを総領事として信任するよう求めたが、オスマン側はこれを拒否した。その理由は、キュチュク・カイナルジャ条約第一一条の条文の解釈の相違であった。第一一条では、ロシアはオスマン帝国内の「あらゆる場所で」領事・副領事を置くことができると規定している。オスマン側は、この「あらゆる場所（ロシア語で во всех тех местах, オスマン語で âmme-i mevâzi'de）」に両公国は含まれないと主張した。オスマン側の主張を要約すると、以下のようなものであった。キュチュク・カイナルジャ条約において、ワラキアとモルドヴァに関する規定は第一六条が全てであり、そこには領事の規定は存在しない。オスマン帝国内の「あらゆる場所」とは、帝国の直接統治が行われている地域、かつ、すでにイギリスやフランスなどの国が領事を置いている場所のことであり、ワラキア、モルドヴァ、ベッサラビアには外国の領事は一人も存在しないため、当然含まれない。[30]このように両者の見解は食い違いを見せたが、半年近く続けられたスタヒエフと書記官長との交渉の結果、ロシア側が妥協し、一七八〇年一一月ドナウ右岸のシリストレに領事を置くことで両者は合意した。[31]

しかしロシア本国政府はこの妥協に不満であった。ロシア政府は直ちにスタヒエフを召還し、ヤコヴ・ブルガーコフ（Яков Иванович Булгаков, 在職一七八一―八七）をイスタンブル駐在ロシア代表に任命した。イスタンブル着任後ブルガーコフは、オスマン政府に再び領事館の問題を提起し、今回はこの問題に関してハプスブルク帝国の支持を取り付け、外交関係断絶も辞さない強硬な姿勢でワラキア、モルドヴァ、ベッサラビアにおける領事設置を要求した。[32]このようなロシアの強硬な姿勢とハプスブルク側からの圧力の前に、オスマン政府はロシアの要求を受け入れ、一七八一年一二月、ラシュカレフをブカレスト駐在の総領事として信任し、ここにロシアが目指した、両公国における領事館開設が実現したのであった。[33]ブカレストに続いて、一七八四年にはモルドヴァの首都ヤシに、一七八六年にはドナウ河口付近の北側の支流に位置するキリア（Chilia, トルコ語でキリ Kili）に副領事が置かれ、これら三つの総領事館と副領事館は、当該地域におけるロシア商人の保護や通商活動の促進だけでなく、情報収集や現地有力者との接触などの政治外交上の活動も行い、その後のロシアのバルカン進出に大きな役割を果たすことになるのである。

ところで、右で少し触れたように、このロシアの領事館開設を後押ししたのはハプスブルク帝国であった。この背景には、ハプスブルク帝国のロシアへの接近があった。これまでに示したように、ハプスブルク帝国は、ロシアとオスマン帝国との間で力のバランスを取りながら、一七三七年の戦争時のように、時にロシアと協力してオスマン帝国内の領土の獲得を目指し、また一七七一年のオスマン帝国との条約に見られるように、時にオスマン帝国と結んでロシアの南下を牽制してきた。一七六五年以来続いたマリア・テレジア（Maria Theresia, オーストリア大公在位一八四〇―八〇）とヨーゼフ二世の共同統治がマリア・テレジアの死去によって一七八〇年に終わり、ヨーゼフの単独統治となると、彼はロシアと結んで前者の政策を選択することとなった。一七八一年五月、ハプスブルク帝国はロシアと相互防衛同盟を結んで、[34] ロシアと共同でオスマン帝国への進出を図った。ヨーゼフの目的は、ドナウから黒海にかけての通商の権利をオスマン帝国から獲得することであった。

地中海交易で後れを取ったハプスブルク帝国にとって、ドナウ―黒海通商は、経済的に大きな魅力であった。ハプスブルク商人のオスマン帝国内の通商活動については、一六九九年のカルロヴィッツ条約と一七一八年のパッサロヴィッツ条約で認められたが、ハプスブルク帝国が目指すのは、ハプスブルク商船によるドナウ―黒海の自由航行と通商活動の自由であった。このハプスブルクのドナウ―黒海通商にとって、ドナウ流域のワラキアはきわめて重要な位置を占めており、一七七四年の条約で黒海がロシア商船に開放され、両公国にもロシアの影響が及び始めると、ハプスブルク帝国も本格的にその実現に向けて始動することになる。そのうちの重要な柱の一つが、ドナウ岸に近いワラキアおける領事館開設問題であった。

領事館に関しては、一七七三年にベオグラードでの開設について議論されたのが最初のようであるが、一七七五年の東方貿易に関する報告の中では、ブカレスト―ジュルジュとクリミア半島に開設することが提言されている。[35] しかし、その後領事館開設に向けた議論は進まなかった。その理由の一つは、領事となるべき適任者の不在であったが、その適任者はハプスブルク政府の前に予期しなかった形で現れる。一七八一年、ワラキア公アレクサンドル・イプシランティの息子がハプスブルク帝国に逃亡するという事件が発生し、これが原因でイプシランティは公位を辞任することになった。[36] 彼の息子を連れ帰るためにウィーンへ派遣されていた、イプシランティの側近であり、息子のフランス語教師でもあったラグーザ出身のライチェヴィチ（Stefan Ignaz Raicevici）は、ウィーン滞在中にイプシランティ辞任の知らせを聞いた。オスマン語と西欧語の深い知識を持ち、さらに八年間もの長期にわたってブカレストで権力の中枢にいた経験からワラキア内の事情に精通しているこの人物を、ハプスブルク政府は直ちに採用し、一七八二年に神聖ローマ帝国の書記官としてブカレストに派遣した。[37] ライチェヴィチの現地での活動は、クリミア問題に集中していたオスマン帝国の強い反発は引き起こさず、またすでにロシアの総領事が駐在しているという前例もあったため領事館開設の既成事実は出来上がっていると判断したハプスブルク政府は、一七八三年九月、彼を正式にブカレスト駐在の領事に任命することを決定した。[38] しかし、ロシアと異なり、オスマン帝国内のあらゆる場所に領事を置くような明確な権利を持たないハプスブルク帝国は、ライチェヴィチの助言もあって、当面は彼を「領事（konsul）」ではなく、それよりランクの低い「ハプスブルク通商代表（agente del commercio austriaco）」として信任するようオスマン政府に要請し、オスマン政府もロシア・ハプスブルク両国の圧力の前に、同年一〇月一六日、彼を通商代表として信任した。[39]

「代表」の外交上の地位は「領事」よりも下であるが、その後の活動の内容は領事と何ら変わるところがなかった。[40] こうして、ロシアにつづいてハプスブルク帝国も、両公国で活動する代表を置くことに成功したのであった。ハプスブルク帝国の場合、両公国への関心は、政治的というよりもむしろ経済的な側面に置かれていたが、いずれにせよ、一七八〇年代初頭にロシアとハプスブルク帝国は両公国にそれぞれ「領事」と「代表」を置くことにより、両公国とのより緊密な接触が可能となった。両国の領事と代表は、日常的に現地の公、ボイェール、聖職者などと接触し、オスマン帝国とワラキア・モルドヴァとの間のヒト、カネ、モノ、情報の動きを監視した。その結果、ワラキアとモルドヴァには、それまで以上にさらに深くロシアとハプスブルク帝国の目が注がれることになった。

(2) ワラキア・モルドヴァに関する一七八四年協約

一七八〇年代前半に両公国とロシア、ハプスブルク帝国との関係を緊密にしたものは、上で述べた領事職と代表職の設置のほかに、一七八四年のロシア、ハプスブルク帝国とオスマン帝国との間でそれぞれ結ばれた、両公国に関する協約の存在を挙げることができる。

一七八一年にロシアとハプスブルク帝国との間で同盟が締結され、両者の圧力によりロシアとハプスブルク帝国のワラキアでの領事職と通商代表職の設置が実現すると、両国はオスマン帝国内のさらなる権利獲得を目指し、オスマン政府への圧力を強めた。

翌八二年一一月、ロシアとハプスブルク帝国のイスタンブル駐在代表は、共同でオスマン政府に申し入れを行い、以下の三項目について協議することを要求した。①黒海におけるロシア・ハプスブルク商船の自由航行と新たな通商特権、②クリミア問題へのオスマン帝国の不介入、③ワラキア・モルドヴァに関する規定の遵守。

これらの三つの要求の目的は、明らかに黒海交易にあると考えてよいだろう。この時期はロシアによるクリム・ハーン国併合の最終段階にあり、実際、翌八三年にロシアはクリム併合を宣言することになるが[41]、黒海に面するクリミアの問題は、①の黒海通商の問題と密接に関わるものである。③のワラキア・モルドヴァの問題が、上の二項目と同時に扱われていることも、単なる偶然とは考えられない。確かにワラキアとモルドヴァについての申し入れの中に、特に通商に関係する内容は含まれない。短いので引用すると、「ワラキアとモルドヴァについては、一七七四年の和平に従って扱いがなされ、ここであらゆる種類の曖昧さを排除するため、今後彼らが支払うジズヤと、規定に反して強制的に徴収される負担の廃止について、話し合いがなされるように」というものである[42]。ロシア代表ブルガーコフがオスマン政府に対し行った申し入れの中で強調しているのは、オスマン帝国が以前に定められた規定を遵守せず、頻繁な公の交替や様々な規定外の課税や強制により、両公国が混乱しているという点であった[43]。

一七八二年一一月の時点で、すでにラシュカレフは総領事としてブカレストに派遣されており、またライチェヴィチも肩書こそ「書記官」であったが、実質的なハプスブルクの代表としてブカレストに駐在していたことから、この申し入れを行った時期は、ロシアとハプスブルク帝国が、両公国における通商活動を本格的に開始しようとした時期であった。オスマン帝国による両公国からの過度の収奪は、両公国を疲弊させ、ロシアとハプスブルク帝国のドナウ—黒海交易の阻害要因となり得た。特にドナウ経由の黒海交易への参入を目指すハプスブルク帝国にとって、両公国の治安の安定は重要であった。このような理由から、③のワラキア・モルドヴァに関する要求も、ロシア・ハプスブルク両国のドナウ—黒海交易との関連で捉えることが可能であろう。

こうしたロシアとハプスブルク帝国の外交的圧力の前に、オスマン帝国は他国の支援を求めたが、一七七八年のクリム・ハーン国をめぐる危機の時と同様、イギリスとフランスは北米での戦争直後であり、支援が期待できる国はほとんどなかった。オスマン政府は、フランス大使の勧めもあり、(44) ロシアとハプスブルクの要求を受け入れ、それぞれと上の三項目について交渉を行った。①の黒海の通商については、一七八三年六月、ロシアとオスマン帝国間で通商条約が締結され、それ以前の条約で認められたロシア商船の黒海自由航行が改めて確認されたほか、ロシアは関税三％の最恵国待遇を得ることとなった。(45) また、翌八四年にハプスブルク帝国との間でも、それ以前にハプスブルク帝国が獲得した通商特権の確認と最恵国待遇などを定めた協約が結ばれた。(46) これは、オスマン帝国内の通商に関して、フランス、イギリス、オランダ、ロシアと同様の権利をハプスブルク帝国に保障するものであった。

②のクリミアに関しては、右で触れたように一七八三年四月にロシアが併合を宣言し、オスマン帝国との間で再び開戦の危機が訪れた。しかし、ハプスブルク帝国のロシアを支持する姿勢や、北米での戦争で疲弊していたフランスの軍事援助に消極的な態度などにより、オスマン帝国は同盟相手を見出すことができず、結局翌八四年一月八日、オスマン政府はロシアのクリム・ハーン国併合を承認せざるを得なかった。(47)

そして③のワラキアとモルドヴァ問題に関しても、クリム・ハーン国併合承認と同じ一月八日に、協約がロシア・ハプスブルクとオスマン帝国間で結ばれた。(48) この中で重要なのは、ワラキア・モルドヴァからオスマン帝国へ支払われるジズヤや、断食明け、政府高官の交代時などの機会に、公から支払われる贈物の金額が定められている点であろう。例えば、ジズヤの金額は、ワラキアは六一九ケセ（kese, kîse）、モルドヴァは一三五ケセと四四四・五グルシュ（guruş）と定められたが、これはロシア・オスマン戦争後二年間の免税期間が終了した一七七六年に、両公国の公に宛てて発布された勅令の中で定められた金額と同額であり、勅令の中でも言及されているが、これは一七六八年の戦争直前の金額であった。他の税額については異なるものもあるが、この協約は明らかに一七七六年の勅令を土台としたものであると考えられる。[49] 他に、公の留任時の贈物（ibkâ'iyye）などの公の個人的負担を両公国住民へ負わせないなど、住民への規定外の負担を課さないよう定める内容、またイスタンブルへ供給される穀物や食肉の政府による買い取りや輸送方法などの規定も含まれており、つまり両公国の果たす義務や負うべき負担が具体的に示されていた。

その他、ワラキアとモルドヴァの公に関する短い規定も存在する。「……立証される違法行為が起こらない限り、公は解任されない……」[50]。ロシアは両公国の混乱と疲弊の要因の一つとしてオスマン政府による公の頻繁な交替を挙げており、それを防ぐための措置をとるようオスマン側に求めていた。[51] このロシアの要求は、公の任命時に支払われる莫大な額の金品を求める宮廷関係者や政府高官にとって、また公就任時の多額の支払い分を回収してなお余りある収入を獲得できるファナリオットたちにとっては、受け入れ難いものであった。グリゴレ・ギカの時には失敗に終わったが、親ロシア派の公を通じてワラキアとモルドヴァへ勢力を浸透させようとするロシアにとって、オスマン政府による自由な公解任を阻止する文言がこの協約に盛り込まれたことは、その後の両公国政策に重要な意味を持った。この公に関する問題は、改めて次節で検討する。

この協約の意義は、諸税の支払額や公交替の制限など、ワラキア・モルドヴァとオスマン帝国との間の政治経済関係が、ロシア・ハプスブルク帝国とオスマン帝国間の外交合意の中で、具体的に規定されたことにあった。第2

章で述べたように、一八世紀半ばまで、両公国がオスマン政府に対して果たすべき義務は、条約や契約などでは規定されておらず、慣例とその時々の状況によってオスマン政府側の裁量で決められていた。しかし、この協約において両公国からイスタンブルに支払われる具体的な項目や金額が明記されたことは、ロシアとハプスブルクの領事あるいは通商代表がブカレストに駐在する状況の中で、両国がオスマン帝国とワラキア・モルドヴァ間の関係を監視し、協約中の規定に反する行いがあれば、合法的に介入しうることを意味した。これによりオスマン政府は、それまでのような時と場合に応じた両公国に対するある程度自由な要求を制限されることとなったのである。次節で扱うように、ロシアとハプスブルク両国は、公による過度の税徴収などの規定に違反する行為にも目を光らせ、公に対する影響力も強めてゆく。

そしてこうしたワラキアとモルドヴァへの両帝国の介入が、黒海への進出と絡めて行われたことにも注目する必要があるだろう。ハプスブルク帝国にとっては、両公国はまさに黒海への通路に位置しており、その重要性は言うまでもない。ロシアは、クリム・ハーン国の併合を宣言した一七八三年に、カフカースのカルトリ・カヘティ王国とゲオルギエフ条約を結んで同国を従属下に置くなど、黒海の中央部と東部でも積極的な進出を行っており、ワラキア・モルドヴァでの影響力強化の試みも黒海周辺地域への進出の一環として考えることができよう。しかし、ロシアとハプスブルク帝国の黒海方面進出という大きな枠組みの中にワラキア・モルドヴァ問題を位置づけるには、より広範な関連史料の検討が必要であり、これについては将来また別の機会に論じることにしたい。

3　公任免問題とロシア・オスマン戦争（一七八七―九二）

（1）両公国におけるロシア領事・ハプスブルク通商代表の活動と公の任免問題

ロシアは、キュチュク・カイナルジャ条約後に進めたワラキア・モルドヴァへの進出が、オスマン政府によるグリゴレ・ギカの処刑によって一旦挫折した後、前節で示したように一七八〇年代初頭に領事職を置くことに成功し、再び両公国の問題に深く関与する重要な足掛かりを得た。一方ハプスブルク帝国も、ロシアとともにオスマン帝国へ政治的圧力をかけることにより、オスマン帝国内の通商のさらなる権利獲得、黒海交易への参入、そしてワラキア・モルドヴァへの通商代表の駐在などを実現させ、両公国への影響を強めた。こうして、この地域における三世界の政治的な絡み合いがさらに深まりを見せ始める一七八〇年頃から表面化した問題として、オスマン政府によるワラキア・モルドヴァ公任免へのロシアの関与が挙げられる。この問題は、第5章で考察する一八〇二年の勅令などにも関連するので、本節では前半で主にその問題を検討し、後半では、一七八七年に勃発したロシア・ハプスブルク帝国とオスマン帝国間の戦争における、ワラキアとモルドヴァの問題を扱う。

一七八二年に両公国を管轄するロシア総領事、そしてハプスブルク帝国通商代表のブカレスト駐在が実現したことにより、ワラキア・モルドヴァ両公とロシア・ハプスブルク両帝国との接触は飛躍的に増大した。それ以前、両国のワラキア公やモルドヴァ公との接触は、主にイスタンブルに駐在する両国の代表とワラキア公やモルドヴァ公それぞれのイスタンブルにおける代理人を通じて行われており、時間もかかり回数も限られていた。イスタンブルに代理人を持たない両公国のボイエールや聖職者たちとの接触の機会は、さらに限定されていた。また両国がワラキアとモルドヴァ国内の正確な情報を得ることも非常に困難であり、両国の商人がワラキアとモルドヴァを通過する際、万が一のことがあっても彼らを保護する機関がなかったため、規定以上の税の徴収や商品の盗難などの事件もたびたび発生していた。こうした様々な問題が、ロシア総領事館、ハプスブルク通商代表部の設置により大幅に改善されたのであった。

当初はブカレストのみに置かれ、その後ヤシにも置かれた両国の代表であるが[52]、その性格はやや異なっていた。両者とも、領事や通商代表の本来の役割である、自国の商人の保護や自国とオスマン帝国間の交易の促進など、通商に関わる任務を担っていたことは間違いないが、両者を比較すると、ハプスブルクの通商代表が、文字どおりハプスブルク帝国の通商活動の保護や促進を主要な任務としていたのに対し、ロシアの領事の活動の重点は、通商よりもむしろ政治外交面に置かれていたと言える。例えば、一七八二年から一七八七年までのブカレスト駐在のハプスブルク代表の本国への報告と本国からの訓示を検討すると[53]、ブラショフの商人の両公国における保護、トランシルヴァニアの羊飼いが放牧でワラキア平原に下りてきたときの税の徴収に関する問題、そしてハプスブルク帝国と新ロシアとの貿易を行うヴィレスホーフェン（Willeshoven）社の、ヘルソン（Херсон）に至るドナウ航路の調査への支援、などに関する問題が主に扱われている。もちろん通商代表とそのスタッフは、ワラキア・モルドヴァ国内の政治状況やロシア領事の動向の把握など、常に情報収集を行い、時に公との会談も行った。しかし、羊飼いの問題のように、国境を接するがゆえの様々な実務的仕事を少ない人員でこなす必要があったため[54]、右の三つの例のような、通商上の問題を扱う比重が高かったのである。

一方、モスクワの外務省附属文書館に所蔵されている、ブカレストのロシア総領事と本国との通信を検討すると[55]、総領事は、ヤシやブカレストを通過したロシア商人と、彼らの扱う物資の内容と金額を把握し、両公国やルメリで生じるロシア商人の物資の略奪事件への対処などを行っている。しかし、こうした領事としての本来の役割以上に比重が高いのは、ワラキア・モルドヴァ内外の情報収集と、現地の公やボイェールとの接触である。そして領事報告の中で特に目を引くのは、ロシア総領事とワラキア・モルドヴァ公との頻繁な接触と、オスマン政府による公の任免に関する情報量の多さ、すなわち現地の公への関心の高さである。

ロシアのワラキア・モルドヴァ公に対する関心は、すでに第3章と本章第1節で見たように、グリゴレ・ギカという傀儡を終身にわたってモルドヴァ公位に就けることにより、両公国への影響力を拡大しようとしたことに始まる。結局その試みは失敗に終わったが、一七八〇年代以降も、新たにブカレストに置かれた総領事館を通じて公に働きかけを行い、公を通じてロシアの影響力を拡大しようとする努力が続けられた。

両公国を管轄するロシア総領事職が置かれた一七八〇年代初頭、新たにロシアとオスマン帝国との間で表面化した問題の一つは、オスマン政府による公の頻繁な交替であった。公の任免に関しては、すでに一七七四年末にワラキア・モルドヴァ公に宛ててそれぞれ発せられた勅令の中に記述が見られる。[56] この勅令は、キュチュク・カイナルジャ条約の第一六条の内容と、条約中には挿入されなかったギカの終身モルドヴァ公任命などのロシアとの合意事項を全て含むものであり、その内容はほとんど同一であるが、その中には公の交替に関して以下のような記述がある。「……ある時から、頻繁で立て続けの、そして上述の両国（ワラキアとモルドヴァ――引用者注）の慣習に反する公たちの任命と解任により……（ワラキアとモルドヴァは――引用者注）荒廃して反乱を伴うようになり……」、「公たちも、解任に足る明らかな違法行為がおおやけに確認され明白とならない限り、解任されることはなく……」[57]。これらが終身公となるギカの任命を念頭に置いたものであることは明らかである。

この勅令が出されてから数年間は、その中にあるように公は交替しなかった。一七七四年にワラキア公に就任したアレクサンドル・イプシランティは、七年を越えて公位にあり、またギカ処刑後モルドヴァ公位に就いたコンスタンティン・モルーズィも五年間その地位にあった。しかし、公がこのように長期にわたってその地位にあることは、公位獲得の機会を制限されたファナリオットたちの不満、そして公任命時に新任の公から支払われる金銭を得られなくなった宮廷関係者と政府高官の不満を呼び起こした。そのため一七八〇年代に入ると、オスマン政府による公の交替が頻繁に見られるようになる。ワラキアでは、一七八二年一月に公がアレクサンドル・イプシランティからニコラエ・カラジャ（Nicolae Caragea, 在位一七八二―八三）に交替し、さらに翌年七月にはミハイル・スツ（Mihail Suțu, ワラキア公在位一七八三―八六、一七九一―九二、一八〇一―〇二、モルドヴァ公在位一七九三―九五）が就任した。一方モルドヴァでもモルーズィの退位後、一七八二年六月にアレクサンドル・マヴロコルダト一世（Alexandru I Mavrocordato, 在位一七八二―八五）が就任し、その後一七八五年一月就任したアレクサンドル・マヴロコルダト二世（Alexandru II Mavrocordato, 在位一七八五―八六）は、二年足らず公位にあっただけで一七八六年一二月解任された。[58] つまり、一応の公の任期とされる三年にも満たずに、その地位を去る者が何人も現れたのである。

前に述べたように、一七六八年のロシア・オスマン戦争以前、公は概してイスタンブルに忠実であった。しかし戦争中に公はロシアに協力し、戦争後も、ギカはもちろんのことアレクサンドル・イプシランティもロシアへ接近するなど、一七七四年以降ロシアの両公国における影響力は増大した。そこでオスマン側の巻き返しが始まり、その最初の行動が一七七七年のギカの処刑であったが、その次に行われたのがこの頻繁な公の交替であったと考えられる。この時期に任命された公の政治的立場はそれぞれ異なっていた。ロシアとの関係が深い者もいれば、オスマン政府に忠実である者、またハプスブルクとつながりの深い者やどちらにもつかず中立の立場を取る者など様々であったが、この時期オスマン帝国はあまりそうした立場を重視せず、次々と公を任命し、そして解任したのであった。それは、一七七〇年代に公が長期にわたってその地位にとどまっていたため、両公国の公位獲得を熱望する多くのファナリオットたちの利益にも合致していた。

一方のロシアにとっての理想は、ギカのようなロシアの意向に沿って動く人物を長期間公位に就けておくことであったが、しかしその前に、ワラキアとモルドヴァにおいてロシアが政治・通商活動を円滑に行うため、また正教徒の保護者として現地の秩序守るために、まず頻繁な公の交替による両公国国内の経済的疲弊と混乱を防がなければならず、そのためにも公との関係は重要であった。いずれにしても公に関する情報収集は不可欠となり、それがワラキア・モルドヴァに駐在するロシア領事の報告の中に公に関する情報が際立って多い理由の一つであった。

公位獲得に要した莫大な費用を早急に回収しがちになり、両公国に荒廃をもたらす可能性のある頻繁な公交替を阻止するため、一七八二年にハプスブルク帝国と共同で行った申し入れの中で、ブルガーコフはこの問題の解決をオスマン政府に求め、(59) その結果一七八四年初頭に結ばれた協約において、「立証される違法行為が起こらない限り、公は解任されない」という文言が加えられたことは、前節で見たとおりである。ロシアは、外交合意の中に入れられたこの文言をオスマン帝国に遵守させることによって両公国の混乱を防ぎ、秩序の安定を守る盟主として、両公国、さらにはバルカンにおける自らの地位を高めようとしたのである。しかし、こうしたロシアの思惑とは裏腹に、その後も公の頻繁な交替は続いた。

一七七四年末に発布された勅令によれば、公が犯した明らかな違反行為があれば、オスマン政府は彼を解任できることになる。例えば一七七七年にグリゴレ・ギカが殺害されたとき、オスマン政府はその第一の理由として、彼の行った横領と恐喝を挙げた。(60) しかしそれは単なる表向きの理由であり、そうした違法行為が確かに行われたかどうかは問題ではなかった。また、一七八四年の協約の規定にもかかわらず、翌年一月にアレクサンドル・マヴロコルダトが解任されると、ロシアはオスマン側に解任の理由説明を求めたが、大宰相の説明は、マヴロコルダトが非常識な行いと悪しき統治を行ってモルドヴァを混乱させ、オスマン政府が先手を打って彼の交替を行わなければ、全ての住民が四散してしまうからである、というきわめて曖昧なものであった。(61) 要するにオスマン側は、いかようにも違法行為を指摘できるわけであり、協約中の文言は有名無実と考えていたのである。さらに、右の勅令中の文言は、自発的な公の辞任を制限してはいなかった。例えば一七八二年一月にワラキア公位を辞したアレクサンドル・イプシランティは、その直接の原因は息子のハプスブルク帝国への逃亡にあったが、その七年にもわたる長期の公位に不満を持った他のファナリオットによって脅迫を受けていたこともまた辞任の理由の一つであった。[62] このように、たとえ協約中に公の交替を制限する文言が挿入されたとしても、オスマン政府はそうした文言にとらわれることなく、ほぼ無制限に公の任免を行うことが可能だったのである。

このような状況の中、ロシアは、両公国のロシア総領事、および副領事と公との接触と、イスタンブル駐在ロシア代表のオスマン政府への申し入れを通じて、ロシアに好意的な公を長期間その地位にとどまらせる努力を行っていた。ブカレストに駐在するロシア総領事とヤシの副領事は、ハプスブルクの通商代表と比べてもより頻繁に公と接触し、公の中には、ワラキア公ニコラエ・カラジャのように、公就任後ロシアを信頼し、ブカレストの総領事とイスタンブルの公使に、オスマン政府の違反行為を訴える覚書を提出して協力を求めるなど、[63] ロシアの働きかけが成果を上げた例も見られた。しかし総じて、ロシアがオスマン政府による公任免に干渉することは依然として困難であった。例えば、一七八六年ワラキア公位に就いたニコラエ・マヴロゲニ（Nicolae Mavrogheni）は、前任者ミハイル・スツを脅迫してその地位を得て、[64] さらに公就任後はオスマン政府に忠実に行動しつつ一七八四年の協約に反する行為を行ったため、[65] ロシアは彼を遠ざけようと試みたが、[66] 結局彼は一七九〇年までその地位にとどまった。

公任免の問題へのロシアの関わりについては、第5章の一八〇二年の勅令に関する考察においても触れるので、ここでは、一七八〇年代前半以降、ロシアは公の問題に大きな関心を持っていたが、ロシアに好意的な人物を長期間公位に置くことは未だできなかった、ということを指摘するにとどめたい。いずれにせよ、ロシアがギカ処刑後も、オスマン政府が任命する公の問題に深く関わろうとしたことは、オスマン・両公国間の宗主―付庸関係への外国による介入の一面と言うことができよう。

（2）ロシア・オスマン戦争（一七八七—九二）におけるワラキア・モルドヴァ

一七八〇年代前半を、オスマン帝国がロシアとハプスブルク帝国の圧力に屈して、両国のワラキア・モルドヴァ問題と黒海通商問題への関与の拡大を許した時期とするならば、一七八〇年代後半は、オスマン帝国が戦争によって両国に対して巻き返しを図ろうとする時期であると言うことができるだろう。しかしこの戦争を通じて、西欧諸国とロシアに対するオスマン帝国の相対的な力の低下がいっそう明白となり、戦争中オスマン帝国は、西欧世界内の国際システムの中でロシアやハプスブルク帝国と緊張状態にある国々との連携を、それまで以上に積極的に取ることになった。言い換えれば、もはや単独でロシアとハプスブルク両帝国に対抗する力のないオスマン帝国は、戦争遂行のためにそうした西欧諸国に大きく依存せざるを得ず、結果としてさらに深くロシア、および西欧諸国と結びつけられることになるのである。

一七八四年初頭のロシアによるクリム・ハーン国の併合を承認して以来、オスマン帝国内には武力によるクリム奪還を目指す一派が存在していた。一七八六年一月に、そうした一派を代表する人物であるコジャ・ユースフ・パシャ（Koca Yûsuf Paşa, 在職一七八六—八九、一七九一—九二）が大宰相に就任すると、イスタンブルに駐在するイギリスやプロイセン代表の勧めもあり、オスマン帝国は次第に開戦へと傾いていった。[67] 一方ロシアも、エカチェリーナの寵臣で、一七八六年一〇月に対オスマン政策の責任者となったグレゴリー・ポチョムキン（Григорий Александрович Потемкин, 一七三九—九一）も、新たな領土獲得を狙って強硬策を取ったため、両国の間では次第に緊張が高まっていった。一七八七年一月、イスタンブルのロシア代表ブルガーコフは、ポチョムキンの指示により、オチャコフ国境付近の治安改善、カルトリ・カヘティ王国問題の解決、ヴァルナ（Varna）におけるロシア領事館開設、などを含む一一項目をオスマン政府に申し入れた。[68] その中には、ワラキア・モルドヴァに関する協約の遵守、特に公の頻繁な交替を防止するための方策を取ることをオスマン側に求める内容も含まれている（第六項）。その後ブルガーコフと書記官長との間で会談が断続的に行われたが、問題は解決せず、両国間の緊張は増していった。そのような状況の中、一七八六年末にモルドヴァ公を解任されたアレクサンドル・マヴロコルダト二世が、その後ヤシのロシア副領事の助けでモルドヴァを脱出し、亡命のためロシアへ向かうという事件が発生した[69]。一一項目の申し入れにしても、前モルドヴァ公の逃亡の問題にしても、ロシア・オスマン関係に深刻な影響を及ぼすほどの重大な問題とは言えなかった。しかし、双方が戦争による現状の打開を目指す雰囲気の中では、さして重大とは思われないこれらの問題も、両者の関係悪化を深める要因となった。さらに緊張を決定的に高めたのは、ポチョムキンの発案により行われた、エカチェリーナのクリミア行幸であった。一七七四年以降、新たに併合したウクライナとクリミアを視察する目的で行われたこの行幸には、ロシアに駐在する各国の代表も招待され、西欧各国にロシアの力が誇示された。一七八七年一月にペテルブルクを出発したエカチェリーナ一行は夏前にクリミアに到着したが、一行には途中からヨーゼフ二世も加わり、二人は一緒に、イスタンブルまで船で一日あまりの距離にあるセヴァストーポリ（Севастополь）に至った。このヨーゼフとエカチェリーナのクリミア行きは、オスマン帝国の目には明らかな挑発と映った。そのためオスマン政府は同年七月末、逃亡したマヴロコルダト二世の引渡しや、ブカレストとヤシに駐在するロシアの領事の更迭などを含む、厳しい要求をロシア側に突きつけ[70]、翌月ロシアに対し宣戦を布告するに至ったのである。

ロシアがオスマン帝国との戦争に突入すると、ロシアとの同盟条約にしたがって、ハプスブルク帝国も翌八八年初頭に参戦した。この戦争においてもワラキアとモルドヴァは戦場となったが、両公国ではロシア軍よりもハプスブルク軍がその主役であった。というのも、ロシアにとってのこの戦争の目的の一つは、両公国をオスマン宗主下から解放し、両公国を統一して一つの独立国を作り出すことであったが[71]、それよりも重要な目的とされていたのは、ドニェプル川河口の要衝であるオチャコフの奪取であった。それに対し、ハプスブルク帝国にとっての最大の目標はベオグラードを含むセルビアの獲得にあり、[72] そのためにワラキア西部の特にドナウ岸地域を押さえることが重要であった。モルドヴァに関しては、これまでの現地におけるロシアの影響力を考慮し、ヨーゼフ二世はロシア軍による占領を優先させたが、ロシア軍がモルドヴァに到着する以前にいち早く軍を進めたのはハプスブルク帝国であり、一七六八年のロシア・オスマン戦争と同様、その際には現地の公の協力があった。一七八七年一月にモルドヴァ公に任命された、前ワラキア公アレクサンドル・イプシランティは、ハプスブルク帝国とのつながりの深い人物であり、オスマン帝国がロシアに宣戦布告を行うと、彼は府主教を通じてハプスブルク側に両公国への派兵を促し、[73] 協力する姿勢を見せた。ハプスブルク帝国が正式に参戦すると、彼はハプスブルクによるモルドヴァの保護を正式に要請し、[74] 彼の協力によりガリツィアのハプスブルク軍は、大きな障害なくモルドヴァ領内に進軍して首都ヤシを占領したのであった。[75]

モルドヴァ以外では、ロシアは目標のオチャコフを一七八八年に陥落させることに成功し、ハプスブルク軍もベオグラードを翌八九年に攻略して、軍事面でのロシア・ハプスブルク側の優勢は明らかであった。

一七八二年から一七八三年にかけてのクリミア危機の時とは異なり、今回の戦争では他の西欧諸国が積極的な動きを見せた。こうした西欧諸国の支持を期待できる環境が、オスマン帝国の開戦の判断に影響を与えたことは疑う余地がない。戦争開始後、オスマン帝国と西欧諸国との連携が開始される。バルト海では、ロシア領となったフィンランドとカレリアの奪還を目指すスウェーデンが、ロシア・オスマン戦争開始直後の一七八八年にロシアに宣戦布告をして軍をフィンランドに進め、一七八九年七月には、ロシアを共通の敵とするオスマン帝国との同盟が成立した。[76] この同盟により、一七六八年の戦争時のように、ロシア艦隊がバルト海を抜けて地中海で活動する可能性が消滅した。したがってこの同盟条約は、オスマン帝国にとって大きな意味を持つものであった。また先の戦争においてロシアの地中海からの攻撃を可能にしたのは、イギリスの協力によるところも大きく、オルロフ将軍のモレアでの活躍は、イギリスによる人員、物資、燃料供給の協力がなければ起こり得ないものであった。しかし、この戦争でイギリスはロシアからの協力要請を拒否し、オスマン側を支持する姿勢を見せた。(77)

こうした中、この戦争の行方を決定づける最も重要な役割を担ったのはプロイセンであった。前回のロシア・オスマン戦争時にも、積極的な動きによってポーランド分割への流れを作り出したプロイセンの動向は、今回もロシア・ハプスブルク両国の政策決定に最も大きな影響を及ぼす要因となった。一七八七年にオランダで発生した親フランス派蜂起の鎮圧のため、翌八八年イギリス・オランダ・プロイセンは同盟を結んだが、この同盟はそのままオスマン帝国を支える役割を果たした。プロイセンはハプスブルク帝国に対し、プロイセンがハプスブルクとオスマン帝国との仲介役となり、ハプスブルクによるワラキア・モルドヴァの領有を認める代わりにガリツィアをポーランドに返還し、そしてプロイセンはグダンスク（Gdańsk，ドイツ語でダンツィヒ Danzig）一帯を獲得する、という提案を行う一方で、同時にオスマン帝国にも同盟を呼びかけ、その結果、一七九〇年二月、オスマン・プロイセン同盟が成立した。(78) これは相互防衛条約であり、ハプスブルク・ロシア軍がドナウを越えてオスマン帝国領に進入した時には、プロイセンが参戦し、その代わりとしてオスマン側は、和平交渉時にハプスブルク領ガリツィアをポーランドへ返還させるよう努力する、またプロイセンが参戦した場合、プロイセン・オスマンどちらかが単独でハプスブルク・ロシアと講和を結ぶことなく、あくまで共同行動をとる、という内容を含むものであった。

イギリス・オスマン帝国と結んだプロイセンはハプスブルク帝国にとって大きな脅威となり、さらに一七九〇年二月にヨーゼフ二世が死去してレオポルド二世（**Leopold II**，在位一七九〇―九二）が即位したこともあって、ハプスブルク帝国はオスマン帝国との和平へと政策を転換した。一七八九年にフランスで勃発した革命は、西欧世界内に大きな衝撃を与えたが、もちろんハプスブルク帝国も例外ではなく、フランス革命の影響により引き起こされた帝国領内のハンガリーでの蜂起も、ウィーン政府にオスマン帝国との和平を決断させる大きな要因となった。ハプスブルク帝国は、一七九〇年八月にイギリス・オランダ・プロイセンの三国同盟とライヒェンバッハ（Reichen-bach）で協約を結び、イギリスとプロイセンの仲介によるオスマン帝国との和平交渉に入ること、そして国境を戦争以前の状態にすることが合意された。[79] その後ドナウ岸の現ブルガリア領スヴィシュトフ（Свищов, トルコ語でジシュトヴィ Ziştovi）でハプスブルク帝国とオスマン帝国との和平会議が行われるが、その大枠はこの協約によってすでに決められていた。両国政府代表は交渉に入り、[80] 一七九一年八月に条約が締結された。ハプスブルク側は、ベオグラード、ワラキア、モルドヴァなどのほぼ全ての占領地をオスマン側に返還し、領土として得たのは、ドナウ岸の都市オルショヴァ（Orşova）などわずかな土地であった。[81]

一七三六年の戦争時と同様、ハプスブルク帝国が先に戦争から離脱する状況となったが、ロシアはそれでも単独で戦争を継続しようとした。しかしオチャコフのロシア領有によって、ポーランドを経由するバルト海と黒海交易がロシアに完全に支配されることを恐れるイギリスとプロイセンがロシアに圧力をかけ、いわゆるオチャコフ危機が生じた。オスマン帝国との戦争では、ドナウ河口のイスマイルをも奪取するなど優位であったロシアも、イギリス・プロイセン両国からの圧力に屈し、一七九一年、モルドヴァのヤシにおいて、オスマン帝国との和平交渉に入った。

この和平も、ハプスブルク帝国と同様、和平交渉以前にロシア・プロイセン・イギリスの間で合意された内容を基本としており、最終的な合意内容の大枠はすでに決められていたものであった。そのため、ロシア代表とオスマン代表の交渉は二カ月足らずで合意に達し、[82] 一七九二年一月、一三カ条からなる条約が締結された。[83] 第四条がワラキアとモルドヴァに関する条項であり、キュチュク・カイナルジャ条約以降の両公国に関するロシアとオスマン帝国との条約の有効性が確認されるとともに、ロシア軍が占領したモルドヴァについて、オスマン政府がモルドヴァ住民に対し、戦争中に要した経費を負担させないこと、批准後二年間の免税を与えること、移動の自由を与えること、などが合意された。今回のこの交渉では、両公国の問題は全く大きな争点とならなかった。両公国の問題は、一二月一日の第四回の会談で取り上げられ、モルドヴァから外国への移住希望者の財産売却の問題で議論がなされたが、問題になったのはそれだけであり、[84] 多くの議論は黒海北岸の国境の問題に集中した。同条約によってロシアが得た領土はドニェストル川とブーク川に挟まれた地域のみであって、占領した面積に比べればわずかであった。しかしその中に含まれていたハジベイ（Hacıbey）という小さな港は、一九世紀以降ウクライナで生産される穀物の輸出港として大きく発展し、ロシアの黒海交易の拠点としてだけでなく、黒海艦隊の基地として軍事的にも大きな役割を果たすことになる。それが今日のオデッサ（Одесса, ウクライナ語でオデサ Одеса）であった。[85]

一七八七年に開始されたロシア・ハプスブルク対オスマン帝国の戦争は、結果を見れば一七六八年の戦争時と同じく、ロシア・ハプスブルク軍の優勢にもかかわらず、両国がオスマン帝国から獲得した領土や権利はわずかであった。ハプスブルク軍とロシア軍によって首都を占領されたワラキアとモルドヴァを含め、両軍の占領地はほぼ無条件でオスマン側に返還された。その背景には、これまで見たように、一七六八年のロシア・オスマン戦争時以上に多くの西欧諸国の関与があった。

一七八七年の戦争の意義は、以下の点にあると考えられる。一八世紀前半より西欧世界の東辺のロシア・ハプスブルク・オスマン帝国の三国には、これまで見たとおり、勢力の均衡を保とうとする力が働いていた。しかし、一八世紀半ば頃より徐々にプロイセンという要素がそこに加わり、さらにロシアとオスマン帝国も、時を経るとともに他の西欧諸国との政治的経済的関係を深め、三世界間の相互関係は複雑に発達していった。それゆえ、ハプスブルク・ロシア・オスマンの三国間の戦争は、それまで以上に各西欧諸国に影響を与え、西欧世界内に形成されていた国際システムに、広くそして大きな衝撃を与えることになった。それまでのロシアとオスマン帝国間の戦争とは異なり、イギリスやプロイセン、スウェーデンなどの国が本格的に戦争に関与し、既存の国際システムの秩序とバランスの維持に努めようとした。かつて黒海沿岸のオチャコフやクリミアはイギリスにとって遠方の地であったが、今やそれは関心を持たざるを得ない場所となっていたのである。この戦争により西欧諸国はロシア・ハプスブルク・オスマンの三国の諸問題により深く関わることとなり、それゆえこの戦争は、ロシア・ハプスブルク・オスマンの三国間の関係を西欧国際システムが飲み込み、結果として東方へ拡大する一つのステップとなったと考えられるのである。

この戦争において、イスラーム世界の中核的国家であるオスマン帝国は、スウェーデンやプロイセンとの同盟、およびイギリス、オランダとの連携により、自らの敗北を最小限に食い止める努力を行い、もはや西欧諸国との連携なしには自らを防衛することができないほど、西欧・ロシアに対して劣勢に立たされた。この戦争中に即位したセリム三世は、戦争終結後、軍事面を中心とする改革を開始し、さらに一七九三年にはオスマン帝国にとって史上初めて西欧の数カ国に常駐の使節を派遣することになるが[86]、こうした動きは、オスマン帝国自身が近隣世界の中における自らの立場と状況を理解し始めた一つの表れであると言うことができよう。

一方、正教世界を代表するロシアは、オスマン帝国と比べ、より早く西欧的文化、思想、制度などを取り入れそれらをある程度共有し、一八世紀後半には西欧世界との一つの「国際社会」を形成しつつあったと言える。ロシアは一八世紀半ばの七年戦争頃までには西欧世界内の政治に不可欠な要素となっていたが、このオスマン帝国との戦争においても、あらためて西欧世界に深く結びつけられた北方の一大国であることを示した。この戦争後ロシアは、再びプロイセン・ハプスブルク帝国とポーランド分割を行い、領土的にも西欧世界へさらにその勢力を伸ばしてゆく。

このような西欧世界と正教世界、そしてイスラーム世界の関係の緊密化の流れは、その狭間に置かれていたワラキアとモルドヴァにも押し寄せた。本章で考察したように、一七七四年のキュチュク・カイナルジャ条約によりロシアが両公国への進出の足掛かりをつかむと、ハプスブルク帝国とロシアのワラキア・モルドヴァへの進出が本格的に開始され、一七八〇年代に入ると、この両帝国が同盟を締結して共同でオスマン帝国にいくつかの権利を要求し、黒海通商とともにワラキアとモルドヴァにおける領事・通商代表の設置を実現した。これにより、ロシア・ハプスブルクと両公国とが直接接触する機会は増大し、以降ワラキア・モルドヴァに対する両帝国の影響力は次第に強まっていった。また一七八四年の協約によってオスマン政府と両公国との関係は、オスマン帝国とロシア・ハプスブルク両帝国の間の外交合意として縛りを受けることとなり、キュチュク・カイナルジャ条約からわずか一〇年ほどの間に、オスマン帝国とその付庸国ワラキア・モルドヴァとの関係は、ロシア・ハプスブルク・オスマン三国間の関係によって規定されることとなったのである。

このように、一七七四年の条約以降、両公国問題をめぐってロシア、ハプスブルク、オスマンの三国は関係を深めた。こうして、西欧世界と正教世界そしてイスラーム世界の三世界は、両公国問題を通じて、またその他の問題をも通じて、政治的な関わりをますます深め、それぞれの世界の自己完結性を弱めつつ、拡大する国際システムに組み込まれてゆくのである。

この戦争後、ワラキアとモルドヴァには、ロシア・ハプスブルク以外の西欧諸国も進出を開始する。次章ではそれについて考察する。

第5章　共和国フランスのワラキア・モルドヴァ進出
――フランスとイギリスの両公国問題への関与の始まり

1　共和国フランスの両公国進出

(1)　共和国フランスの対オスマン政策

前章で示したように、一七八七年のロシア・ハプスブルク対オスマン帝国の戦争によって、西欧・正教・イスラームの各世界は相互の政治的な結びつきをさらに強め、またその三世界に挟まれたワラキアとモルドヴァにも、一七七四年以降ロシアとハプスブルク帝国の影響が及ぶに連れて、この地域をめぐるロシア・ハプスブルク帝国・オスマン帝国の関わりも緊密化し、西欧世界に端を発する国際システムが、隣接する正教世界の盟主ロシアとイスラーム世界の中心的国家であるオスマン帝国を次第に包摂する方向に動き始めていた。

ところで、一七八七年の戦争がスヴィシュトフ条約とヤシ条約により終結すると、一七九〇年代半ば頃からワラキアとモルドヴァには新たな動きが現れる。それは、一七八九年のフランス革命によって成立したフランス共和国政府の両公国への進出であった。それまで両公国問題に関与していたロシアとハプスブルク帝国に、新たにフランスという要素が加わり、さらに一八〇〇年代初頭にはイギリスもブカレストに領事館を開設するなど、一七九〇年代半ば以降、ワラキアとモルドヴァにはハプスブルク帝国以外の西欧諸国の影響が及び始め、両公国をめぐる問題はますます複雑化してゆくのである。本章では、ヤシ条約が締結された一七九二年から、オスマン帝国と両公国との新たな権利・義務関係を規定する内容の勅令がオスマン政府によって両公国の公宛に発せられる一八〇二年までの約一〇年間を対象に、両公国をめぐって生じた動きを検討する。特に一七九〇年代に現れた共和国フランスのワラキア・モルドヴァ進出の動きと、一八〇二年の両公国宛勅令の二つを、検討の主な対象とする。

西欧世界内については言うまでもなく、政治的・思想的に他の諸世界にその後大きな影響を与えることになる一七八九年のフランス革命の勃発当時、オスマン帝国はロシア・ハプスブルク帝国との戦争の最中であり、オスマン帝国へのその影響はまず、フランス革命の影響を受けたハンガリーにおける反乱の発生がハプスブルク帝国を和平へと向かわせる、という政治的側面で現れた。一七九二年に戦争が終結した後、西欧ではハプスブルク帝国によるフランス革命への干渉によって、ハプスブルク・プロイセンとフランス革命政府との間で戦争が勃発し、さらに翌九三年一月、ルイ十六世（Louis XVI, 在位一七七四―九二）が処刑されるに至ると、イギリス、オランダ、スペイン、ロシアなども反革命戦争に参加して、いわゆる第一次対仏大同盟が結成される。さらに革命の影響はポーランドにも及び、一七九一年に成立した五月三日憲法を(1)、革命という伝染病の所産とみなしたエカチェリーナは、一七九三年にプロイセンと第二次分割、さらに一七九五年にはプロイセン・ハプスブルクとともに第三次分割を強行し、その結果ポーランドは地図上から消滅することとなった。

こうした西欧世界内における混乱は、オスマン帝国にとって好都合と捉えられた。革命勃発と同じ一七八九年に即位したスルタン、セリム三世は、革命の影響で早期に和平を実現したことにより、大きな損失を出すことなくロシアとハプスブルク帝国との戦争を終結させることができた。その後西欧諸国とロシアが革命後のフランスの問題に集中している間に、セリムは国内問題に取り組む余裕を得て、軍事面を中心とする改革に着手し(2)、今や大きく開きつつある西欧諸国やロシアとの軍事力の差を縮めることを試み始めた。この改革は、セリムが創設した西欧式の軍隊の名前にちなんで、「ニザーム・ジェディード（Nizâm-ı cedîd, 新制あるいは新制度）」と呼ばれる。これは、旧来の体制を維持したまま、その枠組みの中で軍事・技術面の改良を行う運動という性格のものではあるが、一九世紀に入り、オスマン帝国で本格的に開始される、マフムト二世（Mahmud II, 在位一八〇八―三九）による改革からタンズィマートへの一連の「西洋化」としての近代化改革のさきがけと位置づけられる。[3] こうした改革を推進するために、オスマン帝国は、西欧諸国とロシアが巻き込まれている一連の混乱から距離を置き、可能な限り関わりを避けようとしたが、正教世界に属するロシアとともに、自世界の枠を越えてグローバルな近代国際システムを形成しつつあった西欧世界と緊密な関係を結んでいた一八世紀末においては、そうした姿勢を貫徹することはきわめて困難であった。ナポレオンの登場により、オスマン帝国がフランスと対仏大同盟との争いに否応なく巻き込まれてゆく過程については後に詳しく検討するが、それ以前においても、オスマン帝国をめぐる革命派と反革命派の綱引きが見られた。例えば、一七八四年よりイスタンブル駐在フランス大使を務めていたショワズール・グッフィエ（Marie-Gabriel Florent-August de Choiseul-Gouffier, 在職一七八四―九二）を王党派と見なす革命後のフランス政府は、一七九二年一二月、新たに大使としてデコルシェ（Marie-Louis Descorches de Sainte-Croix）を任命し、オスマン政府による承認を求めるイスタンブル駐在の革命支持派のフランス人と、承認を拒否するよう働きかける反革命派フランス人および対仏大同盟に参加するハプスブルク、プロイセン、イギリス、ロシアの駐在使節との間で激しい対立が生じた。新大使の承認は、すなわちフランス共和国政府の承認を意味することになるため、未だどの国も共和国政府を承認していない段階でオスマン政府がこれを承認することはなく、フランスを取り巻く情勢を注視しながら慎重な立場を崩さなかった。しかし、国民を総動員した革命政府が各地で勝利を治め、一七九五年にバーゼルの和約でプロイセンが共和国政府を承認すると、同年にオスマン政府も共和国政府を承認し、ヴェルニナク

(Raymond de Verninac de Saint-Maur, 在職一七九五―九六)をフランス政府代表として正式に承認した。[4] オスマン政府によるフランス共和国政府の承認が、諸外国の大きな反発を引き起こすことはなかったが、この後もオスマン帝国をめぐるフランス側と反フランス側の綱引きは継続した。

オスマン政府の承認を受けたフランス共和国政府は、承認以前からオスマン帝国に同盟の締結を提案していた。西欧世界内で孤立しているフランスにとって、軍事的な勝利によって打ち立てたバタヴィア共和国のような傀儡政権を除けば、オスマン帝国は唯一同盟相手となり得る存在であった。公式にフランス代表としてオスマン政府の承認を受けたヴェルニナクは、正式にオスマン政府に同盟を提案し、オスマン側もこの提案に同意した。一七九六年五月に一五カ条からなる防衛条約が締結されたが、その後間もなくヴェルニナクが交替したこともあってこの条約は批准されず、結局発効しないまま終わった。[5] しかし、王制から共和制へという革命の意義をこの時点では重要視していなかったオスマン側は、フランス共和国政府を、革命以前と同様、伝統的友好国でありハプスブルクとロシアを牽制するために戦略的に重要な国として好意的に扱ったのである。セリム三世は皇太子時代にフランス国王ルイ十六世と文通し、フランスに親近感を抱いていたことは知られているが、[6] ルイ十六世の処刑後もフランス共和国政府に大きな反感を持つことなく、フランスとの友好関係を維持しようとした。そうした状況の中で共和国フランスは、バルカン・地中海方面への勢力拡大を志向し、その一環としてワラキアとモルドヴァに領事を置き、両公国の問題に関与しようと試みるのである。

(2) ワラキア・モルドヴァにおけるフランスの領事館設置

一七世紀以前、フランスとワラキア・モルドヴァとの関係は希薄であり、両者のつながりは、ポーランド王位に就いたフランス出身者を通じたものなどに限られていた。[7] 一八世紀に入ると、西欧内の国際政治にはロシアという新たな要素が加わり、さらに新興国プロイセンが力をつけてくる。この両国の台頭によってポーランドが相対的に徐々に力を失い、ロシア、プロイセン、ハプスブルクからの圧迫を受けると、一六世紀以来、時として国王選挙に関わるなど、ポーランドと深いつながりを有するフランスは、ポーランド国家の維持に関心を寄せた。フランスは、西欧世界へと進出するロシアを警戒して、スウェーデン、ポーランド、オスマン帝国の三国を支えていたことは前に述べたが、フランスにとってワラキアとモルドヴァは、オスマン帝国とポーランドの間に挟まれた、イスタンブルとワルシャワを結ぶ連絡路として認識されていた。そのため、一八世紀前半から半ばまでのフランスの両公国への関心は、主にポーランドとの関連で寄せられたのであった。[8] 一七七二年のポーランド分割、そしてその二年後のキュチュク・カイナルジャ条約締結によって、ロシアとハプスブルク帝国のポーランドおよび両公国への進出が開始されると、イスタンブル―ワルシャワ間の連絡路を確実に確保するためにモルドヴァに領事を置くべきであるという提案がフランス政府内で出され、さらにロシアとハプスブルク帝国がブカレストにそれぞれ領事と代表を置いた一七八二年に、フランスの書記官の一人は、フランスもワラキア、モルドヴァ、ベッサラビアに領事を置く必要性を外務省に提言した。[9] しかし、これらの提言は、計画の策定やオスマン政府への働きかけなど具体的な動きには至らないまま立ち消えになった。

ワラキアとモルドヴァへの領事館設置が実現するのは、共和国政府がオスマン帝国の承認を待っていた一七九五年のことであった。その最大の理由は、やはりポーランド問題であった。フランス革命後、王政時代に任命されたウィーン、ペテルブルク、ワルシャワ駐在の各フランス代表は全員退去し、フランス共和国政府がこれらの場所において情報を収集し、外交活動を行うことが不可能となった。そして、一七九三年に第二次ポーランド分割がロシアとプロイセンによって行われると、これに危機感を持ったフランス政府は、ポーランドに近い場所に情報収集と外交活動の拠点を置く必要性を強く感じ始めた。[10] さらに、ポーランド分割によって多くのポーランド人が国外へと避難したが、一七九三年以降ワラキアとモルドヴァにも多くのポーランド人が滞在しており、彼らと直接接触するためにも、両公国にフランスの常駐の代表を置く必要性が高まったのである。[11] そこで、イスタンブルに派遣されていたデコルシェは、イスタンブル出身のギリシア人であり、フランスに移りフランス外務省に八年ほど勤務し、しかも熱烈な共和主義者であったコンスタンティン・スタマティ（Constantin Stamati）を適任者として本国に報告し、[12] それを受けて一七九五年二月、スタマティが「ワラキア・モルドヴァ駐在共和国フランス秘密代表（agent secret de la République Française en Valachie et Moldavie）」として任命された。[13] フランス政府は、彼が領事としてオスマン政府に信任される保証がないため、彼に「代表（agent）」という肩書きを与えたが、スタマティはこの肩書きに満足せず、あくまで総領事としての両公国赴任を希望した。[14] 一方フランス政府の要請に対し、両公国での領事館設置の承認には消極的なオスマン政府は、彼はイスタンブル生まれのオスマン臣民であるので、領事としてオスマン帝国内で活動する資格を持たないとして、フランス政府の予想どおり、領事としての彼の信任を拒否した。[15] そこでフランス政府は、イスタンブルのフランス大使館に勤務する若き外交官エミール・ゴーダン（Émil Gaudin, ブカレスト駐在一七九五—九六）を指名し、彼を「ワラキア公国付秘密代表（agent confidentiel auprès du Prince de Valacie）」の肩書きでブカレストへ派遣した。[16] 肩書きは「代表（agent）」であったが、実際の任務はワラキアとモルドヴァに駐在する他国の領事とそれほど変わるところはなかった。彼の活動は大きく分けて三つあり、現地の情報収集や共和国フランスの宣伝、フランスの国益のため公や高官たちの信頼を得ること、といった政治的活動、それまで活発でなかったフランス・両公国間の貿易、あるいは両公国経由の貿易を促進するための、様々な経済面に関する活動、そしてポーランド分割後、両公国に避難している多くのポーランド人との接触と彼らへの援助、というポーランド問題に関連する活動であった。[17]

彼は一七九六年にフランスへの帰国を希望したため、彼のブカレストでの活動期間はわずか半年あまりであったが、実質的な領事としての彼の活動は一定の成果を上げ、共和国フランスの両公国における活動の拠点を築いたという意味で重要であった。こうして、それまでロシアとハプスブルク帝国の影響が及んでいた両公国に、西欧世界からフランスという新たな要素が加わったのであった。

しかし、フランスが希望するワラキア・モルドヴァでの「領事」職設置の問題は残された。フランス政府はゴーダンの後任に再びスタマティをワラキア・モルドヴァ駐在領事として任命し、オスマン政府に信任を迫るが再度拒否され[18]、代わって任命されたサン・シュル（Carra Saint-Syr, 在職一七九六―九七）もやはり「代表（agent）」の肩書きでブカレストでの活動を行った。結局フランス政府は、スタマティを両公国に派遣することをあきらめ、ワラキアとモルドヴァに領事職を置くことを優先させた。一七九七年一月、フランス政府はシャルル・フリューリ（Charles Flury, 在職一七九七―九八）をブカレスト駐在フランス総領事に[19]、三月にはパラン（Louis-Joseph Parant, 在職一七九七―九八）を在ヤシ副領事に任命し[20]、オスマン政府から正式の信任を得ないまま、それぞれ任地に派遣した。既成事実が先に作られた結果、一七九八年二月一〇日、ようやくオスマン政府はフランスの両公国における領事職の設置を認め、ブカレストの総領事とヤシの副領事を承認する勅許状（berât）を発した[21]。

両公国へのフランスの領事職の設置は、右で述べたようにポーランド問題に端を発するものであったが、一七九〇年代後半に増加した、ルメリ各地へ派遣されるフランスのエージェントの統括や、ドナウ―黒海交易の促進など、その後のフランスのバルカン進出の拠点として大きな意味を持った。そしてワラキアとモルドヴァにも次第に広がるフランス革命の文化的・思想的影響もあって、両公国に対するフランスの影響は拡大し[22]、こうしたフランスの進出は、それまでこの地域に浸透していたロシアとハプスブルク帝国を脅かすことになった。ハプスブルク帝国に続く、西欧世界に属するの国の両公国進出、しかも西欧世界内のみならず周辺世界にもその影響を広げつつある共和国フランスの進出により、両公国の問題は、三世界の結節点としてさらに重要性を増してゆく。

2　一八〇二年のワラキア・モルドヴァ公宛勅令とその背景

（1）ルメリの混乱とワラキア・モルドヴァへの影響

一七九〇年代後半のワラキア・モルドヴァへのフランスの進出という新たな展開を迎えて、特に強い危機感を抱いたのはロシアであった。ロシアは、両公国におけるフランスの影響力を抑え、同地での自らの地位を確固としたものにすることを試みるが、その具体的な成果として、ロシアの要求と圧力により一八〇二年にオスマン皇帝から両公国の公に宛てて発布された勅令を挙げることができる。

一七七四年のキュチュク・カイナルジャ条約以降、ワラキアとモルドヴァに関してオスマン政府がロシア、およびハプスブルク帝国と合意した内容は、その直後に主に勅令の形でワラキア・モルドヴァ両公にそれぞれに発布された。これまで、一七七四、一七八四年に勅令が発布され、一七九二年には法令集がまとめられるなどして、[23]それらがオスマン帝国と両公国との関係を規定したが、いずれも和平条約締結後、あるいは一七八四年の場合は戦争には至らなかったものの、ロシアのクリム併合をめぐって開戦の危機が生じたときに発布されたものであった。一九世紀に入って間もなく、一八〇二年に同様の勅令がワラキア・モルドヴァ公に宛てて発布された。この勅令もやはりロシアとオスマン帝国との間で合意がなされた後に発せられたものであるが、それまでのように、戦争あるいは戦争勃発の危機の後に発せられたものではなく、右で触れたようなフランスのワラキア・モルドヴァ進出という流れの中で発せられたところに特徴がある。本節では、オスマン帝国の両公国に対する権利がさらに制限されることとなったこの勅令の発布に至る経緯を、オスマン帝国の国内的要因と、国際的要因に分けて検討し、ワラキアとモルドヴァ、オスマン帝国、そしてロシアと西欧諸国にとっての一八〇二年の勅令の意義について考察する。

セリム三世が開始した改革は、度重なる戦争での敗北により、ロシアや西欧諸国に対するオスマン帝国の弱体化が明らかになったことを背景としていることは疑う余地がないが、もう一つ、地方有力者の台頭により中央政府の支配が地方に及ばないという、当時のオスマン帝国の中央権力の弱体化という国内要因も、改革推進の大きな原動力であった。セリムが即位した頃のオスマン帝国では、帝国内の各地に地方有力者が存在しており、特にドナウの南側のルメリでは、強力な基盤を持つ地方有力者が割拠し、中央の支配を排して自立した権力を築いていた。オスマン史においては、彼らは「アーヤーン（a'yân）」と呼ばれる。

アーヤーンとは、イスラーム史においては、都市や地方を問わず、一般的に「名士」や「有力者」を指す言葉であり、オスマン帝国史でもこの意味で用いられることも多いが、一八世紀以降のオスマン史の中では、それよりも限定された意味で用いられることがある。すなわち、一六世紀のオスマン帝国の繁栄の基礎となった、軍事・徴税・地方行政に関わる政治社会制度であるティマール（tîmâr）制が、一七、一八世紀を通じて徐々に変質してゆく中で、徴税請負権（iltizâm）や地方官職の獲得などの手段により、帝国各地に勃興した地方有力者層を指す。[24] 一八世紀中の戦争、特に後半に行われた二度のロシア・オスマン戦争において、オスマン政府は食糧や物資の供給など、戦争準備の多くをアーヤーン、特に前線に近いルメリのアーヤーンたちに依存したことが、彼らの台頭を促すことになった。[25] 一七八七年のオスマン帝国とロシア・ハプスブルク間の戦争を経ると、ルメリのアーヤーンたちの中でも階層分化が起こり、有力アーヤーンが中小のアーヤーンを支配下に置き、有力なアーヤーンの支配領域は、一つの県（sancak, livâ）を上回るほどとなった。彼らは支配領域の拡大を目指して、自らの私兵を用いて互いに激しい攻防を繰り広げたため、中央政府の地方支配は非常に限定されたものとなり、ルメリには無政府状態が生じていた。[26] このような混乱に対し、オスマン政府も策を講じなかったわけではなく、時に応じてルメリに討伐軍を派遣して治安の安定と中央支配の回復に努めたが、その効果はほとんど上がらなかった。[27]

一七九〇年代、ルメリを事実上支配していたのは、数人のアーヤーンであった。代表的な者は、現在のギリシア領ヨアンニナ（Ιωάννινα, トルコ語でヤンヤ Yanya）を本拠としてアルバニア一帯を支配したテペデレンリ・アリ・パシャ（Tepedelenli Alî Paşa, 一七四四?—一八二二）[28]、ブルガリアのルセ（Pyce, トルコ語でルスチュク Rusçuk）を中心に現在のブルガリア東部に勢力を築いていたティルシニクリオウル・イスマイル・アー（Tirsinikli-oğlu İsmail Ağa, ?—一八〇六）[29]、そしてドナウ岸の主要都市ヴィディン（Vidin）を拠点に現在のブルガリア西部からセルビア北東部にかけての地域を支配していたパズヴァンドオウル（またはパスバンオウル）・オスマン・アー（Pazvand-oğlu（Pasban-oğlu）Osman Ağa, 一七五八—一八〇七）[30]らであり、特に、ティルシニクリオウル・イスマイルとパズヴァンドオウル・オスマンの二人は、一七九五年頃から互いに勢力拡大を目指して激しい抗争を繰り広げた。

ドナウの南側のこのような混乱と無秩序に、対岸のワラキアも無関係ではいられなかった。各アーヤーンは勢力拡大のために配下に多くの私兵を抱えていたが、その兵力を維持するための経済的な基盤を必要とした。一般にアーヤーンの経済的基盤に関しては、大土地農場（çiftlik）の経営と徴税請負権（iltizâm）の二つが代表的なものであると言われているが、一八世紀末のルメリにおいては、上の二つのほか、各地における略奪も各アーヤーンの活動を支える重要な経済的裏づけとなっていた。ドナウ岸地域を拠点とするアーヤーンにとっては、ドナウの対岸に広がるワラキアは豊かな富の源泉であった。特にヴィディンのパズヴァンドオウル・オスマンは、たびたび部下を対岸のオルテニアに派遣して、中心都市クラヨーヴァ（Craiova）一帯で略奪を行わせ、さらにワラキア公、時にはモルドヴァ公をも脅迫して、金銭、食糧、労働力などの要求を繰り返し行った[31]。このような各地における混乱の元凶とも言えるパズヴァンドオウルに対し、オスマン政府は一七九五、一七九七、一八〇〇年の三度にわたって討伐軍をヴィディンに派遣したが、いずれも失敗に終わり、毎回討伐軍撤退時に、政府はパズヴァンドオウルに「門衛長職（kapıcıbaşılık）」や「宰相位（vezîrlik）」などの官職を授与して、懐柔せざるを得なかった。

オスマン政府によるパズヴァンドオウル討伐は、ワラキアとモルドヴァにさらなる負担を強いる結果となった。と言うのも、オスマン政府はワラキア・モルドヴァ両公に、兵士の給料の一部や食糧供給、兵士の派遣などを命じたことに加え、ヴィディンを対岸から攻撃するためにワラキアを通過する政府軍兵士の士気は低く、しばしば途中で略奪を行ったためである。結果として、パズヴァンドオウルのワラキアでの略奪を阻止しようとして行われた中央政府による討伐が、逆にワラキアの混乱をさらに深めてしまう結果となった。

このように、ワラキアにおける混乱と無秩序をオスマン政府の力では改善できないことが明らかになると、ワラキア国内から治安回復のためにロシアの軍事力に頼ろうとする声が上がってくるのは、ある意味当然のことと言えよう。そこで一八〇〇年にワラキアのボイェールたちはロシア政府に対し、ロシア軍のワラキア駐留を要請したが、[32]ロシアはこの要請には消極的な態度を取った。その理由は、この頃ロシアがオスマン帝国に配慮せざるを得ない事情があったのである。

以下、目をバルカンの外に向け、一七九〇年代後半のオスマン帝国をめぐる国際情勢の大きな変化を検討する。

(2) フランスのエジプト侵攻とオスマン帝国をめぐる国際関係の変化

一七九〇年代の西欧世界における混乱期に、オスマン帝国はフランスに好意を示しながらも、対仏大同盟とフランスの間で中立の姿勢を維持し、その間に国内の改革を推し進めることができた。しかし一七九〇年代の終わりに、オスマン帝国がついに中立的立場を放棄せざるを得ない状況が訪れる。それはフランスのエジプト侵攻であり、これを契機にオスマン帝国を取り巻く国際情勢も大きく変化する。そしてその変化はワラキアとモルドヴァの問題にも大きく影響することになるのである。

一七九五年の第三次ポーランド分割後、ロシアのエカチェリーナは再びオスマン帝国に軍事的圧力をかけ始めたが、彼女は翌九六年一一月に死去し、皇帝の位は息子のパーヴェル（Павел I, 在位一七九六―一八〇一）に引き継がれた。エカチェリーナは生前、孫のアレクサンドル（後のアレクサンドル一世）を溺愛し、息子のパーヴェルを遠ざけたため、パーヴェルは即位後、母への憎しみからことごとくエカチェリーナの政策を覆し、ロシア国内は混乱した。しかし外交に関しては、共和国フランスの拡大を押さえ込むというエカチェリーナの基本政策を踏襲し、当初政策に大きな変化はなかった。

一方、一七九七年にオスマン帝国とフランスとの関係には変化の兆候が見え始める。対仏包囲網を実力で解体する必要のあったフランスは、ハプスブルク軍とイタリアで対決して勝利を収め、この戦争により、長年オスマン帝国の古くからの交易相手であり、また時にオスマン帝国と地中海において対峙してきたヴェネツィア共和国は終焉を迎えた。フランスとハプスブルク帝国は一七九七年のカンポ・フォルミオ（Campo Formio）条約によって、ヴェネツィア領を分割し、フランスはアルバニア沿岸のプレヴェザ（Preveza）などのいくつかの港とイオニア諸島を獲得した。これにより、フランスはオスマン帝国と初めて国境を接することとなった。そのフランスは、モレアのギリシア人たちに独立と共和国創設を扇動したためフランスとオスマン帝国との間に緊張が生じ始め、翌九八年のナポレオン率いるフランス軍のエジプト侵攻で、両国の関係悪化は決定的となった。(33)

一六世紀前半に他国に先駆けてカピチュレーションを与え、またフランソワ一世以来、国王にオスマン皇帝と同じ「大王（pâdişâh）」の称号を外交文書で用いるなど、オスマン帝国にとっての最大の伝統的友好国フランスがオスマン領に侵攻したことは、オスマン帝国に計り知れない衝撃を与えた。それ以前、オスマン帝国とフランスは戦争状態に入ったことはなく、オスマン帝国は常にフランスを友好国と見なしていた。しかし今やその前提は覆り、オスマン帝国は、フランス軍をエジプトから排除するためのパートナーを求める必要に迫られたが、それは強力な海軍を有し、地中海の制海権を握りつつあるイギリスをおいて他になかった。しかし、一八世紀初頭以来オスマン帝国と数度の戦争を行い対立してきたロシアも、この時同盟者となり得る立場にあった。というのも、ロシアは一七九七年にハプスブルク帝国がフランスに敗れて対仏同盟から離脱した後、オスマン帝国に接近していたからであり、ナポレオン軍が一七九八年五月にマルタを占領した頃に、オスマン政府に対し、フランス軍に対抗して両国海軍の共同行動を提案していた。ロシアの言う地中海における共同行動とは、黒海を拠点とするロシア黒海艦隊のボスフォラス海峡通過を意味しており、オスマン政府はこの時、ロシアの提案を警戒し拒絶したが[34]、フランス軍のエジプト侵攻という事態が生じると、オスマン政府もロシアの提案を真剣に検討し始め、同年九月、ロシアの黒海艦隊は史上初めてボスフォラス海峡を通過して、オスマン艦隊と合同でフランス領イオニア諸島とエジプトへ向かった。そしてオスマン帝国とロシア・イギリスとの間で同盟に向けた交渉が進められ、同年一二月末と翌九九年一月、オスマン帝国はロシア・イギリスとそれぞれ同盟条約を締結した[35]。ロシアとの同盟条約の中で最も重要な点は、戦時にのみロシアの軍艦のボスフォラス海峡通行の自由が規定されたことであると思われる[36]。これについては第6章で触れる。

こうしてオスマン帝国は、西欧世界においてフランスに対抗しうる勢力のうち、当時地中海の制海権を掌握しつつあったイギリスと、長年の宿敵である正教世界の盟主ロシアと結びつくことにより、対仏同盟側に参加することとなった。特に、長年の宿敵であったロシアとの同盟は、オスマン帝国にとっての「外交革命」とでも呼ぶべき、画期的な外交政策の大転換であった。

ここでワラキア・モルドヴァの問題に立ち返ると、一八〇〇年にロシアがワラキアのボイェールたちのロシア軍投入要請に消極的であったのは、オスマン帝国を対仏同盟側に引き入れることに成功した中で、ロシア軍のワラキア投入によってオスマン帝国を刺激することは避けられねばならなかったからであった。

一七九九年以降、ワラキア・モルドヴァ問題も、ロシアとオスマン帝国の同盟という新たな関係の中で展開されてゆく。今まで見たような、オスマン帝国の国内的・国際的状況を把握した上で、次にロシアの圧力によりオスマン帝国と両公国との宗主―付庸関係を新たに規定し直すことになった、一八〇二年のワラキア・モルドヴァ公宛の勅令の検討に移りたい。

(3) 一八〇二年の勅令発布の経緯とその内容

この勅令発布の直接のきっかけは、パズヴァンドオウル・オスマンの問題であった。一七九八年にオスマン政府がパズヴァンドオウルに向けて派遣した討伐軍は、エジプトでの戦闘のため包囲の途中でヴィディンから引き上げることになり、パズヴァンドオウル討伐は失敗に終わった。オスマン政府は、エジプトでのフランスとの戦闘に集中するため、彼を懐柔する目的で一七九九年六月、彼に宰相位を与えた。[37] この位は、当時地方有力者などに乱発され、全く実体のない名誉職ではあるものの、政府による宰相位の授与はその人物を国家要人の序列に加えることを意味し、オスマン政府からその存在を危険視されているパズヴァンドオウルにとっては、自らの身の安全を確保するためにも重要な肩書きであった。しかし同年、フランス軍のエジプトでの敗北が濃厚になり、司令官ナポレオンがエジプトから脱出すると、オスマン政府は注意を再び混乱が続くルメリに向け、翌年パズヴァンドオウルの宰相位を剝奪して、三度目の討伐軍の派遣を決定した。[38] パズヴァンドオウルはこの時、オスマン政府との仲介役としてロシアを利用しようとした。彼は、イスタンブルのロシア代表ヴァシリー・タマーラ（Василий Степанович Томара, 在職一七九八―一八〇三）を通じて、オスマン政府に赦しと宰相位の返還を求め、[39] その後ブカレストのロシア副領事やタマーラと定期的に接触を持った。彼はロシアに対し、ワラキアから彼の軍を撤退させることをほのめかしながら、オスマン政府に圧力をかけるよう要請したのである。[40] こうしてドナウの南のオスマン領内の混乱は、ドナウの対岸のワラキア、そしてそのワラキアに影響力を持つロシアを巻き込み、国際的な問題に発展した。

パズヴァンドオウル軍の侵入によるワラキア、特にオルテニアでの被害は、その痕跡を今日においても見ることができるほど深刻であり、[41] ワラキアの治安維持のため、ワラキア住民たちのロシアへの期待は高かった。ロシアは、ワラキアへ軍を投入して現地における影響力を強める希望を持ちつつも、今や同盟関係にあるオスマン帝国にも配慮しなくてはならなかった。そのため、この時ロシアにとってワラキアに軍を投入する選択肢はあり得ず、オスマン政府への働きかけのみを行った。

一八〇二年二月、パズヴァンドオウルは皇帝アレクサンドル一世に宛てて、宰相位の返還のために、改めてオスマン政府への働きかけを要請したが、[42] その後も目に見える成果は現れなかった。すると同年四月末、彼は大軍をワラキアに送り込んで各地を襲撃させ、五月半ばには首都のブカレストさえも攻略し、ブカレストにいたボイェール、聖職者、外国領事館関係者、さらにワラキア公ミハイル・スツ自身も首都を脱出し、ワラキアとトランシルヴァニアとの国境に近いクロンシュタット（Kronstadt, 現在のブラショフ）に避難するという事態となった。[43] このパズヴァンドオウルの大規模なワラキア攻撃の目的は何であったのか。これについては二つのことが考えられる。一つは来るべきオスマン軍の四度目の討伐に備えるため、金銭や物資を略奪する必要があったこと、もう一つは、実際にイスタンブルから討伐軍が派遣される前にオスマン政府から赦しを得る必要があり、そのためロシアに、オスマン政府に対するさらに強い働きかけを行わせようとしたことである。第一の点については、その年の初め、オスマン政府はヤンヤのアーヤーン、テペデレンリ・アリ・パシャをルメリ州総督兼ルメリ方面司令官（Rumeli vâlîsi ve Rumeli tarafı seraskeri）に任命し、パズヴァンドオウル討伐を命じていた。[44] オスマン政府はそれまでにも、あるアーヤーンを討つために、その敵対するアーヤーンを取り込むというやり方をたびたび取ってきたが、この時オスマン政府が総督という要職を与えたアリ・パシャは、ルメリでも屈指の強力なアーヤーンであり、イスタンブルでルメリの状況を観察していたタマーラは、「もし彼が中央政府に忠実であれば、彼は全てのアーヤーンたちを、かつてのように秩序の下に置くことでありましょう」と述べているほどである。[45] パズヴァンドオウルにとって、アリ・パシャのこの任命は脅威であった。しかし、アリ・パシャはオスマン政府の命令にもかかわらず、直ちに拠点であるヤンヤを動く気配を見せなかったため、パズヴァンドオウルは、近い将来起こりうるアリ・パシャ率いる討伐軍来襲に備え準備を行う一方で、アリ・パシャが動く前に、早期にオスマン政府からの赦しを得る必要があったのである。その最も有効な手段は、上述のとおりロシアからオスマン政府への圧力であり、彼によるワラキアへの大規模な軍侵入は、一石二鳥であったのである。

パズヴァンドオウルの狙いどおり、タマーラはオスマン政府に、彼に宰相位とヴィディン県の知事の職を与えるように申し入れを行い、[46] パズヴァンドオウル軍のワラキアからの撤退をめぐって多少の問題は生じたものの、八月初めに彼はオスマン政府から正式に赦しを得た。[47]

しかしパズヴァンドオウルのワラキア侵攻は、彼の思惑をはるかに超えて、両公国をめぐるロシアとオスマン帝国との関係にも大きな影響を与える結果となった。クロンシュタットに避難したワラキアのボイェールや聖職者たちは、皇帝アレクサンドル一世に宛てて、彼らがブカレストに無事帰還できるようにロシアの協力を請願し、その請願書の写しはイスタンブルのタマーラにも届けられた。[48] タマーラはこの請願を受けて、オスマン政府に両公国の状況改善のための措置を取るよう申し入れ、[49] さらに皇帝からの訓示を受けた後にオスマン政府に提出した覚書では、パズヴァンドオウル軍の被害がモルドヴァに及ぶことがあれば、ロシアが軍を両公国へ投入することを述べた上で、両公国の悲惨な状況を改善するために税の減免や公交替について、より実行可能な取り決めをロシアとオスマン帝国間で新たに定める必要性を強調し、両公国の公の任期を七年に限定することや、被害を受けたワラキアだけでなくモルドヴァについても最低二年間の免税とすること、などの具体的な内容を、ロシア・オスマン両国間の協約の形にするようオスマン側に要求した。[50] すなわち、それまで一七七四、一七八四、一七九二年に、ワラキアとモルドヴァに関して両国は外交合意を行ったが、今回の両公国の混乱を受けて、状況改善のための両公国のオスマン帝国に対する義務や負担の軽減を、ロシアは再び外交合意として求めたのである。こうした要求の背景には、オスマン帝国とフランスとの和平も関係していると考えられる。パリで行われた両国間の和平交渉には、仲介役としてパリ駐在ロシア公使が同席しており、交渉内容を全て把握していた[51]。両国間の和平が間もなく実現し、さらに黒海通商への参入が承認される見通しであることにより、フランスにとってドナウと黒海に近い両公国の重要性が増すことが確実となったことで、ロシアとしてはこの時、フランスに対抗する何らかの方策を取る必要に迫られていたのである。

パズヴァンドオウルの被害がモルドヴァにも及ぶようであれば、ロシア軍の両公国への投入も辞さないとするロシアの強い要求を受けて[52]、オスマン帝国はロシアと、新たな両公国に関する協約締結に向けた話し合いに入ることを余儀なくされた。オスマン側は書記官長のメフメト・ラウフ・エフェンディ（Mehmed Rauf Efendi）、ロシア側はタマーラを代表として交渉が開始され、タマーラが八月二日にオスマン政府に提出した覚書が、そのたたき台となった。この覚書の中でタマーラは、損害を被った両公国における二年間の免税、ワラキアにおける民兵団の再組織、両公国の行政職へのファナリオット公随行員の就任禁止、一七八四年協約の規定以外の税徴収の禁止、両公国宛勅令の現地での保管の義務づけ、現地から持ち去られた一一八八（一七七五）年の勅令と一一九八（一七八四）年の協約の内容にこの覚書の要求を加えた新たな勅令の発布、などの事項を要求した。その後の交渉経過から判断すると、とりわけロシア側が最も重視したのは、公の任期と交替に関する問題であった[53]。

前章で指摘したように、ロシアはオスマン政府による頻繁な公交替を、両公国の疲弊と荒廃の要因の一つと見なしていたが、一七八四年の協約での「立証される違法行為が起こらない限り、公は解任されない」という規定も遵守されることなく、その後もオスマン政府により公は頻繁に交替を繰り返した。すでに七月六日付のオスマン政府への覚書でこの問題に言及し、適切な任期を定める必要性を訴えていたタマーラは、[54] その後オスマン政府に七年の任期という具体的な数字を示した。[55] この七年という期間について、彼は、キュチュク・カイナルジャ条約後、ワラキアではアレクサンドル・イプシランティが七年、モルドヴァではコンスタンティン・モルーズィが六年ほど公位にあり、その時期が両公国の安定期であったことを理由に挙げているが、六月に、イスタンブルにいるモルドヴァ公の代理人がタマーラに七年の公任期を提案しており、[56] タマーラはそれをそのままオスマン政府への覚書に入れたと考えられる。

これに関連して指摘しておきたいのは、右のような内容の覚書がタマーラから書記官長に渡された八月二日、もう一つの覚書がオスマン側に渡されていた事実である。その内容とは、前モルドヴァ公コンスタンティン・イプシランティ（Constantin Ipsilanti, モルドヴァ公在位一七九九—一八〇二、ワラキア公在位一八〇二—〇六）をワラキア公に就任させることを要求するものであった。[57] 彼は、モルドヴァ公在任中の一八〇一年に、ロシアに軍事介入を強く要請するなど、[58] 以前よりロシアに好意的な態度を取っていた人物であった。

オスマン政府とタマーラとの交渉はその後一カ月ほど続けられた。交渉の中での大きな争点の一つは公の解任時の問題であり、一七八四年の協約で定められた違法行為の確認の文言がオスマン側によって遵守されなかった経験を踏まえ、ロシア側は、違法行為かどうかを確認する作業をオスマン・ロシア双方で行うことを要求した。一方オスマン側は、公任免の主導権をロシアに握られかねないこの要求に抵抗し、[59] また公の任期についても、七年は長すぎるとして四年への短縮を求めた。しかし、こうした主張の受け入れをロシア側は拒否した。[60] もう一つの争点は合意の形式であり、ロシア側が両国間の協定の形を主張したのに対し、オスマン側は、ワラキア・モルドヴァ問題は国内問題であるとして、勅令の形式を主張した。[61]

九月二四日、両国代表の間で合意が成立した。合意の形式についてはロシア側が譲歩し、両国間の協定という形ではなく、オスマン側の主張するワラキア公とモルドヴァ公宛の勅令の形で両公国へ伝えられることになった。[62]しかし両公宛の勅令が出されたのとほぼ同時期の一〇月二日、オスマン政府はタマーラにその二つの勅令を添付した覚書を送り、その中でオスマン政府がこの勅令の内容を遵守することを約束した。[63]これを受けてロシア側は約五カ月後の一八〇三年二月二八日オスマン側に覚書を送り、この勅令の内容をロシア政府として承認する旨を伝えている。[64]こうして協定という形式こそ取らなかったものの、ロシアの「批准」を受けた二つの勅令の内容は、事実上のロシアとオスマン帝国間の外交上の合意として扱われることになった。

では、この二つの勅令の内容を見てゆこう。構成の点では二つの勅令とも共通しており、はじめに、過去にロシアとの外交合意を受けて発布された、中央政府と両公国との関係を規定する勅令の内容が年代順に記載され、その後に今回のロシア・オスマン間の交渉で新たに決められた内容が加えられている。過去の勅令とは、一七七四年のキュチュク・カイナルジャ条約後、一七八四年初頭のロシア・ハプスブルクとの協約締結後に発布された、両公国に関する合意内容を含む勅令であり、そして、一七九二年初頭のヤシ条約締結後にまとめられた法令集の内容も加えられている。これらの内容は多岐にわたるが、例えば、ムスリムとの裁判や両公国外のオスマン臣民による不当な経済的要求の禁止など、両公国の臣民の保護に関する内容、また両公国からオスマン中央政府に支払われる諸税の具体的な金額や中央への供出義務のある食糧や必需品の品目などの経済に関する内容などが、かなり具体的に定められ、これらの内容が、この一八〇二年の勅令の冒頭でまとめられ繰り返されている。このような構成になった理由としては、両帝国間の両公国に関する過去の合意の有効性を改めて確認するという意味の他に、それ以前の勅令が公のイスタンブル帰還時に持ち帰られてしまい、両公国に存在していないという状況があったためと推察される。

七月以降の両国間の交渉の結果、今回新たに合意された内容は、ワラキア公宛とモルドヴァ公宛の双方の勅令にほぼ共通しており、上述のロシア側からオスマン側に提出された八月二日の覚書にある要求のみならず、さらに様々な問題を含むものであった。それらを大きく分類するならば、パズヴァンドオウルによる混乱の収拾に関する内容と、オスマン政府と両公国間の権利―義務関係に関する内容、の二つにまとめることができよう。

前者については、ワラキアに残っている政府軍の撤退に必要な費用をワラキアのみならずモルドヴァも負担するが、ワラキアについては一年間のオスマン政府への税払い免除が定められた。またこれもワラキアのみであるが、以前一旦廃止された、国の防衛のために現地住民から構成される軍を、再び組織することが認められた。これはワラキアが独自の軍事力を有することを意味しており、オスマン帝国との関係に一定の影響を与えるものと考えられる。

一方後者に関しては、勅令の中には、現地のボイェールと住民の権利保護についての規定がいくつか見られるが、特に重きが置かれているのはボイェールについてである。例えば、一一九八（一七八四）年の協約以降、公により導入された税や経済的負担は全て廃止され、今後公国内での課税にあたっては公が現地の高位ボイェールと協議の上行うこと、また中央政府から両公国に、木材、穀物、バター、羊、その他の生産物の供出が求められる際には、具体的な品目を記した勅令がボイェールたちに宛てて発せられ、現地の会議（dîvân）で読み上げられた後、供出が可能かどうかをボイェールたちが審議すること、さらに現地の様々な公職には現地の人物、すなわちボイェールを登用すること[65]、などが定められ、イスタンブルから任命され派遣されるファナリオットに対する現地ボイェールの権利の拡大を容認している。また住民に関しても、中央政府からの要求により食糧などを輸送する際、その輸送費を現地住民に負担させないことなどが定められている。

経済面については、右で述べたようなオスマン政府の要請による食糧や必需品を送る際には、ワラキアの場合はブライラ（Brăila, İbrail）、モルドヴァの場合はガラツィ（Galați, Kalas）での市場価格で買い取られ支払われることが定められた。

このように、この勅令で新たに挿入されたのは、混乱後の両公国の経済的負担の軽減、現地のボイェールの権利拡大などに関する項目であった。

最後にロシアによる両公国への関与についてであるが、まずこの勅令で新たに加えられた内容が駐イスタンブルロシア代表の要請に基づくものであることが示された後、具体的な中身が以下のように表現されている。「これ（公の違反行為——引用者注）について、また公国の諸権利、特にこの至高の勅令に書かれた諸規定の遵守について行われるロシア代表の申し入れに対し、公は注意を払うように」[66]。一七七四年のキュチュク・カイナルジャ条約第一六条において、ロシアは両公国の内政について発言する権利を得たが、この表現はそれを確認するものである。そしてさらにロシアによる両公国問題への関与を深いものにしたのは、先に言及した公の問題であった。交渉中の最大の懸案となった公の問題については、ロシア側が自らの主張をかなりの程度押し通した。すなわち、公の在任中に違反行為がない限り公の任期は七年とされ、任期途中での解任にあたっては、「その期間中に違法行為が発生した場合には、オスマン政府側からロシア公使に通告がなされる。そして、双方による確認後、実際にその公の疑いが明白で確かなものであれば、その場合に限り彼の解任が認められる」[67]という表現で、公解任時の違反行為の審査にロシアが加わることが認められた。これによりロシアは思惑どおり、両公国の疲弊の主要な要因の一つと見なされていた公の頻繁な交替を阻止することが可能となった。さらにロシアは勅令発布に先立ち、自らに近い立場を取る前モルドヴァ公コンスタンティン・イプシランティをワラキア公位に就けることをオスマン側に承認させていた。こうしたロシア寄りの人物を公位に就け、公の任期を七年とし、そして公任免への関与の拡大に成功したことで、公を通じたロシアの両公国への影響力は増大することになった。

このような、ロシアがワラキアとモルドヴァにおけるさらなる権利を獲得した一八〇二年という時期は、西欧諸国の両公国での影響が非常に弱まっていた時期であった。フランス革命後のハプスブルク帝国は、対外的にはフランスとの問題に集中せざるを得ず、また国内ではハンガリー人の独立の問題も抱えていた。そして一七九〇年代より両公国に進出したフランスは、オスマン帝国との戦争により、イスタンブルでもブカレストとヤシでも常駐使節が活動することはできず、オスマン帝国内での影響力を失っていた。一八〇一年にオスマン帝国とフランスとの間で休戦が成立し、イスタンブルに捕らえられていたフランス代表ピエール・リュファン（Pierre Ruffin, 一七四二―一八二二）はイェディ・クレから解放されたが、一八〇二年の時点でフランスは、イスタンブルや両公国において、かつての影響力をまだ取り戻せてはいなかった。この一八〇二年の勅令は、こうした状況の中でロシアが成し遂げた外交的な成果だと言うことができよう。

以上のように、フランス総裁政府によるエジプト侵攻は、オスマン帝国をフランスと対仏大同盟の争いに巻き込むこととなり、その結果、西欧・ロシア・オスマン帝国はさらに相互に深く結びつけられた。そして両公国にもフランスという新たな勢力が進出したが、そうした状況の中でロシアは、オスマン帝国との同盟関係、パズヴァンドオウルによるワラキアの混乱、そして両公国におけるハプスブルク帝国とフランスの影響力の弱まり、などの諸条件を利用して、オスマン帝国に対して同盟国としての配慮をしつつも両公国に関する新たな合意を迫り、その結果、両公国への影響力をさらに強めることに成功した。逆に、当時中央権力が十分地方に及ばない状態のオスマン帝国は、ワラキアとモルドヴァからのフランスやハプスブルクの後退を両公国支配の再強化につなげることはできず、同地域における正教世界の盟主ロシアの伸張を許すことになったのである。

当時同盟関係にあるとは言え、オスマン帝国にとってロシアとのこのような外交合意はきわめて不本意なものであったことは疑う余地がない。そのため、フランスとの戦争が終結し、フランスとの関係が正常化されると、両公国に関するこの一八〇二年の勅令の内容を反故にしようとする動きがオスマン帝国に現れるのである。

第6章　ナポレオン戦争期のワラキア・モルドヴァ問題

——フランス・ロシア・オスマン帝国の狭間で

1　ロシア・オスマン戦争（一八〇六―一二）の勃発要因としての両公国問題

（1）一八〇二年以降のオスマン帝国をめぐる国際情勢と両公国問題

一八〇〇年頃から一八一四年のウィーン会議までの西欧とその周辺世界の国際関係は、ナポレオン・ボナパルト（Napoléon Bonapart, 一七六九―一八二一）を中心に推移したと言って間違いないであろう。エジプトからフランスに戻った後、一七九九年一一月、ブリュメール一八日のクーデタにより権力を奪取したナポレオンは、大陸部を次々と制圧し、海上での覇権を握りつつあるイギリスに対抗した。彼が西欧世界内外の各方面に与えた影響の大きさについては、今更指摘するまでもないが、国際政治の分野に限って言うならば、フランス革命とナポレオンの登場を契機として、一八世紀までの、君主間の個人的な紐帯による宮廷外交と国家のパワーに基づく西欧世界の国際政治は、近代国家による共通の規範とルールに基づく関係へと変化していった。そして、西欧世界の外側にある正教国家のロシアはいち早くこの共通の規範やルールを受け入れて、一九世紀前半のウィーン体制維持のために大きな役割を果たしたが[1]、一方、それとは対照的にオスマン帝国は、当初自らをそうした規範やルールの外側に置こうと試みた。しかし、すでに正教世界や西欧世界と政治的な深い結びつきを有しているオスマン帝国にとって、そのようなことはもはや不可能であり、オスマン帝国もその後次第にこの西欧起源の規範とルールを受け入れることになる。

こうしたヨーロッパ国際政治のあり方に変化をもたらした要因の一つが、本章で考察するナポレオンの東方進出であった。彼のユーラシア北方と東地中海方面への進出は、否が応にもロシアとオスマン帝国を、西欧世界に形成され、外の世界へ拡大しつつある国際システムに強く結びつけることとなったのである。

では、そのようなナポレオン率いるフランスの東方拡大において、ワラキアとモルドヴァの問題はどのような位置づけにあったのか。そしてその問題はフランス・ロシア・オスマン帝国の相互関係の中で、どのような役割を果たしたのか。本章では、こうした問題について、フランスのエジプト侵攻によるフランス・オスマン戦争が終結した一八〇二年から、一八〇六年のロシア・オスマン戦争が終結する一八一二年までの約一〇年間を検討する。

エジプトで戦火を交えたフランスとオスマン帝国は一八〇一年に休戦に同意し、翌〇二年に和平条約に調印した。[2] 前章で言及したように、この和平交渉では、ロシアのパリ駐在公使アルカディ・モルコフ（Аркади Иванович Морков, 一七四七―一八二七）が仲介役として出席しており、[3] 交渉の内容を全て知りうる立場にあった。フランスは交渉の中で、オスマン側に黒海における通商への参入を要求し、この問題が大きな争点として扱われた。仲介者ロシアは当然その要求に反対したものの、オスマン帝国は最終的にフランス側の希望を受け入れ、和平条約の第二条において、黒海におけるフランス商船の自由航行を承認することとなった。こうしてオスマン帝国をめぐる国際関係を大きく転換させる契機となったフランスとオスマン帝国との対立は解消されて外交関係は正常化され、さらにロシア、ハプスブルク帝国、イギリスに続いてフランスも黒海通商への参入を果たした。[4]

両国の関係は正常化されたが、かつてフランスがイスタンブルで誇っていた政治的影響力は空白となっており、フランスにとっての急務は、実力ある人物をイスタンブルに派遣し、フランスのイスタンブルでの影響力を回復することであった。その目的のため、一八〇二年末、軍人であり外交官としても実績のあったブリュヌ将軍（Marie Guillame Anne Brune，在職一八〇三—〇四）がイスタンブル駐在大使として派遣された。

フランスの黒海通商参入が承認されたことにより、ワラキアとモルドヴァに駐在するフランス領事の果たす役割は増大した。総領事館は、「通商関係総代表部（Commissariat général des Relations Commerciales）」と名前を変え、一八〇三年中にブカレストとヤシにそれぞれ代表が着任した。そして同じ年にドナウ下流域の重要拠点ガラツィにも代表部が置かれ[5]、長らくオスマン支配下の東地中海で交易活動を行ってきたフランスは、ドナウ—黒海交易にも本格的に参入する体制を整えた。

一方、一八〇三年の一月には、イギリスも、ドナウ—黒海交易促進を訴える東インド会社の要請に応えてブカレストに代表を置いた[6]。このように一九世紀初頭に西欧の主要国であるイギリスとフランスが黒海通商に参入する中、黒海と西欧の間に位置するワラキア・モルドヴァの重要性も通商面を中心として高まっていったのである。

一八〇二年末にイスタンブルに着任したフランス大使ブリュヌは、エジプト侵攻により失ったオスマン政府のフランス政府に対する信頼とイスタンブルにおける影響力を回復するために活動し[7]、特に、当時イギリス・ロシアと同盟関係にあるオスマン帝国をフランス側に取り込むことに尽力した。西欧に束の間の平和をもたらしたアミアン和約が一八〇三年五月にイギリスによって破棄されると、オスマン帝国をめぐるフランスとイギリスの綱引きは激しさを増した。フランスは、イギリスがエジプトのアミールたちを扇動していることを指摘してフランスと共闘するよう提案し、一方のイギリスはオスマン政府に対して参戦の要請は行わなかったものの、中立の維持を確約するよう迫った[8]。オスマン帝国のもう一つの同盟国ロシアは、この時まだフランスと断交はしておらず中立の立場を取っていたが、フランス王党派の亡命者をロシアが保護していることにナポレオンが抗議したため、同年末にはパリ駐在大使を召還するに至り、翌〇四年にナポレオンが皇帝を宣言すると、国交を断絶した。そして、オスマン帝国のフランス接近を阻止するために、イギリスとともに様々な努力を払った。

オスマン帝国にとって、一八〇二年のワラキアとモルドヴァに関するロシアとの合意は、可能であれば清算されるべきものであった。ロシアもそのことを十分認識しており、ロシアに好意的な態度を取るワラキア公、コンスタンティン・イプシランティを通じて両公国での影響力を維持するためにも、またオスマン帝国をフランスに接近させないためにも、一八〇二年以降は両公国問題でオスマン政府に不満を抱かせないよう細心の注意が払われた。例えば、ロシアが両公国に絶えず介入している印象をオスマン政府に与えないために、ヤシの総領事とブカレストの副領事は、自らの判断で直接公に抗議を行うことが禁止され、抗議を行う際には、必ず事前にイスタンブルのロシア代表か本国の外務大臣の許可が必要とされた。(9) また、オスマン政府に赦しを与えられた後、一時的に活動を控えていたパズヴァンドオウルが一八〇三年より再びワラキアで略奪を開始し、イプシランティ公に金銭と食糧を要求し始めた。(10) イプシランティは、かつてモルドヴァ公時代に行ったように、ロシアに軍事介入を求め、ロシア副領事もたびたび本国政府にロシア軍の介入を打診したが、(11) ロシア外務大臣アレクサンドル・ヴォロンツォフ（Александр Романович Воронцов, 在職一八〇二—〇五）の意見により、ワラキアへの軍投入は見送られた。その理由はオスマン政府を刺激しないためであったが、もう一つ彼が恐れていたのは、ロシア軍が両公国へ介入する「治安の維持と回復」という理由は、そのままフランスのモレア介入の口実になりかねない、ということであった。事実、フランスは一八世紀末から、勢力拡大のためにモレアをはじめバルカン各地にエージェントを派遣して、アーヤーンやキリスト教徒たちと接触しており、これらの活動が後のイリュリア州設置の下地となるのだが、オスマン帝国に支配されているキリスト教徒臣民に、ロシアと同様、フランスも影響力を伸ばそうとしていた。そのため、フランスのモレア介入の可能性が存在する状況下では、ロシアはたとえワラキアが再び混乱状態に陥っても、イスタンブルのロシア公使を通じたオスマン政府への申し入れ以外の手段はとらない方針を堅持した。[12] この他、モルドヴァでは公アレクサンドル・モルーズィ（Alexandru Moruzi, モルドヴァ公在位一七九二―九三、一八〇二―〇六、一八〇六―〇七、ワラキア公在位一七九三―九六、一七九九―一八〇一）が就任直後から一八〇二年の勅令に違反する行為を繰り返し、現地のボイェールや住民たちから不満の声が上がったが、ロシアは介入に消極的な態度であった。[13]

こうした中、フランスとイギリス・ロシアとの対立はさらに深まり、オスマン帝国もこの対立に巻き込まれてゆく。その原因の一つが、ナポレオンの「皇帝」称号問題であった。ナポレオンは、革命の成果を王政復古派から護るのは世襲の皇帝のみであると主張し、一八〇四年五月、革命前の「国王（Roi）」ではなく「皇帝（Empereur）」を宣言してナポレオン一世を名乗った。中世以来、西欧世界において「皇帝」を名乗るのは神聖ローマ帝国の支配者のみであったため、ナポレオンの「皇帝」宣言は、まさにそれまでの西欧世界内の旧体制を覆すことを意味し、他の西欧諸国にとっては受け入れることのできないことであった。この宣言後、イスタンブル駐在フランス大使ブリュヌは、直ちにオスマン政府にその承認を迫った。オスマン政府内では、フランスに好意的なセリム三世は、「皇帝」の称号の承認に賛成であったが、政府高官の間では依然として、エジプトに突如侵攻したフランスに対する不信感が残っており、またイスタンブル駐在のロシアとイギリスの代表は、これを承認すれば同盟条約を破棄すると述べてオスマン政府を牽制したため、オスマン政府はこの時点では明確な態度を示さなかった。[14]

しかしオスマン政府の中には、フランスと同様、現在は同盟国であるとは言え長年の敵国ロシアに対する不信感も根強く、ワラキア・モルドヴァ以外にも、この頃オスマン帝国とロシアとの間には対立を深めるようないくつかの問題が表面化していた。例えばカフカースでは、ロシアは一八〇一年にグルジアのカルトリ・カヘティ王国を併合した後、オスマン帝国に従属していた西グルジアのサメグレロ（ミグレリ）を一八〇三年に従属下に置き、イメレティへも圧力をかけていた。[15] またバルカンでは、一八〇四年初めにセルビア人の蜂起が発生し、ジョルジェ・ペトロヴィチ（Ђорђе Петровић，一七六二—一八一七，通称カラジョルジェ）を中心とするセルビア人たちは、ペテルブルクに代表団を派遣して支援要請を行った。この時ロシアはオスマン帝国との関係に配慮し、ヤシの総領事館などを通じて少額の金銭的援助を与えるだけにとどめていたが、オスマン帝国はセルビア人の蜂起を、ロシアの扇動によるものではないかとの疑念を抱いていた。ロシアは、オスマン帝国の同盟国であるとは言え、この時期もオスマン帝国周辺での拡大の動きを止めることなく、ある程度の自制は見せつつもオスマン帝国を圧迫し続けていたのである。

このように、オスマン政府上層部では、フランスに対する不信感も根強く残る一方で、ロシアに対する不信感も増していった。そうした状況の中で、一七九八年末に締結された七年間有効のロシア・オスマン同盟が有効期限満了に近づき、オスマン帝国との同盟を維持したいロシアは、この同盟条約の更新をオスマン政府に要求する。ロシアの第一の目的は、これまで繰り返し述べたように、オスマン帝国のフランスへの接近を阻止することであったが、その他にイオニア諸島における軍の増強という目的もあった。旧ヴェネツィア領であり、ロシア・オスマン軍がフランスから奪取したイオニア諸島は、一八〇〇年のロシア・オスマン間の条約[16]により、オスマン帝国が宗主権を有し、駐留ロシア軍が防衛を担う共和国として独立していた。正教世界の中心ロシアは、西欧世界とイスラーム世界の交わる海である地中海への進出を果たし、今や地中海も三世界の接点となろうとしていた。同地を地中海における活動拠点とするロシアは、さらなる地中海への進出のため、イオニアでの軍の増強を望んだが、一七九八年の同盟条約ではロシアの軍事船は戦時しかボスフォラス海峡を通行することができず、ロシアは条約更新時にその条件の緩和を目指していた[17]。

上述のとおり、オスマン政府はロシアに対する不信感を次第に増大させていたが、強力な海軍を有し、地中海に覇権を確立しつつあるイギリスとの同盟関係については維持することを望んでいた。そのため、イギリスの同盟国であるロシアとの同盟関係の維持も必要と判断したオスマン政府は、ロシアの条約更新の申し出を受け入れ、交渉が開始された。一八〇四年末、新たな同盟条約の草案がロシア代表からオスマン側に示された。[18]この草案は、事前にイギリスに提示され同意されたものであり、ロシアとイギリスとの緊密な連携がうかがえるが、一八〇五年五月にロシア・イギリス両国は同盟条約を締結し、三回目の対仏大同盟が結成された。これがオスマン帝国とロシア間の交渉妥結を後押しし、同年九月二三日、両国代表の間で九年間有効のロシア・オスマン同盟条約が締結された。[19]この条約は、基本的には一七九八年の条約の確認であるが、いくつかの項目が主に秘密条項の中に加えられている。[20]そしてその中で、ロシア側が希望したロシア軍艦のボスフォラス海峡通過に関して、ロシア軍がイオニアに駐留する間、オスマン政府は常にロシア軍艦のボスフォラス海峡通過を援助することが定められ（第四条）、ロシアの当初の目的は実現することになった。

しかし、オスマン政府はロシア側が示した同盟条約の草案の多くの項目を、修正の後に受け入れたが、受け入れを拒否した項目もいくつかあり、そのうちの一つが、ワラキアとモルドヴァに関係するものであった。フランスのオスマン帝国攻撃に備え、内政干渉を行わないことを条件に、フランスに対抗してモレアに四〇〇〇から五〇〇〇人規模のイギリス軍を、ワラキアとモルドヴァに一万から一万五〇〇〇人規模のロシア軍をそれぞれ駐留させることをロシアは提案したが、[21]セリム三世はアレクサンドル一世への親書の中でこの提案に異を唱え、[22]ロシア側はオスマン側に配慮して草案中のこの条項を取り下げた。

以上のように、一八〇二年の両公国宛勅令発布後のロシアの対オスマン政策は、オスマン帝国をフランスに接近させずにロシア・イギリス側に引き止めることを第一の目的としていた。そしてその目的は、フランスのオスマン帝国への働きかけや、[23]オスマン帝国のロシアに対する不信感の増大にもかかわらず、一八〇五年のロシア・オスマン同盟の更新によって、一応果たすことができた。そのような状況の中でのロシアのワラキア・モルドヴァ政策は、オスマン帝国がこの問題で不満を持たないよう細心の注意が払われたため、非常に穏健なものとならざるを得なかった。このことは、両国関係におけるワラキア・モルドヴァ問題の占める大きさを、改めて示していると言えるだろう。

（2）一八〇六年八月ワラキア・モルドヴァ公解任事件

一八〇二年から一八〇五年の間にオスマン帝国は、ヨーロッパ大陸部を制したフランスと、海洋において絶対的な優位を保つイギリスおよびその同盟国ロシアの、双方からの外交攻勢により、ますます西欧諸国とロシアとの結びつきを深めていった。そして一八〇五年にロシアとの同盟条約を更新し、改めて対仏同盟側に付くことになったオスマン帝国であるが、それがそのままフランスとの決別とはならなかった。その反対にロシアとの同盟締結後、一八〇六年に入るとオスマン帝国とフランスは接近し、その過程でワラキアとモルドヴァの問題が重要な役割を果たすことになる。

ロシア・オスマン同盟条約が締結された一八〇五年九月、ナポレオンのフランスと対仏大同盟側の勝敗の行方は未だ明らかではなかった。その後一〇月には、フランス・スペイン連合艦隊はトラファルガー（Trafalgar）沖の戦いでイギリス艦隊に破れ、イギリスの地中海や大西洋での制海権を奪取することはできなかったが、大陸ではフランス軍が各地でハプスブルク軍とロシア軍に対し勝利を収め、一二月初頭のアウステルリッツ（Austerlitz）でのフランスの勝利により、大陸における勝敗はほぼ決した。一二月二六日に結ばれたプレスブルク（Pressburg, 現在のブラティスラヴァ）和約により、ハプスブルク帝国は対仏大同盟から離脱し、ヴェネツィアやダルマチアなどが、ナポレオンが国王を兼ねるイタリア王国に割譲された。その結果フランスはオスマン帝国とさらに長く国境を接することとなった。

このフランスと対仏大同盟諸国の勝負の結果は、オスマン帝国の外交方針にも大きな影響を与えた。オスマン帝国とロシアは、九月に締結した同盟条約の批准文書を同年一二月三〇日に交換し、[24]同日をもって正式に同盟条約が発効したが、フランス勝利によるプレスブルク和約締結の知らせがその翌日イスタンブルに届くと、オスマン政府は驚き、動揺した。[25]後日ナポレオンはイスタンブルに使者を派遣して、公式にフランスの勝利をオスマン帝国に伝えるとともに、その使者とオスマン政府要人との極秘会談の中で、オスマン帝国の領土一体性を保障し、そして一八〇二年にロシアとの間でなされたワラキア・モルドヴァに関する合意を無効にする、というナポレオンの提案がオスマン政府に伝えられた。[26]オスマン側はこの時両公国に関するフランスの提案に明確な回答を示さなかったものの、一八〇六年に入ると、次第にフランス寄りの姿勢を示し始める。その一例が、以前からフランスが承認を求めていたナポレオンの「皇帝」の称号の問題であるが、一八〇四年以来オスマン政府はこの時点でもまだ承認するかどうかの判断を引き延ばしてきた。しかし一八〇六年初め、オスマン政府はナポレオンを「皇帝」として承認することを決定し、この決定を公式に伝えるため、同年三月にパリへ大使としてミュヒブ・エフェンディ（Es-Seyyid Abdü'r-Rahmân Mühibb Efendi, 在職一八〇六―一一）を派遣した。[27]

この他にもオスマン帝国は、ロシアに不信感を与えるような行動を取る。ルメリにおいては、この頃も依然としてアーヤーンたちによる混乱が続いており、一八〇四年以降はセルビア蜂起も加わって、オスマン中央政府は依然としてこの地域を統制下に置くことができずにいた。このような混乱状態がフランスやロシアの介入を招く要因と考えたセリムは、一八〇六年初頭、彼の創設した西欧式軍隊である「ニザーム・ジェディード（新制軍）」をルメリへ派遣することを決定する。この派遣の第一の目的は、セルビア蜂起の鎮圧であったが、他にオスマン政府に従わないルメリのアーヤーンたちの討伐、および有事の際のロシアの侵入に対処することも、おおやけにはされないが重要な目的であった。[28]この軍派遣と同じ頃、オスマン政府はドナウ河畔とドニェプル河畔の城塞の修復、および食糧の輸送を各地に命じていたため、セリムの派遣する新制軍は実はロシアに向けたものではないかとの噂が流れ、ロシアは疑念を深めた[29]。

さらに、ロシアのオスマン帝国に対する不信感を高めたのは、ロシア軍事船のボスフォラス海峡通過の問題であった。一八〇五年末にハプスブルク帝国から割譲されたダルマチアを、イリュリア州としてイタリア王国に編入したナポレオンは、そこに兵を集中させたため、イオニア諸島に駐屯するロシア軍との間で緊張が高まっていた。そこでロシアは、イオニア諸島の一つコルフ島への軍事力増強のため、オスマン政府に、前年締結された同盟条約の秘密条項第四条に基づき、黒海艦隊のボスフォラス海峡通行を申請した。これに対しオスマン政府は、オスマン帝国の中立の立場に反しフランスとの戦争の理由になるとして、ロシアの申請を却下した[30]。オスマン帝国が、この自らの決定をどのように認識していたかは不明であるが、この行為は近代的国際法の観点からすれば、明らかにオスマン帝国の条約違反と見なすことができる。にもかかわらず、ロシアはオスマン帝国との決裂を恐れ、抗議をするのみで行動を起こすことはしなかった。ロシアはあくまでもオスマン帝国との同盟関係を維持することを基本としていたのである。しかし、オスマン帝国の挑発とも言えるこれらの一連の反ロシア的行動により、ロシア側も、将来起こり得るオスマン帝国との戦争を想定し、徐々に準備を行ってゆく。

このようなオスマン帝国のロシアからの離反の動きの中で、ワラキアとモルドヴァでも同様の動きが現れる。一八〇二年秋に就任したワラキア公とモルドヴァ公の任期が長引くにつれ、公廃位を求める動きも現れ始め、一八〇五年末には、前モルドヴァ公のアレクサンドル・スツが公位を狙い、オスマン政府にロシアとの同盟の破棄を進言した[31]。このような動きを察知したロシア側は、公の七年の任期を遵守するようオスマン側に申し入れ、その後も数回にわたって同様の申し入れを行っている[32]。

こうして、一八〇五年末のロシア・オスマン同盟条約発効以降、オスマン帝国は、大陸で優位に立つフランスと徐々に接近し、それと同時に同盟国ロシアと距離を置き始めた。その中でワラキアとモルドヴァは、一八〇六年半ばまではロシア・オスマン間の大きな問題とはならなかったが、一八〇二年のロシアとの合意に反して公を交替させようとする動きは、この頃すでに見え始めていたのであった。

フランスはオスマン帝国に、最終的なロシアとの関係断絶を迫るため、大使としてセバスティアニ将軍（Horace François Bastian Sébastiani, 在職一八〇六—〇八）をイスタンブルに派遣する。彼は一八〇六年八月一七日に任地に到着すると、まずオスマン政府に対し、両公国の公の交替の要求を突きつけた[33]。一八〇二年に黒海における商船の自由航行権を獲得したフランスにとって、通商上のワラキアとモルドヴァの重要性は高まっており、ロシアの影響を受けた人物を公位から排除することは、フランスの対黒海・バルカン政策にとって意味のあることであるが、それ以上にフランスにとって両公国の問題は、一八〇二年のロシアとの合意に不満を持つオスマン帝国をロシアから離反させるための格好の材料であった。特に公の交替に関しては、オスマン政府要人とファナリオットたちが強い不満を持っていたこともあり、フランスにとってはオスマン帝国とロシアとの間に楔を刺すには最適の問題であったのである。このため、ナポレオンは六月にセリムに宛てた親書の中でもこの問題に言及し、ワラキア・モルドヴァ両公について「現在治めているギリシア人はロシアのエージェントである」として、その交替を促した[34]。ロシア側もこうした動きについては察知しており、セバスティアニがイスタンブルに到着する直前の七月三〇日に、外務大臣アンドレイ・ブドベルク（Андрей Яковлевич Будберг, 在職一八〇六—〇八）からイスタンブルの公使アンドレイ・イタリンスキー（Андрей Яковлевич Италинский, 在職一八〇三—〇六）へ送られた訓示の中で、公が規定の七年の期間より早く交替することを断固拒否するようすでに命じていた[35]。このように、一七九八年から数年間は両公国におけるフランスの影響力は著しく低下し、ハプスブルク帝国の同地における影響力の低下とともに、両公国から西欧諸国の影響が一時的に後退したが、一八〇六年には、再びワラキアとモルドヴァは、西欧世界・正教世界・イスラーム世界の各政治勢力が激しくぶつかり合う場所となったのである。

セバスティアニの要求を受けたオスマン政府は、抵抗を見せることもなく、八月二四日、一八〇二年の勅令にあるロシアへの事前通告を行うことなしに、ワラキア公コンスタンティン・イプシランティを前モルドヴァ公アレクサンドル・スツに、モルドヴァ公アレクサンドル・モルーズィを御前会議通詞のスカルラト・カリマキ（Scarlat Callimachi, 在位一八〇六、一八〇七—一〇、一八一二—一九）に、それぞれ交替させる決定を下した。[36]

しかしオスマン政府のこの決定は、まだロシア・オスマン同盟の最終的な破綻を意味しなかった。フランスは、オスマン帝国に一八〇二年のロシアとの合意を破棄させることにより、ロシア・オスマン関係を最終的な断絶へ導くことができると考えていたが、オスマン帝国は公を一方的に交替させたにもかかわらず、その後も中立の立場を宣言し、ロシアとの決定的な関係悪化を回避しようとする姿勢を見せた。オスマン政府の、ロシアへの事前通告なしの公解任の背景には、七月二〇日に締結されたロシアとフランスとの和平条約の存在があったことは疑いない。[37]同条約の第六条には、両国がオスマン帝国の独立と領土保全を保障することが定められており、この内容はセバスティアニを通じて渡された、ナポレオンからセリム三世への書簡によってオスマン政府に伝えられていた。[38]オスマン政府は、この条約の存在と、大陸におけるフランスの軍事的優位によって、公解任が直ちにロシアとの戦争に結びつくことはないと判断したがゆえに、突然の公の解任に踏み切ったものと考えられる。

しかしオスマン政府の予想に反して、ロシア側の対応は強硬であった。イタリンスキーは両公の解任直後、オスマン政府に抗議の覚書を送って新たに任命された公の出発中止を求め、[39]続いて本国からの指示に基づいて、両公の速やかな復位と残りの任期の保証、それが受け入れられない場合はイタリンスキーの本国召還の可能性があることを伝えた。[40]一方のセバスティアニも、オスマン政府に送った覚書の中で、ロシア軍事船のボスフォラス海峡通過の全面禁止、すなわち一八〇五年に更新されたロシア・オスマン同盟条約の破棄をオスマン側に迫り、[41]オスマン政府は双方からの外交攻勢によってきわめて困難な立場に立たされた。返答を引き伸ばすオスマン政府に対し、イタリンスキーは一〇月一三日に最後通牒を突きつけ[42]、事態は緊迫した。オスマン政府は、イスタンブル駐在イギリス代表の仲介により、二人の公のうち一人を復位させることで妥協を模索したがロシア側はこれを受け入れず、同月一五日、最終的にロシアの要求通り、解任された公の復位を決定した[43]。

この公復位の知らせは同月一八日にイタリンスキーから本国に送られ、一一月五日にペテルブルクに届いたが[44]、この時すでに皇帝アレクサンドル一世は、モルドヴァ国境に駐留する、通称「モルドヴァ軍（молдавская армия）」と呼ばれる軍に対し、国境を越えてモルドヴァ領へ進撃するよう命令を発していた。皇帝は軍の進撃の判断を一〇月一三日までと定めていたが、イスタンブルからの両公に関する知らせが届かないため、判断の期限を半月後に遅らせた。しかしそれでも公復位についての知らせは届かず、実際にその知らせが届く約一週間前の一〇月二八日、皇帝はモルドヴァ軍総司令官に、すでに越境の命令を発していたのであった[45]。

このように、ナポレオンの登場とフランスの東方への進出は、それによって引き起こされた諸問題を通じて、ロシアとオスマン帝国を、政治外交的にさらに西欧世界へと結びつけることとなった。以前より西欧世界と積極的に関わってきたロシアは、フランス革命後から西欧世界内の政治に関与し、ナポレオン登場以降も対仏大同盟の一つの中核としてフランスと対峙した。これに対しオスマン帝国は、フランスのエジプト侵攻に対処するためロシア・イギリスと同盟を結び、対仏大同盟側に付く結果となったが、フランスとの戦争終結後は、それ以前のように西欧・ロシア内の争いからは一歩身を引き、中立を維持しようと試みた。しかしながら一九世紀初頭のこの時期、西欧世界と正教世界に政治的に深く結び付けられていたオスマン帝国にとって、そのような自由は残されていなかったのである。そうした中で両公国の問題が重要な意味を持ったことは、本節で示したとおりである。

一八〇六年夏のオスマン政府によるワラキア・モルドヴァ両公の突然の解任は、ロシアに近い立場の人物を失ったという意味で確かにロシアにとって痛手ではあったが、公の交替によりロシアが受ける損失は、それほど大きなものではない。しかしながら、両公国の公の交替は、ロシアとの合意事項の反故、すなわちロシアとの同盟関係の清算というオスマン帝国の外交方針の転換を示す象徴的な意味を有しており、少なくともロシアは、この交替をそのように見なしたのであった。その結果、公の交替は、同年末より一八一二年まで続くロシア・オスマン戦争勃発の直接の引き金となり、フランスやイギリスの対外政策にも影響を与えるなど、各方面に大きなインパクトを与えることとなったのである。(46)

2 戦争中の動きとブカレスト条約

（1）フランスとロシアの接近の中の両公国問題（一八〇七年まで）

前節で示したとおり、ワラキア・モルドヴァ両公国の問題は、オスマン帝国をめぐるヨーロッパ諸国の外交の中で重要な意味を有するようになっていたが、本節では一八〇六年から一八一二年のロシア・オスマン戦争と、それも含めた、ヨーロッパ中を巻き込んだ同時期のいわゆるナポレオン戦争において、両公国の問題がどのように扱われたのかを検討することにより、この時期における三世界間関係の中の両公国の位置と役割を明らかにしたい。

一八〇六年一一月に、皇帝アレクサンドル一世の命により、モルドヴァ国境付近に駐留する「モルドヴァ軍」が国境を越えたことにより事実上開始されたロシア・オスマン戦争は、オスマン帝国側が同年一二月末に宣戦布告を行ったことにより正式に戦争状態に入ったが、ロシア軍はその時すでにモルドヴァの首都ヤシを占領し、さらにワラキアのブカレストをも手中にするところであった。一八世紀においてもロシア・オスマン戦争時には、ロシア軍が両公国に侵入し多くの地域を支配下に置いたが、この戦争では、宣戦布告時には既にロシア側が両公国をおさえているという、オスマン帝国側にとって決定的に不利な状況の下で戦いは開始された。

こうした中、一〇月に復位を果たした親ロシアのコンスタンティン・イプシランティは宣戦布告とほぼ同時にオスマン政府により解任され、代わって再びワラキア公にはアレクサンドル・スツが選出された。しかし彼はすでにロシア軍占領下の任地ワラキアに赴任することができず、結局ドナウを越えることなく解任された。また一〇月に復位を果たしたモルドヴァ公アレクサンドル・モルーズィは任地には赴いたものの、間もなくロシア軍が侵入したためモルドヴァを去り、翌一八〇七年三月に解任された。その一方で、戦争開始時に解任されたコンスタンティン・イプシランティは、解任後すぐにロシア軍の占領するワラキアに渡り、その庇護の下、ロシア政府によってワラキアとモルドヴァ両公国の公に任ぜられ、一八〇八年四月にロシア軍による統治の開始のためその任を解かれるまで任地に留まった。[47] ロシアがオスマン側との交渉を通じて公の任免への関与を目指してきたことはこれまでにたびたび触れたが、この戦争時、ロシア軍の両公国占領という状況下において、ロシアは初めて自ら直接公を任命するという行動を取ったのである。

こうしたロシアの圧倒的優勢の前に、オスマン側は当初戦闘では何もなす術がなかった。伝統的なオスマン帝国の戦いでは、冬季は戦闘を行わず春を待って開始するため、政府軍は宣戦布告後もイスタンブルに留まり、ワラキアに侵入するロシア軍と戦火を交えたのは、パズヴァンドオウル・オスマンやアレムダル・ムスタファ（Alemdar Mustafa Paşa, 一七六五―一八〇八）などのドナウ岸の有力アーヤーンの兵のみであった。しかしながら外交に関しては、オスマン帝国は諸外国と活発なやり取りを行う。まずオスマン帝国に急接近し、ロシアとの同盟関係を断ち切らせることに成功したフランスは、正式に宣戦布告がなされる前の一二月初め、ナポレオンがオスマン帝国との同盟条約締結を目指して駐イスタンブル大使セバスティアニに交渉の権限を与え、[48] またナポレオン自身も親書の中でセリム三世に正式に同盟を提案した。[49] オスマン帝国側もこれに応じ、セリム三世はナポレオンと直接交渉を行おうと、宣戦布告のまさに当日、その時遠征のためプロイセン領にいたナポレオンの下にヴァヒド・エフェンディ (Seyyid Mehmed Emin Vahid efendi) を使節として派遣して、本格的な同盟交渉に入る意思を見せた。[50] 当時ナポレオンは、一八〇四年からロシアと戦争を行っているイランのガージャール朝との同盟をも模索していたが、同時期イランの使節もベルリンに派遣されており、[51] ヨーロッパにおけるナポレオン戦争の影響はイランにまで達していた。

一方、前節で言及したように、オスマン政府による公交替時に生じたロシアとオスマン帝国との対立を調整しようと努めたイギリスは、その努力の甲斐も空しくロシア軍のモルドヴァ侵入によりロシア・オスマン戦争勃発が不可避と見ると、フランスとオスマン帝国とのさらなる結びつきを警戒してオスマン政府に対する圧力を強めた。イスタンブル駐在イギリス大使のチャールズ・アーバスノット (Charles Arbuthnot, 一七六七—一八五〇) は、イスタンブル沖にイギリス艦隊が派遣されたことを背景にオスマン政府に対して強硬な姿勢を見せ、一八〇七年一月、フランス大使セバスティアニの追放、オスマン帝国とロシア・イギリスとの同盟条約の再締結、ロシア軍艦のイスタンブル海峡の自由航行などを要求した。[52] しかしセバスティアニからの圧力によりオスマン側はその要求を拒否し、そして一月二九日、オスマン当局に逮捕されイェディ・クレに監禁されることを恐れたアーバスノットは、密かにイスタンブルの街を抜け出してイギリス船に乗って逃亡した。この出来事によってイギリスとオスマン政府との関係改善の可能性は大きく後退することになった。オスマン政府にとって、強力な海軍を擁するイギリスとの関係を損なうことは非常に危険なことであった。事実、その後二月にイギリス艦隊はダーダネルス海峡に侵入してイスタンブル沖に停泊したため、帝都攻撃を恐れるイスタンブルでは大きな混乱が生じた。イギリスはそうした状況の下で改めてオスマン政府に対してロシアとの和平やイギリスとの同盟条約再締結などを求めたが、オスマン側はこの要求も拒否した。[53] オスマン側にこうした決断を下させたのは、やはりフランスの後ろ盾であった。両国間で同盟はまだ成立していなかったが、プロイセンを撃破し旧ポーランド領を制圧するナポレオンからセリム三世に宛てて、陸ではポーランドからドナウ方面へ部隊を南下させ、海では軍艦を黒海方面へ派遣するという援軍の申し入れがなされており、[54]そうしたフランスの支持によってオスマン政府は強硬な姿勢を貫くことができたのである。

同盟締結のためにベルリンに派遣されたヴァヒド・エフェンディとフランス外相タレーラン（Charles-Maurice de Talleyrand-Périgord, 一七五四―一八三八）との交渉が進展を見ない中、フランスとオスマン帝国が接近する戦争開始直後の国際関係の構図は一八〇七年半ば頃から変化を見せ、次第にフランスとロシアの接近が始まる。その理由の一つとして、五月二九日にイスタンブルで生じたイェニチェリたちの反乱、いわゆるカバクチュ・ムスタファ（Kabakçı Mustafa）の乱により、皇帝セリム三世が退位させられるというオスマン帝国内の混乱が挙げられる。[55]一七九八年のエジプト侵攻により一時関係が断絶したものの、総じてフランスに対して好意的であったセリム三世に代わって即位した、セリムのいとこに当たるムスタファ四世（Mustafa IV, 在位一八〇七―〇八）の外交方針は知られておらず、従来のフランスとの同盟を求める方針を維持するかどうかはこの時不透明であった。

イスタンブルの政変によるオスマン帝国の混乱と、フランスとロシアが接近する中で、フランス軍は同年六月一四日にプロイセン・ロシア軍をフリートランド（Friedland）の戦いで破って勝利を収めてプロイセンを完全に支配下に置き、その結果フランスとプロイセン・ロシア両国は講和を結ぶこととなった。ロシアとプロイセン国境の町ティルジット（Tilsit）に近いネマン川の水上にてナポレオンとアレクサンドル一世は直接会談を行い、両者はここで様々な問題を議論した。この交渉中のナポレオンのオスマン帝国に対する態度は明らかにそれ以前とは異なっており、後述する和約の内容にも見られるように、混乱する帝国からロシアとともに何らかの利益を得ようとする意図がうかがえる。それゆえ、オスマン帝国、そしてワラキア・モルドヴァ両公国を含むバルカンも重要な議題の一つとなり、オスマン帝国の関与しないところでその処遇が協議されるという、まさに「東方問題」としての扱いをこの時バルカンは受けたのであった。

では具体的にこの和約について見てゆくと、敗北したロシア側は、アドリア海でロシア軍が実効支配しているイタリア王国領カッタロ（Cattaro, 現モンテネグロ領コトル Kotor）やオスマン帝国宗主下のイオニア共和国をフランスに引き渡すことと、ワラキア・モルドヴァ両公国からロシア軍を撤退させることを七月六日付のアレクサンドル一世の署名入りの覚書としてフランス側に提示し、[56]バルカンの問題はこの線に沿って話し合いが進められた。そしてその翌日の七月七日にフランスとロシアの間で、その二日後の七月九日にフランスとプロイセンとの間で、それぞれ条約が署名された。[57]フランス・ロシア間の条約は二九カ条からなる講和条約と九カ条からなる同盟条約の二つが締結され、そこにはともにオスマン帝国に関する重要な内容が含まれていた。まず前者の講和条約であるが、ワルシャワ公国の創設（第五条）、フランス・イギリス間和平交渉におけるロシアの仲介（第一三条）、ロシア・オスマン帝国間和平交渉におけるフランスの仲介（第二三条）などが取り決められほか、第二二条でロシア軍のワラキアとモルドヴァからの撤退が明記された。ただし、ロシア・オスマン間の和平条約の批准まで両公国はオスマン軍によって占領されないとの条件が付けられており、つまり戦争の終結まではオスマン軍にドナウを越えさせず、ロシア軍が駐留することを意味している。

しかしこの講和条約には、おおやけにされたこの二九カ条のほかに七カ条の秘密分離条項があり、その中には第一条でカッタロ、第二条でイオニア諸島（イオニア共和国）のフランスへの引き渡し、そして第三条でナポレオンがオスマン臣民、特にモンテネグロの人々を動揺させないことなど、バルカンに関する内容が含まれていた。さらに同日締結されたもう一つの同盟条約も秘密条約であり、[58]ナポレオンの大陸封鎖にロシアが参加することになった同条約では、オスマン帝国に関しても第八条で以下のような条文が定められた。「同様に、コンスタンティノープルで生じた一連の変化により、オスマン政府がフランスの仲介を受け入れない場合、あるいは受け入れても交渉開始から三カ月たっても満足する結果が導き出されない場合には、フランスはオスマン帝国に対してロシアと連携し、条約締結国である両国は、コンスタンティノープルの町とルメリ州を除くヨーロッパ側の全てのオスマン帝国領を、トルコ人（Turcs）のくびきと抑圧から保護することで一致する」[59]。ここからは、五月末にイスタンブルで生じた政変による混乱が、フランスとロシアの交渉に大きな影響を与えたことがうかがえる。フランスの仲介などの条件はあるものの、フランス・ロシア両国が、場合によってはヨーロッパ側のオスマン帝国領の多くの部分を分割する可能性が条約中で明示されたことは、その後の両公国をめぐる議論にも少なからず影響を与えることになる。

このように、一八〇七年半ばのイスタンブルでの政変とティルジットの和約により、戦争開始当初のフランス・ロシア・オスマン帝国間の関係は短期間で変化し、そのような背景の中でその後両公国の問題が浮上することになる。

（2）エアフルト協約（一八〇八）とダーダネルス条約（一八〇九）締結

ティルジット和約後、その合意内容を受けてロシアとオスマン帝国間では休戦の動きが現れた。オスマン政府内には、オスマン帝国を支持し帝国の領土の保全を約束していたフランスが、ロシアと妥協的な和約を結んだことはオスマン帝国に対する裏切りであるとの反発も一部であったものの[60]、オスマン側も帝都における混乱の中ロシアとの戦争を継続するのは困難と認識していたため、当面の休戦を受け入れることに大きな抵抗はなかった。ロシア側はラシュカレフ、オスマン側は書記官長ガリプ・エフェンディ（Galip efendi）を代表として、フランス代表者も出席し、ドナウ岸にほど近いワラキア領スロボジア（Slobozia）にて交渉が行われ、一八〇七年八月二四日に休戦が成立した[61]。その内容は、休戦期間は翌〇八年四月三日までとされ、双方の軍隊が三五日以内にワラキア・モルドヴァ両公国から撤退することや、エーゲ海のテネドス島などの島々を占領していたロシア軍の撤退、またロシア側に拿捕されたオスマン軍艦はすべて解放されること、などが取り決められた。

しかしながら、この内容にアレクサンドル一世は不満であった。彼は、ロシアが拿捕したオスマン船の返還もそうであるが、翌年春までという長期の休戦期間はオスマン側に有利であるとして、三〇日間の短期間にすべきと考えていた。[62] また彼が重大な問題と考えたのが、ロシア軍の両公国からの撤退を約束したことであり、そのためオスマン帝国側の軍隊がその後もドナウ左岸にとどまっていることを理由に、条約締結後もロシア軍を両公国に駐留させ続けた。こうして休戦条約で定められた条件は完全には実行されないものの戦闘は中止されるという奇妙な休戦状態の中、ティルジット和約の内容に沿って、ロシアとオスマン帝国間の和平交渉がフランスの仲介の下で行われることになる。

ロシアはフランス側の両公国に関する考えを探るべく、新たにパリ駐在大使に任命したピョートル・トルストイ(Петр Александрович Толстой, 一七六一—一八四四)とナポレオンとの会談を実現させるが、事前に本国からトルストイに与えられたロシア暦九月二六日付の訓令では、ベンデリ(Benderi)、アッケルマン(Akkerman)、キリア、イスマイルの城塞を含むベッサラビアの領土獲得、そしてワラキア・モルドヴァ両公国をロシアが併合できない場合、一八〇二年の勅令で定められた両公国におけるロシアの権利の確認、そしてロシアに近い立場をとるコンスタンティン・イプシランティの公就任、などの要求を提示してフランスの意向を探ることが指示されており、[63] これが交渉にあたってのロシア側の基本的な方針であったことがうかがえる。これに対しフランス側は、ロシア軍が両公国から撤退していないことを指摘し、フランス軍のプロイセンからの撤退も延期することをロシア側に伝えた。[64] ロシア側は、オスマン側の違反行為によってスロボジア休戦条約が遵守されず、また上述のようにアレクサンドルが条約内容に不満を持ち最終的に批准を行っていないため撤退を中止したと主張したが、フランスはティルジット和約の中にフランス軍のプロイセンからの撤退に関する内容は見られず、フランス軍の撤退時期が明示されていないことを利用して、プロイセンからの軍の撤退をロシア軍の両公国からの撤退とリンクさせたのであった。こうしてロシア・フランス両国とも、それぞれが領土的関心を持つ地域に軍を駐留させ続け、その処遇を交渉することとなった。そしてトルストイが本国政府に対して指摘しているように、交渉では三つの可能性が考えられた。一つ目は両国とも軍隊を撤退させること、二つ目はともに軍の駐留する両公国とプロイセンをそれぞれ獲得すること、そして三つ目はより大規模なオスマン帝国分割計画を両国で作成することであった。[65] その後の交渉は、この二番目と三番目の選択肢を中心に行われる。

アレクサンドル一世は、フランスにアルバニアとモレアの領有を提示して、その代わりとしてワラキア・モルドヴァの領有の承認をフランス側に求めたのに対し、[66] ナポレオンはオスマン帝国の崩壊を早めたくないとして、アルバニアとモレアではなくプロイセン領シレジアを要求し、[67] 両国の思惑は一致しなかった。しかし、この時点でフランスはロシアとの関係悪化を避けるためにはロシアの両公国領有は認めざるを得ないという認識を持っており、その代償としてフランスがどの土地の領有をロシアに承認させるかという問題に議論は集約されていった。そしてフランスはプロイセン領の領有の可能性を残しつつもオスマン帝国領の分割に傾き、一八〇八年二月末から三月にかけてペテルブルクでオスマン帝国領の分割協議が行われた。[68] そこでは、ティルジットでの秘密同盟条約中にもあるオスマン領分割、すなわちルメリ州やイスタンブルを除いたヨーロッパ側のオスマン帝国領分割からさらに進んで、オスマン帝国の全ての領土が分割対象とされ、そしてその際にはハプスブルク帝国をも巻き込み、ロシアがワラキア・モルドヴァ両公国とブルガリアなど、フランスがアルバニア、モレア、ボスニア、地中海の島嶼部、シリア、エジプトなど、そしてハプスブルクがセルビアとマケドニアを得る、という壮大なプランも一つの案として検討されたほどであった。[69] この会談で明確な合意は得られなかったものの、オスマン帝国分割に関する新たな条約締結の必要性は両国の間で共有され、後述するようにナポレオンとアレクサンドルは年内にこの問題で再び直接会談することになる。

ところで、これまでハプスブルク帝国について言及していなかったので、この時期の同国の動きについても触れておくと、ハプスブルク帝国は一八〇五年のアウステルリッツの戦いに敗北してフランスに多額の賠償金を支払い、さらに事実上ナポレオンが支配するイタリア王国にヴェネツィアやダルマチアなどを割譲して領土を一部減らした。一八〇六年にライン同盟が成立して神聖ローマ帝国が名実ともに終焉を迎え、その直前から「オーストリア帝国」と名乗っていたハプスブルク帝国（以下「オーストリア」と表記する）は、ナポレオンによる敗北以降、フランスとロシアの対立に積極的に関わろうとせず、中立を維持する政策を取っていた。一部領土を失ったとはいえ中欧の大国の動向をロシア、フランス、オスマン帝国はいずれも注視し、ロシアはオスマン帝国との戦争に入る前、オーストリアに対してともに戦争に参加するよう打診し[70]、フランスも一八〇七年一月にパリ駐在大使を通じてオーストリア側にオスマン帝国に関する条約の締結を提案するなどして連携を求めた[71]。しかしオーストリアはこうした動きにも慎重な姿勢を崩さず、右で述べたオスマン帝国の分割がフランス・ロシア間で議論されたときにも、オスマン帝国の一体性を強く希望し[72]、議論へ積極的に参加することはなかった。このように、オーストリアは一八〇九年までは基本的には一貫して中立政策を取っていたのであった。

さて、フランスとロシアの間でオスマン帝国分割が計画されているとき、その分割対象であるオスマン帝国はフランスの仲介を受け入れ、パリでロシア側と和平交渉を行っていた。フランスとの同盟のためにナポレオンの下に派遣されていたヴァヒド・エフェンディは一八〇七年一〇月、その目的を果たすことなく任を解かれ、このロシアとの和平交渉のオスマン側代表には、一八〇六年からパリ駐在大使を務めるミュヒブ・エフェンディが政府から任命された[73]。その約一カ月後の一一月に、ロシア政府はパリのトルストイにオスマン政府代表との交渉の権限を与え、フランスを仲介者として両者の間で交渉が開始された。トルストイは一方でオスマン側と和平交渉を行いながら、もう一方で仲介者フランス側とオスマン帝国分割に関する交渉をも行っていたわけであり、ミュヒブ・エフェンディはこの時点ではまだティルジットの秘密分離条項と秘密条約の存在を知らなかったと思われるが、「良き仲介者」としてのフランスの役割を信じつつ交渉を進めた。しかし、オスマン帝国の混乱に乗じて分割の意図を持つフランスとロシアが和平交渉を真剣にまとめようとしたのかどうかは疑問である。事実、休戦期間の終了する一八〇八年春が近づいても、交渉は進展を見ないままであった。

オスマン政府は、一八〇七年後半から翌年にかけて、次第にフランスに対する不信感を深めてゆく。ティルジット和約後、イオニア共和国やカッタロからロシア軍が撤退して、入れ替わりにフランス軍が駐留したが、これらが大きな混乱もなく実行され、またティルジット和約にはそれに関する条項が存在しなかったことから、オスマン政府のみならず他の国々も、おおやけにはされていない秘密条項の存在を疑い始めていた。また一八〇六年のプレスブルク条約によりラグーザ共和国領をハプスブルク帝国より獲得したフランスが、長らくオスマン帝国の属国であった同地を返還してくれるのではないかという期待をオスマン政府は持っていたが、一八〇八年一月末日に共和国がフランスによって廃止され同地がイタリア王国に編入されたことから、その期待は失望に変わった。[74] さらに一八〇八年二月に和平交渉の仲介者であるフランスがオスマン側にワラキア・モルドヴァのロシアへの割譲を勧めたことはオスマン帝国側にとって衝撃であり、このフランスの行為に対し強く反発した。[75] こうしたフランスの一連の行動によりオスマン帝国は、より信頼できる新たな同盟者探しを考えるようになるが、それをさらに加速させたのは、先に言及したロシアとフランスとの間で進行するオスマン帝国分割計画であった。

オスマン帝国とロシアの間の休戦期間は一八〇八年四月に終わりを迎えたが、その後も両国間で戦闘は再開されず、しかしパリでの和平交渉は大きな進展を見ないまま時間が経過した。その春よりフランスはスペイン・ポルトガルとのイベリア半島での戦争、通称半島戦争に本格的に突入し、ナポレオンは東方での和平とイベリア半島でのフランスの地位を確かなものとするため、ロシアとの間で改めて和約を結ぶことを考え、アレクサンドル一世と再びエアフルト（Erfurt）で直接会談した。両国首脳とシャンパニー（Jean-Baptiste de Nompère de Champagny, 一七五六—一八三四）・ルミャンツェフ（Николай Петрович Румянцев, 一七五四—一八二六）両外務大臣が参加し、九月二七日から一五日間の予定で開始された会談の結果、一〇月一二日に両外務大臣が合意文書に署名し、協約は両皇帝によってその日のうちに批准された。こうして成立したフランス・ロシア間の協約は基本的にはティルジット和約の延長と位置づけられるが、その間の一年間の情勢の変化により、内容にかなりの変更が見られる。

オスマン帝国に関する内容を中心に具体的に条文を検討すると、この条文の草案はフランス外相タレーランが作成し[76]、それが協議の中で修正されて最終的な条文とされた。この中で注目すべきは、「占有物所有（uti possidetis）」の原則が明記され、それに基づきフランス・ロシアとも戦争により占領している地域の領有を互いに承認していることである。当時フランスは半島戦争でイベリア半島に軍を展開させ、一方ロシアは同年二月に開始されたスウェーデンとの戦争で軍をフィンランドに展開し、そしてまたオスマン帝国との戦争ではワラキア・モルドヴァ両公国領を占領していたが、同条約ではこれらの地域の領有を互いに認め合っているのである。より具体的には、第四条で「占有物所有」の原則が将来のイギリスとの和平条約の基礎となることが示された後、第五条でワラキア・モルドヴァ、そしてフィンランドがロシア領であることを、また第六条ではスペインにおいてフランスが打ち立てた新秩序を、イギリスとの和平の絶対的な条件とすることとしている。ロシアの両公国併合に関する第八条では、ナポレオンはロシアによる両公国の併合を承認するが、その境界をドナウ川までとすることが明記されている。これは一八〇四年に蜂起が発生したセルビアを念頭に置いたものであり、一八〇七年以降ロシアとセルビアとの関係が緊密化していたため、ロシアのセルビアへの影響力拡大を懸念するフランスの主張が反映されているものと思われる。そして第九条では、この条件をオスマン帝国側に認めさせるためのロシア・オスマン間の和平においては、今後フランスは仲介を行わず、両国代表が直接交渉を行うこと、第一〇条では、もしオスマン帝国が両公国割譲を拒否して戦争を継続した場合、ナポレオンは中立を保ち調停を行うが、オスマン帝国がオーストリアなど他の国と同盟を結ぶ事態に至った場合は、フランスもロシアと同盟を締結し、またオーストリアがフランスと戦争を行う場合にも同様であると定められている。ここでは、それまで中立を保っていたオーストリアへの強い警戒がうかがえる。その背景には、当時オーストリア政府がブコヴィナなどでの軍備を増強していたことや、八月末から九月にかけて、密かにオスマン帝国が和平仲介をオーストリア政府に依頼するなど連携の動きが現れていたことが考えられる。[77]第一一条では、両公国以外のオスマン帝国の領土の保全が定められ、最後の第一四条でこの協約は少なくとも一〇年間は秘密にされるとしている。

以上の内容から、オスマン帝国に関してティルジット和約以来の両国の方針が大きく転換したことが明らかであろう。フランスのプロイセン領有も、三月頃まで両国間で真剣に協議されていたオスマン帝国の大分割計画もこの和約では全く触れられておらず、ワラキア・モルドヴァ両公国のみロシアに併合される以外はオスマン帝国の領土保全が定められているのである。これは明らかにナポレオンの関心と戦略の重点がイベリア半島に移ったことが原因であると考えられる。また、条文中にも言及されているが、オスマン帝国がイギリスに接近することを両皇帝、特にナポレオンは警戒しており、オスマン帝国を追い込むような過度な領土割譲要求を避けようとする意図も見て取れる。[78]このように、エアフルト協約でフランスは、ロシア軍の占領するワラキアとモルドヴァのロシア併合を承認したが、それ以外の領域についてはオスマン帝国の領土の一体性をロシア側に求め、ロシアのドナウを越えた進出を警戒する姿勢を見せた。また両国は、オスマン帝国が新たな同盟者を見つけて戦争を継続する際の対処法を取り決めた。すなわち、フランスはスペインに、ロシアはワラキア・モルドヴァ両公国を確保しつつフィンランドに、それぞれ戦力を集中するために、オスマン帝国をめぐるバルカン・地中海方面の問題が拡大することを防ごうとする狙いが見て取れる。

このようにして合意された両公国のロシア併合を実現するために、その後フランス・ロシア両国、特に後者はオスマン帝国に対して圧力を強めることになるが、一方のオスマン帝国は、一八〇七年のティルジット和約以来フランスへの不信感を次第に高めてはいたものの、フランスとの関係を決定的に悪化させることは望まず、またイスタンブルでのフランス大使セバスティアニの影響力も強かったため、諸外国との連携には慎重であった。しかしイギリスとは一八〇七年中から密かに接触しており、一八〇八年になると本格的な連携を模索するようになる。

前述のとおり、一八〇七年初めに生じた大使アーバスノットのイスタンブルからの脱出と、それに続くイギリス艦隊のイスタンブル海峡への侵入という威信行為により、イギリス・オスマン関係は断絶した状態にあった。しかしオスマン帝国にとっては、ロシアとの戦争によりその同盟国として関係が損なわれたに過ぎず、両国間に直接の大きな問題が生じたわけではないことから、また何よりもイギリスの地中海における海軍力を恐れたことから、イギリスとの関係正常化を望んでいた。しかし一八〇七年夏の時点では、フランスとの関係に影響しない範囲内で、という条件付きであった。一方のイギリスは、オスマン帝国とフランスとの関係を切り離すことを強く望んでいた。そうした中、一八〇七年五月に新たにイスタンブル駐在大使に任命されたアーサー・パジェット（Arthur Paget, 一七七一—一八四〇）は、七月末にイギリス船でダーダネルス海峡の入口に来航し、オスマン側に交渉を求めた。オスマン側は時間を引き延ばそうとしたが、彼は交渉の権限を持つ代表を任命するよう強く要求したため、オスマン政府は前大宰相のハーフズ・イスマイル・パシャ（Hâfız İsmail Paşa, 一七五八—一八〇七）を正式の交渉代表者としてパジェットの下に派遣した。この間に、本国の外務大臣ジョージ・カニング（George Canning, 一七七〇—一八二七）からパジェットにティルジット和約の条文が秘密条項も含めて送られており[79]、その内容は一〇月八日の会談時にイスマイル・パシャに伝えられた。さらに和約の第二二条のロシア軍による当面のワラキア・モルドヴァ駐留を事実上認める内容の条文は、将来の両公国割譲につながるとパジェットは主張して、フランスとの連携を断念させるべくオスマン政府を説得しようとしたが[80]、このイギリスと秘密会談がセバスティアニに知られオスマン政府に圧力がかかったこともあり[81]、交渉は一〇月に打ち切りとなった。

一八〇八年に入り、フランスが両公国のロシアへの割譲を勧めたことからフランスへの不信感は決定的となり、二月一三日オスマン帝国の書記官長はイギリスに交渉を呼びかける書簡を送り[82]、それを受けて新たに駐イスタンブル大使に任命された外交官ロバート・アデール（Robert Adair, 一七六三―一八五五）は六月末に本国を出発した。しかし、七月末にイスタンブルでは、ルスチュクのアーヤーン、アレムダル・ムスタファ・パシャ率いる軍勢が、幽閉されているセリム三世の復位を目指し帝都に進軍したが、ムスタファ四世を支持する勢力によってセリムが殺害され、ムスタファの弟であるマフムトがマフムト二世として即位するという政変が生じた。この帝都での大きな混乱のため交渉開始は遅れたが、政変後もオスマン政府のイギリスとの交渉の姿勢は変わらなかった。エアフルトでのナポレオンとアレクサンドル一世の会談の前に、フランスのいくつかの新聞にオスマン帝国の大規模な分割案が掲載され、オスマン政府がフランスに対する疑念をさらに深めたことも背景にあったと思われる[83]。九月末にダーダネルス海峡の入口に来航したアデールはオスマン側に正式に交渉を申し入れ、その結果、前年にナポレオンの下に派遣され任務を果たせず帰還したヴァヒド・エフェンディがオスマン側の全権代表として任命され、一一月より両者の間で和平交渉が行われた。交渉では、オスマン側の求める賠償金の扱いと、イギリスのオスマン帝国内での通商特権が問題となったが[84]、交渉はまとまり、一八〇九年一月五日、一二カ条からなる和平条約と、四カ条からなる秘密同盟条約が署名された[85]。

和平条約は、ヒジュラ歴一〇八六年（西暦一六七五―七六年）のカピチュレーションから直近に獲得した黒海通商の権利までの、これまでにイギリスが得た通商権利の有効性とその遵守が確認されたほか（第四条）、非戦争時であってもイギリスも含む諸外国の軍艦がダーダネルス海峡を航行することを禁ずる（第一一条）、などといった、過去の権利や原則の確認の内容がほとんどであるが、おおやけにされなかった防衛同盟条約には、オスマン帝国がフランスの攻撃や脅威にさらされた場合、イギリスが軍艦を派遣してエーゲ海の島々や沿岸部の防衛を援助すること（第一条）や、港から大砲などの武器をボスニア・ダルマチアの国境付近に供給すること（第二条）、そしてイギリスがロシアと先に和平を締結した場合、イギリスがロシアとオスマン帝国間の和平の調停をすること（第四条）、などの内容が盛り込まれていた。

以上のように、フランス、イギリス、ロシア、オスマン帝国の敵対と連携の関係は、一八〇七年から一八〇八年までの二年間に大きく変化した。一八〇七年初頭の時点ではフランスを同盟者と見なしていたオスマン帝国は、フランスのロシアへの接近によりイギリスへと連携相手を代えることになった。一方のフランスとロシアの関係は、フランスはイベリア半島を、ロシアはフィンランドを新たに攻撃するという事情もあり、ティルジット和約後も大きく揺らぐことなく良好なまま続いた。フランスとロシアとの間で計画された大規模なオスマン帝国分割はエアフルト協約では後退したが、ロシアがワラキア・モルドヴァ両公国を確保することについては変わらなかった。一八〇八年中のフランスとロシアの一連の交渉においても、両公国の問題が重要な問題であり続けたことはこれまでの検討から明らかである。こうしてロシアの両公国領有は、状況から鑑みてかなり実現に近づき、この時点ではオスマン帝国が両公国を回復することはかなり困難であったと言えよう。しかし、エアフルトでの交渉と合意の中でフランスがオスマン大分割計画を放棄してロシアの両公国支配のみを容認し、それ以外のオスマン帝国の領土保全を訴えたことは、裏を返せばそれ以上のオスマン帝国領へのロシアの拡大をフランスは望まないということでもある。その後ドナウを越えて進軍するロシアをナポレオンは警戒し、一方のロシアもナポレオンの大陸封鎖に対する不満が徐々に高まったことで、接近した両国の関係は次第に悪化し、この関係の変化はワラキアとモルドヴァの問題にも影響することになる。

(3) ブカレスト条約（一八一二）

エアフルト協約ではフランスが仲介役を放棄し、ロシアとオスマン帝国が直接和平交渉を行うことが決められたことから、両者がパリで交渉を行う必要性はなくなった。そのため一八〇八年一二月中旬、オスマン政府は新たに書記官長のガリプ・エフェンディを代表とする交渉団を任命してロシア占領下のモルドヴァのヤシに派遣し、[86] ロシア側はモルドヴァ軍総司令官のプロゾロフスキー元帥（Александр Александрович Прозоровский, 一七三二—一八〇九）を代表として、直接交渉を開始する。ロシア側のここでの交渉の方針は、これまでのロシア・オスマン間の条約の有効性の確認、両公国のロシアへの併合、ロシア領としてのグルジアとイメレティの承認、セルビアの自治、の四点であったが、[87] 交渉以前からプロゾロフスキー自身も、また外務大臣ルミャンツェフも、オスマン側に両公国割譲を納得させるにはロシア軍のさらなる軍事的勝利が必要との考えであり、[88] 一方のオスマン側も交渉で両公国を放棄する意思は全くなかったため、[89] 交渉がまとまる可能性はほとんどなかった。すでにダーダネルス条約の存在を知っていたロシア側は、オスマン代表団が到着するや否や、オスマン帝国駐在イギリス使節、すなわちアデールの追放を要求する最後通牒を突きつけ、[90] オスマン側がそれを拒否したため、具体的な話し合いに入ることなく交渉は決裂した。[91]

こうして戦争の再開が確実となり、一八〇九年四月から両軍の間で戦闘が開始された。戦争の経過をここで具体的に述べる余裕はないが、ロシア側は圧倒的勝利を収めることはできなかったものの総じて優位に戦いを進め、夏にはドナウ岸の中心都市の一つシリストラ（シリストレ）を包囲し、ロシア軍はドナウを越えて展開した。一八一〇年には主な戦場の一つがドナウ右岸となり、ロシア軍はシリストラやシュメン（シュムラ）、ルセ（ルスチュク）

などの主要都市を次々と陥落させることに成功した。

こうしたバルカンでの軍事的勝利は、フランスとの同盟関係があればこそ可能であったと言うことができるが、そのフランスとロシアの関係は一八〇九年以降次第に不安定なものとなる。その始まりは一八〇九年四月のオーストリアによる対フランス戦争の開始であった。一八〇五年にフランスに敗北して一部領土を失ったオーストリアがそれまでの中立政策を捨て、イギリスと同盟してフランスに戦いを挑んだものの、逆にナポレオンにウィーンを攻撃されるなど各地で敗北し、一〇月には和平を締結して再びいくつかの地域をフランス側に割譲することとなった。その中で、この戦争に参加したロシアにもガリツィア東部の一地域が割譲されたが、ガリツィアの多くの部分はフランス支配下のワルシャワ公国に割譲され、このことがアレクサンドル一世の不満とフランスに対する警戒心を呼び起こすことになった。またナポレオンが一八一〇年末に併合した、ドイツ北西のオルデンブルク公国の公がロシア皇帝の義兄弟であったことも、その不満を大きなものにした。一方のフランスにとっては、ロシアがティルジット和約で約束された大陸封鎖への参加を維持せずに一八一〇年にイギリスとの交易を再開したことが、ロシアに対する不信の大きな原因であることはよく知られているが、同時に、同年に行われたロシア軍のドナウを越えた軍事行動もその原因の一つであったことを指摘しておきたい。一例を挙げれば、一八一〇年にドナウの南でのロシア軍の勝利を見たフランスはロシアに対し、遅くとも一八一一年一月までにオスマン帝国と和平を結ぶことをロシア側に要求し[92]、ドナウ以南での軍事行為、特にセルビアへのロシアの介入に警告を発している[93]。しかし両者の関係悪化の根底にあるのは、ナポレオンの大陸における支配体制が確固としたものになりつつあったことであろう。オーストリアを戦争で破ったナポレオンは、翌一八一〇年、皇后ジョゼフィーヌ（Joséphine de Beauharnais, 一七六三―一八一四）と離婚し、オーストリアの皇女マリー・ルイーズ（Marie-Louise von Österreich, 一七九一―一八四七）と再婚した。これにより中欧の大国オーストリアはナポレオンの潜在的脅威ではなくなった。またイベリア半島での戦争でも優位に立ち、その他の多くの地域をも支配下に置いたナポレオンは、イギリスを孤立させる大陸体制を完成しつつあった。その仕上げとしてロシアとの対決が早晩避けられないことは明らかであった。

フランスとの対決の可能性が高まる中、ロシアは両公国を獲得し、オスマン帝国との国境をドナウ川に置くことに固執する。そのためにロシアはオーストリアに接近し、一八一〇年九月に、かつて一時期ハプスブルク領であったオルテニアの割譲を申し出て両公国の獲得を早期に実現しようと試みるが、オーストリアの外務大臣メッテルニヒ（Klemens Wenzel Lothar von Metternich, 一七七三—一八五九）はフランスとの連携によりセルビアに勢力を拡大することをより重要視してこの提案を拒否したため、[94]ロシアの思惑は外れた。そのためロシアはさらなる軍事的勝利により、早期の和平と両公国獲得を目指すことになった。シリストラを占領した同年五月、ロシアはすでにオスマン側に和平条件を提示していたが、それは両公国の割譲のほか、セルビアとグルジアの独立、イギリスとの関係断絶などをも含む、過大とも言える要求であり、オスマン側はこれを拒否し戦争を継続した。[95]そして九月末にロシア軍がルセを陥落させると再度大宰相に宛てて五月の和平条件の受け入れを迫る書簡を送るが、[96]これもオスマン側は拒否した。実はこの頃フランスが密かにオスマン帝国に接近し、いずれフランスとロシアの関係は悪化し、ドナウ岸からロシア軍が撤退することになるので戦争を継続すること、そしてフランスとの同盟が実現すれば両公国をオスマン帝国が割譲せずに済むほか、他の利点も多くあることを述べて、同盟を持ちかけていた。[97]フランスが一八一〇年の時点で近い将来のロシアとの関係断絶を不可避と見ていたことと、それまでロシア軍をドナウ付近にとどまらせておきたいという意図を持っていたことを、このフランスの提案は示しているが、オスマン側が重要拠点を次々とロシア軍に奪われてゆく中でもロシア側の和平提案に応じなかった背景には、こうした近い将来のフランスとロシアの開戦を見越して両公国割譲という安易な妥協を行わなかったという事情があると考えられる。

フランスとの対立はまだ決定的にはなっていなかったが、一八一一年以降ロシアは戦争の早期終結のため、オスマン側への両公国併合の要求を次第に縮小させてゆく。一八一一年六月一八日にモルドヴァ軍最高司令官であり、オスマン政府との交渉代表であるクトゥーゾフ将軍（Михаил Илларионович Голенищев-Кутузов，一七四五―一八一三）に宛てて、外務大臣ルミャンツェフから出された訓示では、モルドヴァ西部をほぼ南北に流れるシレト川（Siret）を境界として、ベッサラビアを含むモルドヴァの東側の獲得を目指すよう指示されていた。(98) ブカレストで同月に行われた交渉では、この指示に反してベッサラビアを含むモルドヴァ全体の併合が和平案としてオスマン側に示され、オスマン側はこれを拒絶し、交渉は決裂した。(99) その後一八一一年中にドナウ岸のいくつかの場所で戦闘が生じ、ロシアに占領されたもののオスマン側がその後奪回していたルセをロシア軍が再度攻撃し、そこに駐留していた、大宰相で最高司令官であるラズ・アフメト・パシャ（Laz Ahmet Paşa）率いる政府軍は大きな打撃を受けた。そのため同年一〇月にオスマン側から休戦の申し出を行い、これにロシア側も同意して、改めて和平交渉が行われることになった。この時すでにナポレオンはロシア遠征の実施の方針を固めており、ロシアも両公国の軍をポーランド方面に向かわせなければならなかったため、ロシアはこの提案に応じざるを得ない状況にあった。

和平交渉における両公国の問題について見ると、一八一一年一〇月の休戦成立直後、予備交渉として行われたクトゥーゾフとアフメト・パシャとの間の文書でのやり取りの中では、クトゥーゾフがまずワラキア・モルドヴァ間の国境をロシアとの国境とすることを要求し、それがオスマン側に受け入れられないと見ると、次に以前の本国からの指示にあったシレト川を国境とする提案を行った。(100) これが一応のたたき台となり、一一月一日（一二二六年シェッヴァル月一四日）、ルセの対岸のジュルジュ（イェルギョユ）で第一回目の交渉が開始されたが、ロシア側は改めてシレト川ではなくワラキアとモルドヴァの境を国境とすべきことを主張し、二回目の交渉ではその主張を後退させ、シレト川を提案した。しかしオスマン側は同意せず、この国境の問題は後に持ち越された。その他に両公国に関してロシアが求めたのは、両公国に関する権利の更新と拡大であり、その交渉の中では一七七四年以来問題となっている公の任期をさらに長く八年とすることや、両公国臣民による物資の自由売買の実現とオスマン政府による専売や公定価格の廃止などが具体的な問題として取りあげられた[101]。

交渉中オスマン皇帝から送られた訓令には、フランスとロシアの戦争勃発を見越して交渉を長引かせ、領土の割譲はプルート川以東のベッサラビアのみとするように書かれており[102]、それに従ってオスマン側代表がこれを主張したためロシア側はこれに抗議し、交渉は決着せず結局物別れに終わった。

決裂したとはいえ、ロシアは対フランス戦争の準備のため、またオスマン帝国は財政難のため、両国とも戦争を継続するのは困難な状況であり、戦争継続を決定することは容易ではなかった。この頃ロシア遠征の準備を進めていたフランスがオスマン政府に戦争の継続を訴えたため、オスマン政府は一旦は戦争継続の判断を下したが[103]、一八一二年春になりナポレオンのロシア遠征への出発が近くなると、ロシアはオスマン帝国との和平を急ぐ必要に迫られたためオスマン側に交渉を打診し、五月二日、交渉がブカレストで再開された。ロシアはセルビアの自治、両公国のオスマン政府に対する権利擁護、カフカースでの領土拡大、そしてシレト川の国境、の四項目を要求したが、オスマン側はこれを受け入れなかったため、ロシアはカフカースの要求を取り下げ、また国境をオスマン側の主張するプルート川とドナウ河口のキリア水路とすることを決め[104]、交渉開始から二〇日目の五月二一日に合意が成立し、五月二八日、一六カ条からなる条約が調印された[105]。

内容は交渉過程の中で述べたとおり、プルート川とキリア水路をロシアとモルドヴァ・オスマン帝国との国境とし、両公国の権利については一七九二年のヤシ条約第四条の内容をオスマン側が遵守し、また条約批准から二年間は両公国臣民の免税が定められた（第五条）。その他、カフカースからの軍の撤退と戦争前の境界の維持（第六条）、セルビアの自治（第八条）などが条約内に盛り込まれた。ロシアは戦争開始から長きにわたって両公国を占領していたが、この条約でロシアが得たのはモルドヴァのうちプルート川以東のベッサラビアのみであり、両公国に関する新たな権利も獲得できなかった。セルビアに関してはオスマン政府に自治を認めさせ、同地域への一定の影響力の確保に成功したが、それ以外にさしたる成果もなくオスマン帝国との戦争を終え、そして六月に始まるナポレオンとの戦争に突入することになる。

　これまで一八〇二年の勅令発布以降の両公国をめぐる諸問題を一八一二年まで検討してきたが、ナポレオンの登場と彼による大陸征服が進められる中で、一八世紀まで西欧の国際システムに関与することに消極的だったオスマン帝国が、ロシアをも含めたヨーロッパ全体に広がる大きな戦争のうねりに巻き込まれたことが本章で改めて確認されたと思われる。ナポレオン戦争は、オスマン帝国を否応なしに、そしてそれまで以上に強力に、西欧からロシアに広がる国際システムの中に取り込んでいった。そうした激動の時代、オスマン帝国の付庸国のワラキアとモルドヴァがオスマン帝国を取り巻く国際政治においていかに重要な役割を果たしてきたかは、本章で検討したとおりである。両公国に関する一八〇二年の勅令を無効にすることが、フランスがオスマン帝国に接近するにあたっての重要な条件であり、また公の交替の問題がロシア・オスマン戦争勃発の直接の引き金になった。そして戦争開始後直ちに両公国を占領したロシアはその併合を一貫して主張し、それを前提としてフランス軍のプロイセンからの撤退やフランス・ロシア両国によるオスマン帝国分割計画などの一連の交渉が進められたのである。

　オスマン帝国は、一八〇六年末からの五年以上にわたるロシア軍の占領にもかかわらず、ベッサラビアを除き両公国の多くの部分を回復し、ロシアに両公国に関する新たな権利も与えなかった。しかし、一八世紀末以来、オスマン政府が十分に同地の臣民を守ることができなくなっているのは明らかであった。ナポレオンのロシア遠征によって結果的に救われたオスマン帝国ではあるが、後述のとおり、その後両公国への権限を次第に縮小させてゆくことになる。しかし、オスマン帝国は一九世紀後半まで両公国の宗主国としての地位は保ち、一八一二年以後もワラキアとモルドヴァは三世界の結節点として、政治外交的に重要な位置を占め続けるのである。

一八〇六年の公解任より約四〇年前の一七六八年、ロシア・オスマン戦争の発生時には、ワラキアとモルドヴァの問題はオスマン帝国の内政問題であった。第2章で述べたように、一七世紀末から一八世紀初頭にかけて、オスマン帝国の西欧諸国に対する優位が解消され、同時に正教国家ロシアが台頭するという国際政治の変動の中で、一時ワラキアとモルドヴァのボイェールたちによりオスマン支配からの離脱を目指す試みがなされたが、オスマン政府はファナリオット制の導入によってその動きを封じ込め、その後約半世紀の間、両公国を十分な統制下に置くことができた。両公国は依然としてイスラーム世界の中核国家であるオスマン帝国の支配下にあり、西欧世界と正教世界の影響は限定的であった。しかし、一七六八年のロシア・オスマン戦争を終結させた一七七四年のキュチュク・カイナルジャ条約後、ロシアとハプスブルク帝国がこの地に進出して、現地において政治的・経済的に徐々に関係を構築し、オスマン・両公国間の宗主—付庸関係は、次第にこれらの国々によって制限を加えられるようになった。それにより、一八世紀半ばまでイスラーム世界の中にあったワラキアとモルドヴァは、西欧世界の東辺に位置する主要国であるハプスブルク帝国と、正教世界の盟主ロシアの進出を受け、三世界のせめぎ合う場所へと転化していったのである。そうしたせめぎ合いの中で、両公国以外の問題を通じても西欧諸国・ロシア・オスマン帝国の相互関係は密接化し、一八世紀末のフランスの両公国進出、さらに一九世紀初頭のナポレオンの登場により、西欧世界・正教世界・イスラーム世界は、政治的に相互にさらに強く結びつけられることになった。そして、一八〇六年のワラキア・モルドヴァ両公の解任に見られるように、この三世界の狭間に位置するワラキアとモルドヴァの問題が、緊密化する三者関係において決定的に重要な役割を果たしたことは、本章で示したとおりである。

繰り返しになるが、一八世紀半ばまで、ワラキア・モルドヴァの問題は、イスラーム世界の中核的国家であるオスマン帝国の内政問題であった。しかし、一七七四年からわずか三〇年あまりのうちにこの問題が、西欧世界・正教世界・イスラーム世界の間の政治的関係に大きな影響を与えるようになったことは、この短い期間に、三世界が、両公国の問題を通じて急速に結びつきを深めたことを示している。現在地球を覆うグローバルシステムの形成過程は、政治面では、西欧世界に端を発する、西欧国際システムと呼ばれる国際システムが、徐々に西欧世界外の政治アクターを自らのシステムに取り込み、結果としてシステムを外の世界へと拡大してゆくプロセスであった。本書で示したワラキア・モルドヴァ問題を通じた西欧世界・正教世界・イスラーム世界の政治的な結びつきの深化は、西欧世界の東に隣接する二つの大国、すなわち正教世界を代表するロシアと、イスラーム世界の中核であるオスマン帝国を、西欧国際システムが徐々に包摂してゆく動きの一つの萌芽として捉えることができるのである。

終章　近代移行期における三世界の中のワラキア・モルドヴァ
——その後の展望とまとめ

1　ウィーン体制下の両公国問題——概観と展望

（1）ウィーン会議からアドリアノープル条約まで

これまで、西欧・ロシア・オスマン帝国側のそれぞれの史料に基づき一八一二年までのワラキア・モルドヴァ両公国をめぐる問題を考察してきたが、本章は、その後の両公国をめぐる周辺三世界間の政治外交関係を一九世紀半ばの両公国統一まで、簡単ではあるが概観し、そしてそれをも踏まえつつ、これまで検討してきた内容を総括するという、展望とまとめの性格を持つ終章である。本書で取りあげたテーマについては、本来であれば、さらにウィーン会議から両公国統一の時期までの一次史料を丹念に当たって詳細に分析を行い、一八世紀半ばから一九世紀半ばまでの時期を包括的に扱うことが理想であるが、それは現時点での筆者の限界を越えている。したがって本書では、一八一二年以降の問題については本章で概要と見通しを示すのみとし、詳細な分析はまた別の機会に改めて行うこととしたい。

前章で扱った一八一二年のブカレスト条約後、ロシアはナポレオン軍の侵攻を受け、いわゆる「祖国戦争」に突入したが、この時のオスマン帝国の動向はロシアと西欧諸国の大きな関心の的であった。ロシアとの交渉を長引かせればさらなる譲歩を引き出せたと考える皇帝マフムト二世はブカレスト条約締結に対し不満であり、交渉担当者を処罰したほどであるが、それゆえフランス軍のロシア軍に対する優位が明らかになればオスマン帝国は再び対ロシア戦争を行う可能性が考えられた。フランスはオスマン帝国との同盟を目指し使節をイスタンブルに派遣したが、マフムト二世はその到着前にブカレスト条約の批准を行っており、さらに秋から冬にかけてナポレオン軍の劣勢が知られたこともあり、結局同盟が実現することはなかった。一方イギリスは、オスマン帝国を対ロシア戦争に導かぬよう両国の間を取りなし、オスマン・フランス間の連携を阻止しようとした。ブカレスト条約後のこうした列強からの様々な働きかけにもかかわらずオスマン帝国は中立を保ち、そうした中、ナポレオン戦争はフランスの敗北によって終焉を迎え、一八一四年、ヨーロッパ各国首脳は新たな秩序の確立のためにウィーンに集まり会談を行うことになった。(1)

オーストリアとイギリスは、オスマン帝国をヨーロッパの国際秩序に組み入れることなしにヨーロッパに安定はもたらされないと考えており、またオーストリアにとってはドナウ下流域への、イギリスにとってはカフカースへの、さらなるロシアの進出を阻止するためには各国によるオスマン帝国の領土の保障が必要であるため、この問題に関するウィーン会議参加国の同意と、オスマン帝国の会議への参加を目指した。(2) しかしロシアは、オスマン帝国の参加はセルビアやグルジア西部でのロシアとオスマン帝国との問題解決後であるべきとして反対し、そして当のオスマン帝国も、諸外国の力を借りてロシアから譲歩を引き出したいという希望はあるものの、マフムト二世が諸外国のこうした提案や動きを強く警戒したため、イギリス、オーストリア、フランスらのロシア・オスマン間の仲介を受け入れず会議には関与しないことを決定した。(3) オスマン政府の態度によっては、オスマン帝国の領土保全の問題がウィーン会議の主要な議題の一つとなる可能性もあったわけであるが、オスマン政府は会議に消極的な姿勢を見せてヨーロッパ諸国から距離を置いたため、オスマン帝国はウィーン体制の中には直接組み込まれないこととなった。それゆえ一八一五年以降のヨーロッパにおいて、大国間の戦争や国境線の変更がベルギー独立などのわずかの例外を除き見られなかったのに対し、オスマン帝国は、領内での民族運動の本格化やロシア・オスマン間の対立などにより常に不安定な状況に置かれ、ロシアをはじめとする諸外国のバルカンへの介入が継続して行われることとなった。

本書が問題としてきたワラキアとモルドヴァは、ウィーン会議においては大きな議題とはならなかった。ロシアとオスマン帝国間の問題は二国間の問題であるとするロシアの主張もあって、両公国を含むバルカンの諸問題は会議であまり重要視されず、さらに当時のロシア・オスマン間の主な懸案は、セルビアの問題と、ブカレスト条約の規定にもかかわらずロシア軍が撤退を拒んでいるスフミなどの黒海東岸部の問題であり、両公国は両国間においても大きな争点ではなかった。しかしウィーン会議とその後のヨーロッパ諸国とオスマン帝国との関係の中で、ワラキア公がパイプ役として重要な役割を担っていたことは指摘しておく必要があるだろう。ブカレスト条約後の一八一二年八月、オスマン政府によりワラキア公にはヨアン・カラジャ（Ioan Caragea，在位一八一二―一八）、モルドヴァ公にはスカルラト・カリマキが任命されたが、前者はその後オーストリアと関係を深め、メッテルニヒの側近として活躍したフリードリヒ・フォン・ゲンツ（Friedrich von Gentz，一七六四―一八三二）と絶えず連絡を取り合い、それはカラジャの退位後も後任の公に引き継がれた。このウィーン体制を支えるメッテルニヒとオスマン政府を結ぶ通信連絡ルートは、非公式のものではあるが重要であり、オスマン帝国が西欧の情報を入手する伝統的なルートの一つであるワラキア公のチャンネルは、一九世紀前半においても依然としてその役割を有していたのであった。(4)

ブカレスト条約後の両公国におけるロシアの影響力は、戦争前と同様に強力であり、それに対するオスマン側の不満や反発もあったものの、この地域をめぐる問題がロシア・オスマン間、あるいはヨーロッパ諸国間において大きく取りあげられることはなかった。しかし一八二一年にワラキアで生じたトゥドル・ヴラディミレスク（Tudor Vladimirescu, 一七八〇―一八二一）率いる蜂起と、ギリシア革命の幕開けとなる民族主義的秘密結社フィリキ・エテリア（Φιλική Εταιρεία）による両公国での蜂起によって、両公国に再び大きな注目が集まる。両公国民衆とフィリキ・エテリアはともにロシアの援助を期待していたが、革命的な動きを抑え秩序を維持しようとするアレクサンドル一世は、援助を行うどころか反対にこれらの動きを鎮圧しようとする姿勢を見せ、両公国での蜂起は発生から数カ月のうちにオスマン軍によって鎮圧された。ギリシア独立の動きについては、その後モレアに舞台の中心を移し、オスマン政府と列強、さらにはエジプトのムハンマド・アリー（Muhammad ʻAli, トルコ語で Mehmed Ali, 一七六九―一八四九）らをも巻き込んだ大きな問題に発展するわけであるが、ワラキアとモルドヴァには、現地での支配の再強化を図るべく、鎮圧のために派遣されたオスマン軍がその後もとどまったため、これがロシア・オスマン間に緊張をもたらすこととなった。

一八二一年の蜂起により、これまで公としてイスタンブルで任命され派遣されてきた主にギリシア系から成るファナリオットはオスマン政府によって排除され、彼らに代わって地元ボイェールが公に任命されるよう制度が改められた。これにより一世紀以上続いたファナリオット制は終了し、かねてよりボイェールたちが望んでいた「ギリシア人支配」からの脱却がここに実現した。翌二二年に地元のボイェール出身者が公として任命されるが、公を含めボイェールたちは、ブカレスト条約でモルドヴァの一部であるベッサラビアがロシア領になった経験から、ロシア一国への依存は決して彼らの自治の拡大をもたらさないことを学んだため、自らの国家の問題を多国間の国際問題化することによって地位と権利の保障を得ようとし、公も西欧列強との連携を深めた(5)。上述のオーストリアのゲンツとワラキア公とのつながりが一八二八年まで継続したことは、オーストリア・オスマン関係のみならず、こうしたワラキアの諸列強との連携という文脈においても理解され得る。

オスマン軍の両公国駐留と、特にロシア抜きのファナリオット制廃止に向けた動きに対してロシアは不満を持ち、両公国以外のモレアにおけるオスマン側の軍事的優勢やカフカースの問題も含め、一八二〇年代前半のロシア・オスマン関係は緊張したものであったが、アレクサンドル一世はウィーン体制の維持の観点から戦争には踏み切らなかった。しかしアレクサンドルが一八二五年に死去し、弟のニコライ一世（Николай I, 在位一八二五—五五）が即位すると、彼はヨーロッパ全体の秩序維持よりもロシアの利益の追求を優先する政策を取る。翌二六年三月、彼はオスマン政府に対し、ブカレスト条約の確認とその他の問題に関する交渉のため全権代表をロシア・オスマン国境に派遣することを要求する事実上の最後通牒を送り、これをマフムト二世も受け入れたため、ドニェストル河畔のアッケルマンで交渉が行われ、同年一〇月に両国間で協約が結ばれた。両公国に関しては、このアッケルマン協約第三条において、一八〇二年勅令とブカレスト条約の有効性の確認と、ロシアによる地元ボイェールからの公選出の承認などの内容を含み、さらに同日署名された両公国のみについての別の協約では、公任免についてのより詳細な規則、二年間の免税、両公国住民の通商の自由なども定められた。セルビアのさらなる自治拡大やスフミ周辺のロシアへの割譲などを考え合わせると、アッケルマン協約はロシアの外交的勝利とも見なすことができるが、しかしマフムト二世にとって、これは時間稼ぎのための一時的な妥協にすぎなかった。彼は同年六月、帝都イスタンブルで発生したイェニチェリの反乱を鎮圧してイェニチェリの廃止を実現し、そしてほぼ同時に西洋式軍隊を創設して軍隊の強化を図り、これを背景としてロシアと列強に対して強硬な姿勢を見せた。一八二七年一一月、オスマン政府はアッケルマン協約を破棄し、翌二八年からロシアとの戦争が開始される。

軍事的に優位に立つロシア軍は、一八二九年八月にはイスタンブルからわずかな地点にまで迫ったためオスマン側は講和を求め、同年九月にエディルネ（アドリアノープル）で講和条約が締結される。その第五条では、両公国はオスマン宗主下に置かれロシアがその繁栄を保障する、と規定され、さらに具体的で詳細な内容は、本条約とは別に分離条項として両国間で署名された。そこでは両公国の食糧供出の義務が廃止され、ジュルジュやブライラなどのドナウ左岸のオスマン領がワラキア領となり、三種類の税目以外の両公国からの税の支払いが禁止された。総じて、同条約によりロシアが新たな権利を獲得したというよりは、両公国の自治の拡大とオスマン政府の権限の縮小が実現されたと言うことができるだろう。またこの条約の中でおそらく初めて、ワラキアとモルドヴァがオスマン帝国の「宗主権（suzeraineté）」下にあると規定されたことも指摘しておかなければならない。それ以前には外交条約の中でオスマン政府の両公国に対する宗主権に言及したものはなく、実態からオスマン政府がワラキアとモルドヴァに対する宗主権を持つと我々は見なしているわけであるが、同条約によって初めて、法的にオスマン帝国が両公国に対して宗主権を有することが規定されたのである。これに関しては、オスマン帝国における帝国認識や近代における西洋的な国際法の受け入れなど様々な観点から考察すべき重要な問題であり、今後の検討課題の一つである。

このように、ウィーン会議への関わりを拒否したとはいえ、オスマン帝国支配下のバルカンの問題はロシアとオスマン帝国間の重要な問題であり、またウィーン体制を支える列強も無視できないものであった。しかし、バルカンの中でもギリシアと両公国では列強の対応には差異が認められる。一八二〇年代に独立戦争が継続したギリシアにおいては、一八二五年にエジプトのムハンマド・アリーの参加によりギリシアの問題が東地中海全域に関わる問題へと発展したため、ロシアのほか、地中海に利害関係を持つイギリスとフランスが連携し、この三国の協議によって独立への道筋がつけられた。一方両公国に関しては、この問題に対するイギリス・フランスの影響力は小さく、またアッケルマン協約やアドリアノープル条約の内容が、あくまでオスマン政府の影響力の削減でありロシアの極端な権利の拡大ではなかったため、オーストリアやプロイセンの介入も限定されたものであった。ワラキア・

モルドヴァ両公国をめぐる問題、そこにセルビアを加えることもできるが、それらは、オーストリアの関与はあるものの、この時期までは主としてロシア・オスマン帝国間の問題としての性格を有していたと言うことができよう。

（2）両公国の統一

アドリアノープル条約後の一八三〇年代から一八四〇年代になると、両公国の進歩的な若手ボイェールたちを中心に両公国の自立と統一を目指す動きが現れ、こうした統一の動きと周辺の列強との関わりが新たな問題として浮上することになる。

一八二〇年代におけるロシアの漸進的で相対的な影響力の拡大は、一八三〇年代に入るとやや積極的なものとなるが、その背景として、アドリアノープル条約がオスマン帝国に賠償金の支払いを定めていたため、その終了までロシア軍が両公国に駐留し続けたという事実を指摘できる。ロシア軍占領下、言い換えれば事実上のロシア保護下の両公国では、ロシアのキセリョフ将軍（Павел Дмитриевич Киселев，一七八八―一八七二）の主導で本格的な近代化が進められ、一八三一年に両公国で国家組織に関する同様の法規、「組織規定（regulamentul organic）」が定められた。これによりワラキアとモルドヴァが同様の政治社会組織と法を持つこととなり、これが将来の両公国統一の基礎となったと考えられている。また一八三〇年代半ば頃からボイェールの子弟がパリを中心として西欧で自由主義的な思想に触れ、両公国統一を目標とする様々な政治文化活動を行ったことも、その後の具体的な統一への流れを生み出した。

一方、オスマン帝国をめぐる国際関係に目を移すと、一八三〇年代はオスマン帝国とロシアとの同盟関係を特徴とし、またエジプトのムハンマド・アリーの問題が大きな影響を与えていた。ギリシア独立戦争時にオスマン政府に協力したムハンマド・アリーは、その協力の見返りに不満を持ち、一八三〇年に軍をシリアからアナトリア方面に派遣した。その軍が帝都方面に迫ったためオスマン政府は危機的な状況に陥ったが、その時七月革命の影響を受けていた西欧各国ではなくロシアがオスマン政府に協力を申し出たことから、一八三三年に両国間で同盟条約が締結され、ロシアはオスマン政府に対する影響力を強めることとなった。この事態を受けてイギリスもロシアに対抗してオスマン帝国への支援を行ったため、一八三〇年代のオスマン帝国はイギリスとロシアの狭間で安定を得ることになる。その後一八三八年に再びムハンマド・アリー軍とオスマン政府軍が衝突したが、オスマン帝国はロシアの影響力を緩和する狙いもあり、一八三八年にイギリスに自国内でのイギリス商人の通商の自由を認める通商条約を締結し、さらにエジプト問題へのロシアの関与を阻止したいイギリスはこの問題に関してロシア、プロイセン、オーストリアと一八四〇年にロンドン条約を結び、ここでロシアは一八三三年のオスマン帝国との同盟条約を破棄することを受け入れた。こうして一八四〇年代は、ロシアのオスマン帝国に対する影響力は一八三〇年代に比べて後退したが、ロシアは一八三〇—四〇年代を通じてムハンマド・アリーによるオスマン帝国分裂の危機を回避し、オスマン帝国の一体性を維持することにより、その中で緩やかにバルカン・地中海方面への進出を目指そうとした。オスマン帝国の一体性の保全を望むのは、ロシアの進出に対抗するイギリスも同様であった。

ワラキアとモルドヴァでは、一八三三年のロシア・オスマン同盟成立の翌年にロシア軍が撤退するが、「組織規定」はオスマンとロシアの両政府の同意なしには改正されないという合意をオスマン政府に認めさせることで、ロシアはオスマン政府による反動的な動きを牽制し、両公国での影響力を担保した。その後ワラキア・モルドヴァそれぞれの議会には自立と統一を目指す勢力が進出し、同様の目的を持つ組織がパリにも作られ、こうした統合への期待の高まりの中で一八四八年の革命の影響が両公国にも及ぶことになる。モルドヴァでは大規模な集会が行われただけにとどまったが、ワラキアでは実際に革命が起きたことから、オスマン帝国と「革命の憲兵」であるロシアがともに軍隊を派遣し、首謀者たちは亡命を余儀なくされて革命は失敗に終わる。

こうした両公国の革命的な動きを、協調して鎮圧したロシアとオスマン帝国であるが、よく知られているように、一八五一年にルイ・ナポレオン（Charles Louis-Napoléon Bonaparte, 大統領職一八四八―五二、一八五二―七〇まではナポレオン三世として皇帝位）の要求に応じて、カトリックによる聖地イェルサレムの管理権をオスマン政府が認めたことを契機にロシア・オスマン関係は急速に悪化し、ロシアが一八五三年にモルドヴァへ軍を進めたことで両国は開戦へと向かう。クリミア戦争勃発の原因や戦争の経緯について、ここで詳しく説明することはできないが、この時のロシアの両公国へのさらなる進出が、それまで以上にオスマン帝国やオーストリアのみならず、フランスやイギリスの関心と警戒心を引き起こした。その理由として考えられるのは、一八三〇年代以降の両公国と西欧との経済的関係の拡大である。アドリアノープル条約によりイスタンブルへの食糧供出の義務から解放された両公国からは、その後西欧諸国への穀物や家畜の輸出が急速に拡大し、一八三〇年代半ばから一八四〇年代半ばまでの約一〇年に貿易額は二倍から三倍に拡大した[6]。また一八四八年革命の亡命者たちの訴えによりナポレオン三世が両公国統一問題に関心を示したこともそうした理由の一つとして挙げられよう。そしてこの戦争中に行われた列強間の話し合いの中で、ワラキアとモルドヴァの統一問題が初めて議題とされ、本格的に議論されたのである[7]。

一八五六年のパリ講和会議でもこの統一問題は議論され、フランス、サルデーニャ、ロシア、プロイセンが賛成、オーストリアとオスマン帝国が反対の立場を表明した。結局、これまで以上に自立性を持ち、ロシアの影響力を排除して条約締結国が集団で監視するという条件の下、オスマン帝国の宗主権を引き続き認めることが合意された。

同条約を受けて両公国において新たに招集され特別議会の選挙では統一派が勝利したが、両公国問題に関してパリで行われた列強七カ国による会議でも統一は認められなかった。こうした列強の姿勢に対して統一派は、その後一八五九年に両公国のそれぞれの議会が同一の人物、すなわちアレクサンドル・ヨアン・クザ（Alexandru Ioan Cuza, 在位一八五九—六二、一八六二—六六）を公として選出することにより事実上の合同を成し遂げた。結局、列強もこの既成事実を追認したことから一応の統一が果たされ、一八六二年にルーマニア公国が成立することになった。

以上、ごく簡単にウィーン体制下の両公国問題を見たが、一八三〇年代以降の両公国統一の動きと西欧との経済的結びつきの拡大を背景として、クリミア戦争での敗北によるロシアの両公国での影響力の喪失により、両公国問題には、それ以前のロシア、オスマン、オーストリアに加えてイギリスやフランスらも積極的に関わることとなった。そして西欧諸国、ロシア、オスマン帝国間の多国間による保障により統一が成し遂げられ、名目的にはオスマン帝国の宗主下ではあるものの、実際には自立し独立したルーマニア公国、そしてその後のルーマニア王国は、他のバルカンの独立国と同様、その後も引き続き西欧諸国・ロシア・オスマン帝国の間の複雑な力関係の中で、その歴史を歩むことになるのである。

2　まとめ

前節で簡単に一八一二年以降のワラキアとモルドヴァをめぐる政治外交的な動きを見たが、ウィーン体制下における両公国とオスマン・ロシア・西欧諸国間の関係、そして両公国問題をめぐる周辺諸国間の関係をも踏まえ、最後にこれまで本書で検討し考察してきた内容を簡潔にまとめたい。

本書の冒頭で述べたように、今日のグローバル世界の歴史的形成過程に関しては、前近代においては、文化的・

宗教的伝統とそれに基づく価値観などを共有する空間としての「世界」が複数併存していたが、その中で近世以降、カトリックを文化的基礎とする「西欧世界」が他の各「世界」へと進出し、西欧の主導により諸「世界」がその政治経済システムに包摂されることにより一体化していった、とする考え方が広く認められている。しかし、それを複数の「世界」の史料を突き合わせながら具体的に実証しようとする研究はこれまであまり行われてこなかったことから、ある特定の空間と時間と分野に焦点を絞って、西欧を含む複数の「世界」が関係を緊密化させ統合へと向かう具体的な過程を、それぞれの一次史料に基づいて検討する必要があるという認識が、本書執筆の動機であった。そして近世から近代にかけての西欧世界の拡大の中で、その東方に隣接する正教世界とイスラーム世界との関係の緊密化と一体化の動きは、それぞれの世界の空間的な広がりや社会経済的規模からしても、グローバルシステム形成過程を考察する上できわめて重要であることは疑う余地がなく、本書では西欧世界と正教・イスラーム両世界の政治外交的側面における諸関係の緊密化の具体的諸相を実証的に明らかにすることを試みた。その中でも特にロシアとオスマン帝国との間で本格的な戦争が開始された一七六八年から、ナポレオン戦争中に同じく両帝国間で生じた戦争が終結する一八一二年の四〇年あまりの時期を主たる対象とし、バルカンに位置する、オスマン帝国の付庸国であるワラキアとモルドヴァの二つの国家に焦点を当てて、両公国と周辺の三つの「世界」との政治外交関係の変遷を、可能な限り各世界の一次史料に基づいて跡づけ、正教世界を代表するロシアと、イスラーム世界の中核国家であるオスマン帝国の、西欧諸国との関係の緊密化、そしてその結果として生じた、西欧世界を原動力として形成されつつあった国際システムの東方拡大による近代国際システム形成の一局面を解明しようと試みた。そしてこれまで考察したように、その対象時期の始まりと終わりでは、両公国と周辺の三世界との間、そして両公国をめぐっての三世界間の政治外交的関係は大きく変化し、一八世紀後半からのわずか四〇年程度の間に深く緊密化したことが明らかになった。

本書で述べてきたことは以下のようにまとめられよう。

周知のとおり、西欧世界は一七世紀頃までは、どちらかというとユーラシアの辺境に位置する弱小な世界であり、世界史の中でヘゲモニーを握るような存在ではなかった。第1章で論じたように、一五世紀から一七世紀末までの、西欧世界とそれに隣接するイスラーム世界、そして正教世界との関係は、明らかにオスマン帝国を政治的中核国家とするイスラーム世界の優位であった。一三世紀末にイスラーム世界の辺境に生まれたオスマン勢力は、アナトリアとバルカンで急速に拡大し、一五世紀半ばには当時の正教世界の中心であるビザンツ帝国を滅亡させ、コンスタンティノープルを帝都とする巨大帝国へと発展していった。ビザンツ帝国という政治的中心を失った正教世界は、イスラーム世界の中に取り込まれ、その政治的中心は、北方の新興国モスクワへと移動した。正教世界の中核地域であったバルカンと、新しい政治的中心となった北方のモスクワという乖離が、バルカンの政治的・文化的発展に一定の制限をもたらしたが、後にロシアが台頭してバルカンへ南下することにより、再びバルカンというビザンツ亡き後イスラーム世界に取り込まれた正教徒たちの地域と、ロシアという正教世界の政治的中心が接近し始め、イスラーム世界と、ロシアを盟主とする正教世界との摩擦を生み出すことになる。

一六世紀前半のスレイマン一世の時代に最盛期を迎えたオスマン帝国は、西欧世界の東辺を侵食し、神聖ローマ帝国の帝都ウィーンをも脅かすほど西欧世界の中心部まで迫った。このイスラーム世界の優位の時期、オスマン帝国の存在は、今日にまでつながる外交慣例の確立など、西欧世界内における政治主体の緊密化と一体化、そして西欧世界内の国際システム形成を促す効果をもたらした。後にオスマン帝国自身もその国際システムに加わることとなるのであるが、しかし一六、一七世紀は、オスマン帝国はそうした西欧世界内の国際システムを越え、西欧世界全体に大きなインパクトを与える存在であったと考え得る。

一七世紀後半は、このように優位に立つオスマン帝国に、西欧諸国と、ビザンツ亡き後正教世界の中心を自任するロシアが挑戦した時期であった。長期にわたるオスマン帝国と神聖同盟との戦いの結果、神聖同盟側が勝利し、一六九九年のカルロヴィッツ条約および一七〇〇年のイスタンブル条約により、オスマン帝国は西欧諸国に多くの領土を割譲して大きく後退する。これによりオスマン帝国の西欧諸国に対する優位は解消され、そしてそれとほぼ同時に、北方にピョートル率いるロシアが台頭したことにより、一八世紀前半には西欧世界の東辺に位置するハプスブルク帝国、正教世界の中心ロシア帝国、そしてイスラーム世界の中の大国オスマン帝国の三つの国の間に、力の均衡が生じることとなった。したがって、一七世紀末の二つの条約は、西欧・正教・イスラームの三世界の力関係の重要な転換点であったと考えられる。一八世紀はこの三世界の力の均衡が続き、中でも一七一八年から一七六八年の約半世紀、一度戦争をはさんだものの、ハプスブルク帝国・ロシア・オスマン帝国の三国は比較的平和な時期を過ごした。このような時期においても、西欧諸国・ロシア・オスマン帝国の間では、同盟などの外交を通じて、相互に政治的関係を深めていった。

第2章では、第1章で論じたような一五世紀から一八世紀前半にかけての、イスラーム世界の優位から、西欧・正教世界との均衡という流れの中で、三世界に挟まれたワラキアとモルドヴァと各世界との相互関係を検討した。ワラキアとモルドヴァは、他のバルカン地域と異なり、ハプスブルク帝国やポーランドとの緩衝地帯として、オスマン帝国に様々な義務を負いながらも自前の国家を維持したまま一五、一六世紀にオスマン帝国に従属した。一六、一七世紀を通じて両公国にはオスマン帝国からの支配がよく及び、時々起こるポーランドの干渉の試みも成功しなかった。しかし、一七世紀後半に生じた両公国周辺の三世界の政治変動の中で、ワラキアとモルドヴァの公とボイェールたちは、オスマン支配からの離脱を目指してハプスブルクやロシアと連携し、特にオスマン帝国の西欧諸国とロシアに対する優位が解消された一八世紀初頭、ディミトリエ・カンテミールが正教世界の盟主ロシアと結んで離脱の動きを見せると、オスマン帝国の両公国支配は一時動揺する。その後カンテミールの試みが失敗に終わると、オスマン帝国は、支配層に取り込まれた正教徒であるファナリオットをワラキアとモルドヴァに公として派遣する制度を開始し、両公国支配の再強化を狙った。一八世紀前半は、このオスマン政府の試みは一応成功し、両公国の離反の動きは抑えられたが、ファナリオット制の導入は、外国人支配に不満を持つ両公国のボイェールたちを外国へと接近させるという副作用をもたらした。このような、一八世紀後半以降の西欧・正教世界の両公国への進出につながる萌芽はすでに一八世紀前半に見られたが、しかしこの時期、オスマン帝国による両公国支配を揺るがすほどの、他国の強い影響は見られなかったのであった。

そうしたオスマン・両公国間の宗主―付庸関係の転機となったのが、第3章で検討した一七七四年のキュチュク・カイナルジャ条約であった。一七六八年のロシア・オスマン戦争において、ロシアはオスマン帝国を軍事的に圧倒したが、ハプスブルク帝国とプロイセンの仲介により、オスマン帝国は戦闘での劣勢にもかかわらず、それほど多くの領土を喪失しなかった。しかし、黒海におけるロシア商船の自由航行権、オスマン帝国内のあらゆる場所に領事を置く権利、オスマン政府による帝国内のキリスト教徒臣民の保護、など、ロシアは同条約でオスマン帝国に対するいくつかの重要な権利を獲得した。そのうちの一部がワラキアとモルドヴァに関するものであり、ロシアは両公国に関する発言権を獲得したほか、傀儡をモルドヴァ公に就けることにも成功した。これにより、それまで約半世紀にわたって保たれていたロシア・ハプスブルク・オスマン三国間の力の均衡に変化が生じ、その三国の真ん中に位置するワラキア・モルドヴァにロシアの影響が及び始めたため、条約締結後、ハプスブルク帝国も両公国への進出を試みる。その結果、一七六八年までオスマン支配が強く及んでいた両公国は、政治的にロシア・ハプスブルク・オスマンの三国がせめぎ合う場所となっていった。

第4章では、キュチュク・カイナルジャ条約後から一七九二年までの、両公国をめぐるロシア・ハプスブルク・オスマンの三国のせめぎ合いの過程を跡づけた。ロシアの傀儡の公がオスマン政府に処刑されることによってロシアの両公国進出が一旦挫折した後、一七八〇年代に入ると、ロシアとハプスブルク帝国は同盟を結び、共同でオスマン帝国に黒海通商と両公国に関する要求を突きつけた。西欧に同盟者を見出せないオスマン帝国は、ロシアとハプスブルクの要求に屈し、その結果が、ハプスブルク帝国の黒海における商船自由航行、ロシアとオスマン帝国間の通商条約、ロシアによるクリム・ハーン国の併合、そしてワラキア・モルドヴァにおける両国の領事、および通商代表職の設置とワラキア・モルドヴァに関する一七八四年の協約であった。黒海通商のロシア・ハプスブルク帝国への開放によって、両国にとって政治的にも経済的にも重要性を増したワラキアとモルドヴァに、一七八〇年代初頭以降ロシアとハプスブルク帝国は、常駐の代表を通じて影響力を増大させ、その一方で一七八四年の協約によって、オスマン帝国のワラキアとモルドヴァへの権利は制限された。それにより、ワラキアとモルドヴァをめぐる、ハプスブルク・ロシア・オスマン帝国間のせめぎ合いは激しさを増し、この問題を通じて、三国の間には政治経済面を中心に様々な関係が構築されていったのである。その後一七八七年に勃発したオスマン帝国とロシア・ハプスブルク帝国間の戦争では、イギリス、プロイセン、スウェーデンなど他の西欧諸国も積極的に関与した。この時点でロシア・ハプスブルク・オスマンの問題は、もはやその三国内で完結せずに、他の西欧世界全体にも大きな影響を及ぼしていた。

このように、西欧世界と正教世界そしてイスラーム世界が政治外交面で次第に接近する中で、一七八九年のフランス革命は西欧世界内のみならず、ロシアとオスマン帝国、そして三世界の真ん中に位置するワラキアとモルドヴァにも影響を与えた。第5章で明らかにしたように、フランス革命後、共和国フランスがバルカン、特にワラキアとモルドヴァに進出し始め、そこに領事職を置くなど、それまでロシア・ハプスブルク・オスマン間の問題であった両公国の問題に、フランスという新たな要素が加わった。そのような共和国フランスの両公国への進出に危機感を持ったロシアは、オスマン・フランス関係がフランスのエジプト侵攻によって断絶し、それを契機にオスマン帝国と同盟関係に入ったことや、またオスマン政府が抑えることができないルメリの混乱という、オスマン帝国内の問題を利用し、一八〇二年に、ロシアに好意的な人物の公への就任と、公に関する規定を含む新たなオスマン・両公国関係を定める合意をオスマン政府に承認させることに成功した。合意の形式こそオスマン帝国に譲歩して、オスマン政府によるワラキア・モルドヴァ両公に宛てた勅令の形を取ったものの、実質はロシア・オスマン間の条約であり、オスマン帝国内でのフランスの影響力が低下する中、ロシアは両公国へのさらなる進出を果たしたのである。

しかしながら第6章で示したように、この勅令発布後、オスマン帝国とフランスとの外交関係は正常化し、オスマン帝国をめぐり、西欧世界の大陸部で覇権を握ったナポレオン率いるフランスと、これに対抗するロシア・イギリスとの間で綱引きが激化する。こうしてオスマン帝国は、ロシアとともに西欧の国際システムにさらに深く取り込まれてゆくことになるが、その中でワラキアとモルドヴァの問題は、オスマン帝国の外交姿勢を表す象徴的な意味を有することとなった。すなわち、一八〇六年にオスマン帝国がロシアとの合意に反して両公国の公を突然交替させたことが、オスマン外交の親ロシアから親フランスへの路線の転換であるとロシア側に見なされ、この問題はその後のロシア・オスマン戦争を引き起こす直接の原因となるほどの大きな意味を持ったのである。

戦争開始後フランスとロシアが接近したためオスマン帝国はイギリスと同盟を結び、その後再びフランスがオスマン帝国に接近するなど、この戦争中、オスマン帝国をめぐる外交関係は揺れ動いた。そうした変化の中でロシア軍占領下の両公国は、フランス・ロシア間のオスマン帝国の領土分割に関する話し合いにおいてフランス側もここをロシア側の勢力圏と認めていたが、一八一二年にその両国が対決するにあたって、オスマン帝国との戦争を早期に終結させることを余儀なくされたロシアが、ベッサラビア以外の両公国をオスマン側に返還し、結果的にロシアの領土獲得はモルドヴァの一部にとどまった。しかしこの戦争中、両公国の処遇をオスマン帝国以外の国家が協議するという、まさに「東方問題」としての扱いがなされ、さらにアドリア海沿岸など他のバルカン地域もそうした対象とされた事実は、西欧諸国・ロシア・オスマン帝国間の争点がワラキア・モルドヴァ以外のバルカンにも広がったことを意味しており、そこに三世界間の政治外交的結びつきの深化を見て取ることができる。

ここまで簡単に本書の内容をまとめたが、検討を行った時期の始まりと終わりのロシア・オスマン戦争、すなわち一七六八―七四年と一八〇六―一二年の戦争におけるオスマン政府と両公国の関係や、両公国と諸外国との関係、また両公国問題をめぐって生じたオスマン帝国と諸外国との外交的な問題を比較すると明らかなように、一七六八年以前にはオスマン帝国内の問題であった、オスマン帝国の付庸国ワラキアとモルドヴァの問題は、一七七四年のキュチュク・カイナルジャ条約以降、急速にロシア、ハプスブルク、フランスなどの諸外国が次々と関与する外交問題となり、その結果一八〇六年の戦争時には、ロシア・オスマン戦争勃発の直接の原因となり、またヨーロッパ諸国間においても重要視されるような国際的な広がりを持つ問題となったのである。このことは、前近代から近代に移行するわずか四〇年あまりの間に、西欧世界内の主要国であるハプスブルク帝国と、ナポレオン時代に大陸で覇権を握ったフランス、地中海での覇権を握るイギリス、正教世界の中心ロシア、そしてイスラーム世界の中核的国家であるオスマン帝国の各国家が、ワラキアとモルドヴァを通じて相互に結びつきを強め、結果としてこの時期に三世界が急速に政治的統合へと向かったことを具体的に表している。

前節で概要を提示したように、一九世紀前半のウィーン体制の下、ワラキアとモルドヴァは国境こそ不変であったものの、アドリアノープル条約とその後のロシアの動きが示すとおり、オスマン政府の両公国に対する権限はますます縮小し、それと反比例するかのようにロシアの役割は増大した。そして時代が下り、両公国の統一が重要な問題として現れると、ロシアとオーストリア以外に、イギリスやフランスが本格的にこの問題に関わり、その統一には、オスマン帝国も協議に参加してはいるものの、主にロシアと西欧各国間で決定されるに至った。また一九世紀前半に三世界のせめぎ合いの場は、ギリシアなどの正教徒の多数居住するドナウの南のオスマン帝国領にも拡大し、西欧世界・正教世界・イスラーム世界の三つの世界は、バルカンの諸問題を通じてますます統合されてゆくことになるのである。

以上が本書で明らかにした内容であるが、反省点や今後明らかにすべき課題も多い。そのうちのいくつかを挙げるならば、一つ目に、オスマン・両公国間関係をより総体的に把握する必要性があるだろう。本書では宗主―付庸関係の変遷を検討し、ロシアがその関係を明文化することによりオスマン政府による両公国支配は限定され縮小されて、その余地にロシアが影響力を拡大したことを指摘したが、その際検討したのは、主に勅令や法令等の制度面のみにとどまり、政治経済の分野などにおいて、実態の上でオスマン支配がいかに制限され、ロシアをはじめとする諸外国がどのように両公国の諸問題に絡んでいったのかを具体的に明らかにすることはできなかった。しかし諸外国の進出による宗主―付庸関係の変化を制度と実態両面から検討し総体的に捉えた上で三世界の統合の問題を考察しなければならないことは言うまでもなく、一方でオスマン帝国内の他の従属地域との比較を行うなど、オスマン帝国の帝国構造をも視野に入れつつ、さらに深く宗主―付庸関係の検討を進めなければならないと考える。二つ目に、上と関連するが、政治外交関係以外の他の側面における両公国と周辺諸国間の関係を解明しなければならない。特にオーストリアを含む西欧各国の両公国への関心は、少なくとも一九世紀前半までは主に通商上の利害関係に基づいており、また実際ヨーロッパ諸国と両公国との貿易も徐々に拡大していったことから、通商を含む経済的要因は、西欧・ロシア・オスマン間の政治外交に大きな影響を与えていたことは明らかである。本書ではこの経済的側面を十分検討することができなかったため、これも今後の重要な課題となる。三つ目に、上の二つの課題と同時に、研究対象地域をさらに拡大することも必要である。本書で焦点を当てたワラキアとモルドヴァは、バルカンを通じて西欧・正教・イスラーム世界が政治外交的に結びつく現象の先駆けであり、三世界のせめぎあいの場は、その後他のバルカン地域へと拡大してゆく。さらに本論でも言及したが、一八世紀後半以降のロシアと西欧各国のワラキア・モルドヴァ進出は黒海通商の問題とも深く関連しており、(8)ロシアや西欧にとっての黒海周辺地域、および黒海通商の問題の中にバルカンを位置づけ、より広い視野から三世界の統合の問題を考えることが重要である。

以上のような、軸となるオスマン・両公国間の宗主―付庸関係の総体的把握と、政治外交以外の分野、特に経済面の検討、そして考察対象地域の拡大などを行うことにより、三世界統合の具体的過程がより深く理解されることとなるはずである。そして前節で概要を示した一九世紀前半における両公国問題に関する詳細な検討と併せ、これらを今後の当面の課題として研究することにより、世界の一体化の具体的諸相をさらに広く明らかにすることが重要であると考えるのである。

あとがき

バルカンという地域と関わり始めてからすでに結構な時間が経っている。私は年齢的に言えば、研究者の世界の中ではまだ若いと思っているが、よく考えてみると、初めてバルカンに足を踏み入れたのが二十歳の時のことであるから、およそ人生の半分の時間をこの地域と付き合っていることになる。この事実に気づいたとき、一つの区切りとして、そろそろ一応の成果をまとめなくてはいけないのではないかと感じるようになった。

この地域に関心を持ち始めたのは大学二年の頃である。当時、六〇〇年あまり存続したオスマン帝国という巨大な国家に興味を持っていた私は、休みを利用してトルコとブルガリアを訪れたのだが、その時のブルガリアの印象が、その後の私の関心をバルカンへと向けさせるきっかけとなった。その少し前に、崩壊直前のソ連末期のロシアを旅した私の眼には、ブルガリアの首都ソフィアの町並みはモスクワやハバロフスクなどとさほど変わらないように映った。しかしよく観察すると、モスクや半地下の教会、ローマの遺跡、トルコと似たような料理やお菓子など、ロシアでは見かけなかったものも多かった。ヨーロッパ的な雰囲気を持ちながらトルコ的でもあるこの空間について少し勉強してみようと思い、近代を中心にその歴史を調べ始めると、非常に複雑であり、またそれゆえ興味深く感じた。オスマン帝国の中央政府、バルカンの諸民族、地方名望家層（アーヤーン）、正教会、そしてロシアや西欧の列強、等々、数多くのプレーヤーが登場し、お互いに複雑な関係を築きあげながら歴史の歯車を動かしている。とくに近代以降はたびたび紛争や戦乱に巻き込まれ、決して平和な土地というわけではない。にもかかわらず、私が実際に見たバルカンは、穏やかでのんびりしたところだった。ロシアの詩人フョードル・チュッチェフの有名な詩の中に、「ロシアは頭では理解できない。並みの尺度では測れない……」という一節があるが、「ロシア」の代わりに「バルカン」を入れてもよいくらい、なかなか一筋縄では理解できないところだと思った。

周知のとおり、ちょうどその頃、すなわち冷戦崩壊後の一九九〇年代、バルカンにも大きな変化の波が押し寄せていた。市場経済への移行に伴う経済的混乱のほか、旧ユーゴスラヴィアでは民族紛争が生じ、これについてのニュースが日本でも連日報道された。そうした中で私が強く感じたのは、この地域の冷戦前の姿が再び現れているのではないかということであった。西欧に成立したEUは東方への拡大を推し進めようとし、一方ロシアは冷戦期の影響力を急速に失いながらも何とか踏みとどまろうとしていた。そしてイスタンブルにはバルカンをはじめ、ウクライナ、カフカースなど、旧オスマン帝国の領域から人々が集まり、これと並行して、旧社会主義圏としての東欧は、次第に「中欧」と「バルカン」に分けて論じられるようになっていった。五〇年足らずの「冷戦」という薄い表層が剝がれた後には、その下の数百年という分厚いオスマン帝国の層が顔を覗かせ、そこに西欧諸国とロシアがもつれ合いせめぎ合うという、かつての姿が現れ始めていたのである。このような状況を見ながら私の研究は、西欧・ロシア・オスマンという文化的伝統の異なる「世界」に属する国々が政治外交的にバルカンをめぐってどのようにせめぎ合い、それがバルカンという地域に、またそれぞれの「世界」にどのような影響を与えたのか、という問題を探る方向へと向かっていった。その中で、そうしたせめぎ合いが最も早く現れたワラキアとモルドヴァという地域に焦点を当てて修士論文を書き、その後もこのテーマを今日まで継続して追ってきたのである。そしていろいろな方々のご協力を得て、この度、これまでの研究成果をまとめ発表する機会を得ることになったわけである。

本書のもとになったのは、筆者が平成一九年、東京大学大学院総合文化研究科に提出した博士論文であるが、内容に関して様々な点、例えば、オスマン中央政府とワラキア・モルドヴァ両公国との中央―周辺関係、などの検討が十分とは言えず、また時間の関係から、扱う時期を一八〇六年というやや中途半端な時期までに限定せざるを得なかったなど、至らない点が多くあった。そのためこれを修正し、さらに対象時期をウィーン体制成立時というきりの良いところまで延長した上で、ようやく本としてまとめることができた。

本書の冒頭でも言及したが、この本が目指したものは、決して大層なものでも難しいものでもない。ただ単純に、地球上の様々な場所がお互いにどのように結びついていったのか、その一面を具体的に見てみようと思ったにすぎない。ただその際、文化的伝統の異なる三つの世界の史料を使うことにより、多面的で複合的な視点からバルカンの事象を眺めようと努めた。学部生時代は文学部東洋史学科で歴史研究とイスラーム史研究の基礎を、その後学士入学で三年生に編入した教養学部ロシア東欧科ではスラヴ東欧研究の基礎をそれぞれ学び、そして大学院に進学してからは西欧の東方拡大にも関心を持ちながら研究を続けてきた自分としては、この点が本書の持つオリジナリティであり多少の学術的意義だと思っているのだが、しかし筆者の能力不足から、問題点もまだ多く残っている。一次史料のうち、重要であるにもかかわらず使用できなかったものがオスマン語史料を中心にまだ数多くあり、さらに、国際関係の理論的な分野を十分押さえていないという反省もある。これらのことは今後取り組むべき課題としてしっかり受け止めつつ、今回、これまでの自分の研究に一区切りつける意味合いもあって、今までの研究成果を一冊の本として上梓することにした。それゆえ本書は、私が大学入学以来関わり、またお世話になった多くの方々のおかげをもって世に出ることになった。その方々の数はあまりに多く、ここで全てのお名前を挙げることができないのは心苦しい限りだが、しかしその中で何人かは挙げさせていただきたい。

大学入学以来、ゼミや論文指導などを通じて今日まで私を教え導いて下さった指導教授の鈴木董先生（前東京大学東洋文化研究所教授、現在東京大学名誉教授）には、トルコ語やオスマン語の基礎やイスラーム史などの専門分野のみならず、歴史学、政治学、さらには人文・社会科学を中心とする学問全般に関する幅広い知識と学問に取り組む姿勢を教えていただいた。また提出した博士論文の主査でもあり、博士論文執筆時には多くの時間を割いてご指導いただいた。鈴木先生なくしては博士論文も本書も現れることはなかったに違いない。心より御礼申し上げたい。

留学中お世話になったもう一人の指導教授であるミハイ・マキシム先生（前ブカレスト大学教授、現在ブカレスト大学付属トルコ研究センター所長）には、ルーマニア史に関する基礎知識やオスマン史料の読み方、そして本書の重要な問題の一つであるイスタンブルの中央政府と両公国関係などを中心にお教えいただいた。二年足らずの留学生活が楽しく充実したものになったのは、マキシム先生のおかげである。留学時にマキシム先生の指導の下、大学に提出した二つのレポートの内容が本書の一部を構成している。

前述のとおり学部生時代、東洋史学科でイスラーム史研究の基礎を、そしてロシア東欧科でバルカン地域研究の基礎を教えて下さり、卒論の指導をお願いしたのは、それぞれ、故佐藤次高先生（東京大学名誉教授）と柴宜弘先生（東京大学名誉教授）である。自分の学問的な基礎を作って下さった両先生には大変感謝している。佐藤先生にはまだまだ伺いたいことがたくさんあったが、二〇一一年に永眠された。昔ゼミでご指導下さったお礼に本書をお渡ししたかったのだが、それができなくなってしまったことが残念でならない。心からご冥福をお祈りしたい。

その他、本書の土台となった博士論文について、その審査の過程で様々な観点からのご指摘を下さった中井和夫先生（東京大学教授）、木畑洋一先生（成城大学教授、当時東京大学教授）、川島真先生（東京大学准教授）にも心より御礼申し上げたい。本書が生まれたのは、これらの先生方からの的確なご助言やご指摘があったからこそである。

また、講義やゼミで一緒に学んだ仲間、研究会やシンポジウムなどでご一緒させていただいた方々、そして広島修道大学と東京大学の同僚たちからは、議論や雑談の中で様々な刺激を受け、その影響は本書の内容に大いに反映されている。その中でも特に岡本隆司先生（京都府立大学准教授）を中心とする研究会に参加させていただいたことは、本書の執筆にとって非常に有難かった。このようなよき仲間や同僚に恵まれ、大変幸せに思う。

本書の刊行にあたっては、独立行政法人日本学術振興会「平成二四年度科学研究費補助金研究成果公開促進費（学術図書）」の助成を受けた。その他、平和中島財団日本人留学生奨学生、日本学術振興会科学研究費補助金（特別研究員奨励費、基盤研究(C)）、松下国際財団（現松下幸之助記念財団）研究助成、アサヒビール学術振興財団（現アサヒグループ学術振興財団）研究助成、福武学術文化振興財団歴史学助成、広島修道大学学内調査研究費、などの研究助成を受けて行った研究の成果が本書の内容に含まれていることを記しておく。

名古屋大学出版会の橘宗吾さんと林有希さんには大変お世話になった。拙い博士論文を何とか一冊の本にすることができたのは、橘さんの的確なアドバイスと、匙を投げることなく怠惰な著者を辛抱強く待って下さったその忍耐のおかげである。また林さんには編集作業において大変お世話になった。お二人に改めて感謝の意を表したい。

最後に、この本の執筆に打ち込めるよう日々支えてくれた家族に心から感謝したい。その中で、父は二〇一〇年末に他界し、残念ながら本書を見せることは叶わなかった。「遅ればせながら出来あがりました」と、本書を霊前に供えて報告したい。

二〇一二年一二月

著　者

《著者略歴》

黛《まゆずみ》　秋《あき》津《つ》

1970 年　東京生まれ
1994 年　東京大学教養学部卒業
2004 年　東京大学大学院総合文化研究科博士課程単位取得満期退学
北海道大学スラブ研究センタープロジェクト研究員，広島修道大学経済科学部准教授を経て
現　在　東京大学大学院総合文化研究科准教授，博士（学術）
著　書　『ルーマニアを知るための 60 章』（六鹿茂夫編著，明石書店，2007 年），『カフカース――二つの文明が交差する境界』（木村崇ほか編，彩流社，2006 年）

三つの世界の狭間で

2013 年 2 月 28 日　初版第 1 刷発行

定価はカバーに
表示しています

著　者　黛　　秋　津
発行者　石　井　三　記

発行所　一般財団法人　名古屋大学出版会
〒 464-0814　名古屋市千種区不老町 1 名古屋大学構内
電話 (052) 781-5027 / FAX (052) 781-0697

印刷・製本 ㈱クイックス　ISBN978-4-8158-0720-7
乱丁・落丁はお取替えいたします。

索　引

ア　行

カ　行

サ　行

タ　行

ナ　行

ハ　行

マ　行

ヤ　行

ラ・ワ行

文献目録

文書史料

Arhivele statului ale României, *Documente istorice*, pachet DLXXXI/64, 66, 92.

Documente turceşti, nr. 1149, 2440.

Microfilm Turcia, rola 1.

BOA（Başbakanlık Osmanlı Arşivi）, *Cevdet tasnifi, Hariciye*, nr. 3442, 5562, 6098, 8121, 9208 ;

Eyâlet-i Mümtâze, nr. 1015.

Hariciye Siyâsî Kısmı, dosya 1011, nr. 3.

Hatt-ı Hümayun Tasnifi, nr. 12553.

Nâme-i Hümâyûn Defteri, nr. 4, 9, 10.

Rusya Ahidnâme Defteri, 83/1.

刊行史料

Adair, Robert, *The Negotiations for the Peace of Dardanelles, in 1808–9 : with Dispatches and Official Documents*, 2 vols., London, 1845.（英語）

'Âsım efendi, Ahmed, *'Âsım târihi*, 2 vols., İstanbul, f. d..（オスマン語）

Baycar, Adnan, ed., *Osmanlı-Rus İlişkileri Tarihi（Ahmet Câvid Bey'in Müntehabâtı）*, İstanbul : Yeditepe Yayınevi, 2004.（オスマン語）

Cevdet Paşa, Ahmed, *Târih-i Cevdet*, new version, 2nd print, 12 vols., Der Saâdet, 1309h.（1891–92）.（オスマン語）

Correspondence de Napoléon Ier, publiée par ordre de l'Empereur de Napoléon III., 33 vols., Paris, 1858–1870, reprint New York : AMS Press, 1974.（フランス語）

Documente privitoare la istoria Românilor : culese de Eudoxiu de Hurmuzaki, vol. 7（1750–1818）, Bucureşti, 1876 ; vol. 16（corespondenţa diplomatică şi rapoarte consulare franceze 1603–1824）, Bucureşti, 1912 ; vol. 19–1（Corespondenţă diplomatică şi rapoarte consulare austrice, 1782–1797）, Nistor, Ion. I., ed., Bucureşti, 1922 ; supliment 1–2（1781–1814）, Odobescu, A. I., ed., Bucureşti, 1885 ; supliment 1–3（1709–1812）, Bucureşti, 1889.（ドイツ語・フランス語）

Documente privind istoria României : colecţia Eudoxiu de Hurmuzaki（serie nouă）, vol. 1, 'Rapoarte consulare ruse（1770–1796）din Arhiva politica externă a Rusiei Moscova', Bucureşti, 1962 ; vol. 4, 'Rapoarte diplomatice ruse（1797–1806）', 1974.（ロシア語・フランス語）

Gemil, Tahsin, ed., *Relaţiile ţărilor române cu Poarta otomană în documente turceşti, 1601–1712*, Bucureşti, 1984.（オスマン語）

Gentz, Friedrich von, *Dépêches inédites du Chevalier de Gentz aux Hospodars de Valachie*, 3 vols., Paris, 1876–7.（フランス語）

Martens, G. F. de, ed., *Recueil de traités d'Alliance, de Paix, de Trève, de Neutralité, de commerce, de limites, d'échange etc. et de plusieurs autres actes servant à la connaissance des relations*

étrangères des Puissances et états de l'Europe, 2nd ed., 8 vols., Gottingue, 1817-1835.（フランス語）

Mehmed, Mustafa A., ed., *Documente turceşti privind istoria româniei*, 3 vols., Bucureşti, 1976-86.（オスマン語史料のルーマニア語訳）

Mu'âhedât mecmû'ası, 5 vols., 1295-1298h.（1877-90).（オスマン語）

Noradounghian, Gabriel effendi, *Recueil d'actes internationaux de l'Empire Ottoman*, 4 vols., Paris, 1897-1900.（各国語）

Paget, Augustus B., ed., *The Paget Papers : Diplomatic and Other Correspondence of Sir Arthur Paget 1794-1807*, 2 vols., London, 1896.（英語・フランス語）

Sturdza, D. A., & Colescu-Vartic, C., eds., *Acte şi documente relative la istoria renascerei Romîniei*, vol. 1（1391-1841), Bucureşti, 1900.（各国語）

Şânîzâde Ataullah efendi, *Şânîzâde târihi*, 4 vols., 1284-1291h.（1867-1875).（オスマン語）

Testa, Baron I. de, *Recueil des traités de la Porte Ottomane avec les Puissances Étrangères*, 11 vols., Paris, 1864-1911.（各国語）

Vâsıf efendi, Ahmed, *Mehâsinü'l-Âsâr ve Hakâikü'l-Ahbâr*, 2 vols., İstanbul, 1219h.（1804-05).（オスマン語）

———, *Mehâsinü'l-Âsâr ve Hakâikü'l-Ahbâr*, haz. Mücteba İlgürel, Ankara, 1994.（オスマン語の現代トルコ語転写）

Veliman, Valeriu, ed., *Relaţiile româno-otomane 1711-1821 : documente turceşti*, Bucureşti, 1984.（オスマン語）

Архивъ государственнаго совета, 2 т., СПб, 1869-88.（ロシア語）

Внешняя политика России XIX и XX века, Москва, 1960-.（ロシア語）

Исторические связи народов СССР и Румынии в XV - начале XVIII в.. Документы и материалы в трех томах, Москва, 1965-70.（ロシア語）

Недков, Борис, *Османотурска дипломатика и палеография*, том 2（документи и речник), София, 1977.（オスマン語）

Полное собраніе законовъ россійской имперій, серіе 1, СПб, 1830.（ロシア語）

Россия и освободительная борьба молдавского народа против османского ига（1769-1812), Кишинев, 1984.（ロシア語）

Сборникъ русскаго историческаго общества, том 1-148（1867-1916), С. Петербургъ.（ロシア語・フランス語）

Собраніе трактатовъ и конвенцій, заключенныхъ россіею с иностранными державами по порученію Министерсва иностранныхъ делъ, Сост. Ф. Мартенс, 15 томы, С. Петербургъ, 1874-1909.（各国語）

研究書

Abou-El-Haj, Rifa'at Ali, 'Ottoman Diplomacy at Karlowitz', *Journal of American Oriental Society*, vol. 87（1967), pp. 498-512.

Adanir, Fikret, 'Turkey's entry into the Concert of Europe', *European Review*, vol. 13, no. 3（2005), pp. 395-417.

Alexandrescu-Dersca, M. M., 'Rolul hatişerifurilor de privilegii în limitarea obligaţilor către Poartă（1774-1802)', *Studii. Revistă de istorie*, 11-6（1958), pp. 101-119.（ルーマニア語）

Anderson, M. S., *The Eastern Question 1774–1923 : A Study in International Relations*, London : Macmillan, 1966.

———, *The Rise of Modern Diplomacy 1450–1919*, London : Longman, 1993.

———, *The Origins of Modern European State System 1494–1618*, London : Longman, 1998.

Arı, Bülent, 'Early Ottoman Diplomacy : Ad Hoc Period', in Yurdusev, A. Nuri, ed., *Ottoman Diplomacy : Conventional or Unconventional?*, New York : Palgrave Macmillan, 2004, pp. 36–65.

Beydilli, Kemal, *1790 Osmanlı-Prusya ittifâkı (Meydana geliş-Tahlili-Tatbiki)*, İstanbul, 1981.（トルコ語）

———, *Büyük Friedrich ve Osmanlılar : XVIII. Yüzyılda Osmanlı-Prusya Münâsebetleri*, İstanbul, 1985.（トルコ語）

Boicu, Leonid, *Principatele române în raporturile politice internaționale (secolul al XVIII-lea)*, Iași : Junimea, 1986.（ルーマニア語）

———, *Principatele române în raporturile politice internaționale (1792–1821)*, Iași : Institutul European, 2001.（ルーマニア語）

Bozeman, Adda B., *Politics and Culture in International History*, Princeton : Princeton University Press, 1960.

Bull, Hedley & Watson, Adam, eds., *The Expansion of International Society*, Oxford : Oxford University Press, 1984.

Camariano, Nestor, *Alexandre Mavrocordato, le grand drogman. Son activité diplomatique 1673–1709*, Thessaloniki : Institute for Balkan Studies, 1970.

Camariano-Cioran, Adriana, 'L' activité d' Émil Clause Gaudin, premier consul de France à Bucarest', *Revue Roumaine d'Histoire*, vol. 9 (1970), pp. 251–260.

Carter, Francis W., *Dubrovnik (Ragusa) : A Classic City-State*, London & New York : Seminar Press, 1972.

Căzan, Ileana & Denize, Eugen, *Marile puteri și spațiul românesc în secolele XV-XVI*, București : Editura Universității din București, 2001.（ルーマニア語）

Ciobanu, Veniamin, 'Les Principautés Roumaines à la fin du XVIIIe siècle et les partages de la Pologne', *Revue Roumaine d'Histoire*, 12–4 (1973), pp. 715–730.

Constantiniu, Florin, *Constantin Mavrocordato*, București, 1985.

Davison, R. H., ''Russian Skill and Turkish Imbecility' : The Treaty of Kuchuk Kainardji Reconsidered', *Slavic Review*, 35–3 (1976), pp. 463–483.

Dicționarul explicativ al limbii române, ediția a 2-a, București, 1998.（ルーマニア語）

Dursteler, Eric R, *Venetians in Constantinople : Nation, Identity, and Coexistence in the Early Modern Mediterranean*, Baltimore : The Johns Hopkins University Press, 2006.

Dwyer, Philip G., ed., *The Rise of Prussia 1700–1830*, Harlow : Longman, 2000.

Fischer-Galati, Stephan A., *Ottoman imperialism and German Protestantism, 1521–1555*, Cambridge : Harvard university Press, 1959.

Fisher, Alan W., *The Russian Annexation of the Crimea, 1772–1783*, Cambridge University Press, 1970.

———, 'Muscovy and the Black Sea Slave Trade', *Canadian-American Slavic Studies*, vol. 6–4 (1972), pp. 575–594.

———, *A Precarious Balance : Conflict, Trade, and Diplomacy on the Russian-Ottoman Frontier*, Istanbul : The Isis Press, 1999.

Fleming, K. E., *The Muslim Bonaporte : Diplomacy and Orientalism in Ali Pasa's Greece*, Princeton : Princeton University Press, 1999.

Gemil, Tahsin, 'Mărturii din arhivele turceşti referitoare la sfîrşitul tragic al domnului Moldovei Grigore Al. Ghica (1777)', *Revista arhivelor*, 1984-3, pp. 289-298.（ルーマニア語）

———, *Românii şi Otomanii în secolele XIV-XVI*, Bucureşti, 1991.（ルーマニア語）

Goşu, Armand, *La troisième coalition antinapoléonienne et la Sublime Porte 1805*, Istanbul : Isis, 2003.

Gradeva, R., 'Osman Pazvantoğlu of Vidin : Between Old and New', in Anscombe, Frederick F., ed., *The Ottoman Balkans 1750-1830*, Princeton, 2006, pp. 115-161.

Grimsted, Patricia Kennedy, *The Foreign Ministers of Alexander I. Political Attitudes and the Conduct of Russian Diplomacy 1801-1825*, Berkeley & Los Angels : University of California Press, 1969.

Guboglu, M., *Paleografia şi diplomatica turco-osmană, studii şi album*, Bucureşti, 1958.（ルーマニア語）

Gvosdev, Nikolas K., *Imperial Policies and Perspectives towards Georgia, 1760-1819*, London & New York, 2000.

Heppner, Harald, *Österreich und die Donaufürstentümer 1774-1812 : Ein Beitrag zur habsburgischen Südesteuropapolitik*, Graz, 1984.

———, *Austria şi Principatele dunărene (1774-1812). O contribuţie la politica Sud-Est Europeană a Habsburgilor*, Cluj-Napoca, 2000.（ルーマニア語）

Herlihy, Patricia, *Odessa : A History, 1794-1914*, Cambridge : Harvard University Press, 1986.

Hitchins, Keith, *The Romanians 1774-1866*, Oxford University Press, 1996, pp. 156-157.

Hurewitz, J. C., 'Ottoman Diplomacy and the European States System', *The Middle East Journal*, vol. 15 (Spring 1961), pp. 141-152.

İnalcık, Halil, 'The Origins of the Ottoman-Russian Rivalry and the Don-Volga Canal, 1569', *Les Annales de l'Université d'Ankara*, vol. 1 (1947), pp. 47-106.

İnbaşı, Mehmet, *Ukrayna'da Osmanlılar. Kamaniçe Seferi ve Organizasyonu (1672)*, İstanbul, 2004.（トルコ語）

Ismail, F., *The Diplomatic Relations of the Ottoman Empire and the Great European Powers from 1806 to 1821* (Thesis Presented for the Degree of Doctor of Philosophy in the University of London), 1975.

Istoria Românilor, vol. 6 (Românii între Europa clasică şi Europa luminilor, 1711-1821), 2002.（ルーマニア語）

Kahan, Arcadius, *The Plow, the Hammer and the Knout : An Economic History of Eighteenth-Century Russia*, Chicago & London : The University of Chicago Press, 1985.

Karal, E. Z., *Fransa-Mısır ve Osmanlı İmparatorluğu (1797-1802)*, İstanbul, 1938.（トルコ語）

Khadduri, Majid, *War and Peace in the Law of Islam*, Baltimore : The John Hopkins Press, 1955.

Kołodziejczyk, Dariusz, *Ottoman-Polish Diplomatic Relations (15th-18th Century). An Annotated Edition of 'Ahdnames and Other Documents*, Leiden : Brill, 2000.

Köse, Osman, *1774 Küçük Kaynarca Andlaşması (Oluşumu-Tahlili-Tatbiki)*, Ankara, 2006.（トル

コ語)
Kuran, Ercüment, *Avrupa'da Osmanlı İkamet Elçiliklerinin Kuruluşu ve İlk Elçlerinin Siyasi Faaliyetleri, 1793–1821*, Ankara, 1988 (1st print 1968). (トルコ語)
Kurat, Akdes Nimet, *İsveç Kıralı Karl'ın Türkiye'de karışı ve bu sıralarda Osmanlı İmparatorluğu*, İstanbul, 1940. (トルコ語)
———, *Prut Seferi ve Barışı 1123 (1711)*, 2 vols., Ankara, 1951–53. (トルコ語)
———, 'The Turkish Expedition to Astrakhan in 1569 and the Problem of the Volga-Don Canal', *The Slavonic and East European Review*, vol. 40 (1961), pp. 7–23.
———, *Türkiye ve Rusya*, Ankara, 1970. (トルコ語)
Lebel, Germaine, *La France et les Principautés danubiennes (Du XVIe siècle à la chute de Napoléon Ier)*, Paris, 1955.
LeDonne, John P., *The Russian Empire and the World, 1700–1917 : The Geopolitics of Expansion and Containment*, Oxford University Press, 1997
———, *The Grand Strategy of the Russian Empire, 1650–1831*, Oxford University Press, 2004.
Lukowski, Jerzy, *The Partitions of Poland, 1772, 1793, 1795*, London & New York : Longman, 1999.
Madariaga, Isabel de, *Russia in the Age of Catherine the Great*, London, 1981.
Marcère, E. de, *Une ambassade à Constantinople. La politique orientale de la Révolution française*, 2 vols., Paris, 1927.
Marriot, J. A. R., *The Eastern Question, A Historical Study in European Diplomacy*, Oxford : Clarendon Press, 1917.
Mattingly, Garrett, *Renaissance diplomacy*, New York, 1988 (first published at Boston 1955).
Maxim, Mihai, 'Regimul economic al dominației otomane în Moldova și Țara românească în doua jumătate a secolului al XVI-lea', *Revista de istorie*, vol. 32–9 (1979), pp. 1749–1758. (ルーマニア語)
———, *Țările Române și Înalta Poartă*, București, 1993. (ルーマニア語)
———, 'New Turkish Documents Concerning Michael the Brave and His Time', *Revue Roumaine d'Histoire*, 32–3/4(1993), pp. 185–201.
———, *L'empire Ottoman au nord du Danube et l'autonomie des Principautés Roumaines au XVIe siècle. Études et documents*, Istanbul : Isis, 1999.
———, 'Nouveaux documents turc sur les cadeaux protocolaires (peşkeş) et les insignes du pouvoirs (hükümet alâmetleri)', in Maxim, Mihai, *Romano-Ottomanica. Essays & Documents from the Turkish Archives*, Istanbul : ISIS Press, 2001, pp. 69–151.
Mehmet, Mustafa Ali, 'O nouă reglamentare a raporturilor Moldovei și Țării Românești față de Poartă la 1792 (O carte de lege -Kanunname- în limba turcă)', *Studii. Revistă de istorie*, vol. 20–4 (1967), pp. 691–707. (ルーマニア語)
Mihordea, V., *Politica orientală franceză și Țările române în secolul al XVIII-lea —1749–1760— După corespondența agenților de la „Secret du roi"*, București, 1937. (ルーマニア語)
Mischeva, V. & Zavitsanos, P., *Principele Constantin Ypsilanti 1760–1816*, Chișinău, 1999. (ルーマニア語)
Mutafchieva, V. & Vianu, Al., 'Frămîntările feudale din Bulgaria de nord la sfârșitul secolului al XVIII-lea și începutul secolului al XIX-lea și ecoul în Țara Românească', *Relații româno-*

bulgare de-a lungul veacurilor (sec. XII-XIX), Studii, vol. 1, Bucureşti, 1971, pp. 187–251.（ルーマニア語）

Naff, Thomas, 'Ottoman Diplomatic Relations with Europe in the Eighteenth Century : Patterns and Trends', in Naff, T. & Owen, R., eds., *Studies in Eighteenth Century Islamic History*, Carbondale & Edwardsville : Southern Illinois University Press, 1977, pp. 88–107.

Nagata, Yuzo, *Muhsin-zâde Mehmed Paşa ve Ayanlık müessesesi*, Tokyo, 1976.（トルコ語）

———, *Tarihte Âyânlar, Karaosmanoğulları Üzerine Bir İncelemesi*, Ankara : Türk Tarih Kurumu, 1997.（トルコ語）

Özkaya, Yücel, *Osmanlı İmparatorluğunda Dağlı İsyanları (1791–1808)*, Ankara, 1983.（トルコ語）

Panaite, Viorel, *Pace, război şi comerţ în Islam. Ţările Române şi dreptul otoman al popoarelor (secolele XV–XVII)*, Bucureşti, 1997.（ルーマニア語）

———, *The Ottoman Law of War and Peace : The Ottoman Empire and Tribute Payers*, Boulder : East European Monographs, 2000.

———, 'The *Voivodes* of the Danubian Principalities - As Harâcgüzarlar of the Ottoman Empire', *International Journal of Turkish Studies*, vol. 9/1–2（2003）, pp. 59–78.

Panaitescu, P. P., *Interpretări româneşti. Studii de istorie economică şi socială*, Bucureşti, 1947.（ルーマニア語）

Papacostea, Şerban, 'La grande charte de Constantin Mavrocordato（1741）et les réformes en Valachie et en Moldavie', in *Symposium L'époque phanariote, 21–25 octombre 1970 : à la mémoire de Cleobule Tsourkas*, Thessaloniki, 1974, pp. 365–376.

Parvev, Ivan, *Habsburgs and Ottomans between Vienna and Belgrade (1683–1739)*, East European Monographs No. 931, Boulder, 1995.

Pritsak, Omeljan, '1491–1532 yıllarında Osmanlı-Moskova ilişkileri', in *Türk-Rus ilişkilerinde 500 yıl 1492–1992*, Ankara : Türk Tarih Kurumu, 1999, pp. 65–71.（トルコ語）

Roider, Jr., Karl A., *The Reluctant Ally : Austria's Policy in the Austro-Turkish War, 1737–1739*, Louisiana State University Press, 1972.

———, *Austria's Eastern Question 1700–1791*, Princeton ; Princeton University Press, 1982.

Runciman, Steven, *The Great Church in Captivity : A Study of the Patriarchate of Constantinople from the Eve of the Turkish Conquest to the Greek War of Independence*, Cambridge University Press, 1968.

Saint-Denys, Antoine de Juchereau de, *Révolutions de Constantinople en 1807 et 1808*, 2 vols., Paris, 1819.

Saul, Norman E., *Russia and the Mediterranean 1797–1807*, Chicago & London : The University of Chicago Press, 1970.

Schroeder, Paul W., *The Transformation of European Politics 1763–1848*, Oxford : Clarendon Press, 1994.

Schuman, Frederick L., *International Politics : Anarchy and Order in the World Society*, 7th ed., New York : McGraw-Hill, 1969.（邦訳は F・L・シューマン著，長井信一訳『国際政治』上下巻，東京大学出版会，1973 年）

Scott, H. M., *The Emergence of the Eastern Powers, 1756–1775*, Cambridge : Cambridge University Press, 2001.

Shaw, Stanford J., *Between Old and New : The Ottoman Empire under Sultan Selim III 1789–1807*, Cambridge, 1971.

Shupp, Paul F., *The European Powers and the Near Eastern Question*, New York, 1966.

Simionescu, Paul & Valentin, Radu, 'Documents inédits concernant la création du consulat britanique à Bucarest (1803)', *Revue Roumaine d'Histoire*, vol. 8/2 (1969), pp. 241–262.

Sorel, Albert, *La question d'Orient au XVIIIe siècle : les origines de la Triple alliance*, Paris : E. Plon et Cie, 1878.

Soysal, İsmail, *Fransız İhtilâli ve Türk-Fransız Diplomasi münasebetleri (1789–1802)*, Ankara, 1964. (トルコ語)

Sözen, Zeynep, *Fenerli Beyler. 110 Yılın Öyküsü (1711–1821)*, İstanbul, 2000. (トルコ語)

Spiridonakis, B. G., 'L'établissement d'un consulat russe dans les Principautés Danubiennes, 1780–1782', *Balkan Studies*, vol. 4–2 (1963), pp. 289–314.

Stancu, V., 'L'architecture dans les pays roumaines à l'époque phanariote et les monuments répresentatifes les plus importants de cette époque', *Symposium l'époque Phanariote 21–25 octobre 1970 : à la mémoire de Cléobule Tsourkas*, Thessaloniki, 1974, pp. 265–294.

Sugar, Peter F., *Southeastern Europe under Ottoman Rule, 1354–1804*, Seattle & London : University of Washington Press, 1977.

Symposium L'époque phanariote, 21–25 octombre 1970 : à la mémoire de Cleobule Tsourkas, Thessaloniki, 1974.

Tilly, Charles, *Coercion, Capital, and European States, AD 990–1992*, Cambridge & Oxford : Blackwell, revised paperback edition, 1992 (first edition was published in 1990).

Tukin, C., *Boğazlar Meselesi*, İstanbul, 1999. (トルコ語)

Tuncer, Hüner, 'Yirmi Sekiz Çelebi Mehmet Efendi'nin Paris sefâretnâmesi (1132–33 H./1720–21M.)', *Belleten*, 51/199 (1987), pp. 131–151. (トルコ語)

Ţipău, Mihai, *Domnii fanarioţi în Ţările Române 1711–1821. Mică Enciclopedie*, Bucureşti, 2004. (ルーマニア語)

Unat, Faik Reşit, *Osmanlı sefirleri ve sefaretnameleri*, Ankara, 1992 (first edition was punlished in 1968). (トルコ語)

Uzunçarşılı, İsmail Hakkı, 'Selim III'ün Veliaht iken Fransa Kralı Lui XVI ile Muhabereleri', *Belleten*, vol. 2/5–6 (1938), pp. 191–246. (トルコ語)

———, *Meşhur Rumeli Âyanlarından Tirsinikli İsmail, Yılık oğlu Süleyman Ağalar ve Alemdar Mustafa Paşa*, İstanbul, 1942. (トルコ語)

———, *Osmanlı Tarihi*, vol. 3–4., Ankara, 1951–1959. (トルコ語)

Vianu, Al., 'Aplicarea tratatului de la Küciük Kainargi cu privire la Moldova şi Ţara Romînească (1775–1783)', *Studii. Revistă de istorie*, 13–5 (1960), pp. 71–104. (ルーマニア語)

———, 'Cu privire la hatişerifurile de privilegii acordate Principatelor Romîne în anul 1774', *Romanoslavica*, vol. 5 (1962), pp. 121–129. (ルーマニア語)

———, 'Din acţiunea diplomatică a Ţării romîneşti în Rusia în anii 1736–1738', *Romanoslavica*, vol. 8, 1963, pp. 19–26. (ルーマニア語)

Watson, Adam, *The Evolution of International Society : A Comparative Historical Analysis*, London & New York : Routledge, 1992.

Wight, Martin, *Systems of States*, Leicester University Press, 1977.

Willan, T. S., *The Early History of the Russia Company, 1553–1603*, Manchester : Manchester University Press, 1956.

Wójcik, Zbigniew, *Rzeczpospolita wobec Turcji i Rosji 1674–1679*, Wrocław, 1976.（ポーランド語）

Yurdusev, A. Nuri, ed., *Ottoman Diplomacy : Conventional or Unconventional?*, New York : Palgrave Macmillan, 2004.

Zens, Robert, 'Pasvanoğlu Osman Paşa and the Paşalık of Belgrade, 1791–1807', *International Journal of Turkish Studies*, 8/1–2（2002）, pp. 89–104.

Ziegler, Karl-Heinz, 'The peace treaties of the Ottoman Empire with European Christian powers,' Lesaffer, Randall, ed., *Peace Treaties and International Law in European History. From the late Middle Ages to World War One*, Cambridge University Press, 2004, pp. 338–364.

Zub, Al., *Reflections on the Impact of the French Revolution : 1789, De Tocqueville and the Romanian Culture*, Iaşi-Oxford-Portland : The Center for Romanian Studies, 1999.

Александр I, Наполеон и Балканы, Москва, 1997.

Богословский, М. М., *Посольство Е. И. Украинцева в Константинополь 1699–1700*, Огиз : Госполитиздам, 1948.

Век Екатерины II : Россия и Балканы, Москва, 1998.

Водарский, Я. Е., *Загадки Прутского похода Петра I*, Москва, 2004.

Гросул, Г. С., *Дунайские княжества в политике России. 1774–1806*, Кишинев, 1975.

Губоглу, М., 'Два указа（1801 г.）и священный рескрипт（1802 г.）, связанные с турецко-русско-румынским отношениями', *Восточные источники по истории народов Юго-Восточной и Центральной Европы*, т. 2, Москва, 1969, с. 238–274.

Дегоев, В. В., *Внешняя политика России и международные системы : 1700–1918 гг. : Учебние пособие*, Москва, 2004.

Дружинина, Е. И., *Кючук-кайнарджийский мир 1774 года（его подготовка и заключение）*, Москва, 1955.

История внешней политики России. XVIII век（от Северной войны до войн России против Наполеона）, Москва, 1998.

История внешней политики России. первая половина XIX века（От войн России против Наполеона до Парижского мира 1856 г.）, Москва, 1999.

Кессельбреннер, Г. Л., *Хроника одной дипломатической карьеры（Дипломат-востоковед С. Л. Лашкарев и его время）*, Москва, 1987.

———, *Известные дипломаты России от Посольской избы до Коллегии иностранных дел*, Москва, 1999.

Лактионов, А., *История дипломатии*, Москва, 2006.

Мутафчиева, Вера, *Кърджалийско време*, София, 1977.（ブルガリア語）

Очерки внешнеполитической истории молдавского княжества（последняя треть XIV – начало XIX в.）, Кишинев, 1987.

Русский посол в Стамбле（Петр Андреевич Толстой и его описание Османской империи начала XVIII в.）, Москва, 1985.

Семенова, Л. Е., *Княжества Валахия и Молдавия. Конец XIV – начало XIX в.（Очерки внешнеполитической истории）*, Москва : Индрик, 2006.

Станиславская, А. М., *Россия и Греция в конце XVIII – начале XIX века. Политика России в Ионической республике 1798-1807 г.*, Москва, 1976.

Фрейденберг, М. М., *Дубровник и Османская империя*, Москва, 1984.

Чечулин, Н. Д., *Внешняя политика России в начале царствования Екатерины II*, СПб, 1896.

池本今日子『ロシア皇帝アレクサンドル一世の外交政策――ヨーロッパ構想と憲法』風行社，2006年.

尾高晋己「シトヴァトロク条約（1606年）について」『愛知学院大学文学部紀要』第15号，1985年，pp. 123-145.

――「キュチュク＝カイナルジャ条約（1774年）について」『愛知学院大学文学部紀要』第30号，2000年，pp. 203-209.

――「キュチュク＝カイナルジャ条約（1774年）の第13条について一考察」『史学研究』第232号，2001年，pp. 53-65.

――『オスマン外交のヨーロッパ化――片務主義的外交から双務主義的外交への転換』渓水社，2011年.

白木太一『近世ポーランド「共和国」の再建――四年議会と五月三日憲法への道』彩流社，2005年.

新谷英治「オスマン朝と近世ヨーロッパ像」谷川稔編『歴史としてのヨーロッパ・アイデンティティ』山川出版社，2003年，pp. 152-168.

鈴木董「中東イスラム世界に於ける国際体系の伝統と西洋の衝撃」『国際政治』第69巻，1981年，pp. 93-107.（鈴木董『イスラムの家からバベルの塔へ――オスマン帝国における諸民族の統合と共存』リブロポート，1993年，第二章，pp. 45-70に再録）

――「一八世紀初頭オスマン帝国の遣欧使節制度と「使節の書」――ウィーン派遣大使シラフタール・イブラヒム・パシャの事例」『東洋文化』第67号，1987年，pp. 251-279.

――「イスラム国際体系」有賀貞，宇野重昭，木戸翁，山本吉宣，渡辺昭夫編『講座国際政治 1. 国際政治の理論』東京大学出版会，1989年，pp. 81-111.

――「一八世紀初頭オスマン朝の一官人の経歴について――パリ派遣大使イルミセキズ・チェレビィ・メフメット・エフェンディの場合」日本オリエント学会編『日本オリエント学会創立三十五周年記念「オリエント学論集」』刀水書房，1990年，pp. 273-294.

――「オスマン帝国とフランス革命――イスラム世界と近代西欧世界の同時代的接触のひとこま」田中治男，木村雅昭，鈴木董編『フランス革命と周辺国家』リブロポート，1992年，pp. 59-106.

――『イスラムの家からバベルの塔へ――オスマン帝国における諸民族の統合と共存』リブロポート，1993年.

――「イスラム帝国の交渉行動――オスマン帝国の場合」木村汎編『国際交渉学――交渉行動様式の国際比較』頸草書房，1998年，第11章，pp. 214-232.

――『オスマン帝国の解体――文化世界と国民国家』ちくま新書，2000年.

永田雄三「トルコにおける前資本主義社会と「近代化」――後進資本主義の担い手をめぐって」大塚久雄編『後進資本主義の展開過程』アジア経済研究所，1973年，pp. 139-187.

中山治一「イスタンブル条約（1700 年）の意味したもの」『愛知学院大学文学部紀要』第 9 号，1979 年，pp. 100–112.
黛秋津「キュチュク・カイナルジャ条約におけるロシアのいわゆる『キリスト教徒保護権』について」『イスラーム社会におけるムスリムと非ムスリムの政治対立と文化摩擦に関する比較研究』平成 11 年度―平成 12 年度科学研究費補助金（基盤研究（B)(2)）研究成果報告書（11410097）（研究代表者　小山皓一郎），平成 13 年 3 月，pp. 169–176.
―――「帝国のフロンティアとしてのカフカース――一八世紀の帝政ロシアのカフカース進出とオスマン帝国」木村崇，鈴木董，篠野志郎，早坂眞理編『カフカース――二つの文明が交差する境界』彩流社，2006 年，pp. 17–56.
―――「ワラキア・モルドヴァにおけるロシア・ハプスブルク帝国の領事館設置問題――18 世紀後半における黒海の国際化との関連で」『東京国際大学論叢　経済学部編』42 号，2010 年，pp. 177–197.
三浦清美『ロシアの源流――中心なき森と草原から第三のローマへ』講談社，2003 年.
諸星和夫「リチャード・チャンセラー二度目の航海――英露交渉史研究ノート」鈴木建夫編『ロシアとヨーロッパ――交差する歴史社会』早稲田大学出版部，2004 年，pp. 197–213.
山内進『北の十字軍――「ヨーロッパ」の北方拡大』講談社，1997 年.

注

序　章

（1）国名や地域名は現地音で表記することが適当であり，本書でもそれを原則とする。それに従えばワラキア（Wallachia）についても，現地語であるルーマニア語では「ルーマニア人（ラテン系言語を話す人）の国」を意味する「ツァーラ・ロムネアスカ」あるいは「ツァーラ・ルムネアスカ」（Țara Românească, Țara Rumânească）と呼ばれていることから，原則に従えばこれを用いるべきであるが，この自称は他国では一般的ではないので，本書では日本で定着している英語の呼称である「ワラキア」を採用した。また従来「モルダヴィア（Moldavia）」と表記されたモルドヴァ（Moldova）については，現在「モルドヴァ共和国（Republica Moldova）」が存在するが，本書ではその領域をも含む，より広い歴史的な地域あるいは国家としての範囲を指す。「ワラキア」「モルドヴァ」という表記は英語と現地語が並ぶことになってしまうが，近年では英語文献の中でもこのような表記を行っているものがある。

（2）鈴木董は，「大文化圏」および「文化世界」という用語をあてており，その共通の文化的基盤として文字に注目している。また「世界」の定義に関する議論の中で，「文化」と「文明」を厳密に区別する考え方と同義語として扱う考え方の2つの議論があることを指摘している。鈴木董『オスマン帝国の解体——文化世界と国民国家』ちくま新書，2000年，pp. 16–28.

（3）古代メソポタミヤやギリシア・ローマ，それに中国といった各文明におけるシステムを概観し，近代に西欧国際システムが各システムを包摂する過程を示しながら近代国際システムの形成とその性格を明らかにしようとするものであり，その先駆者は1960年に著作を発表したアッダ・ボーズマン，そしてその後ヘドリー・ブルやアダム・ワトソンに受け継がれた。代表的な研究として，Adda B. Bozeman, *Politics and Culture in International History*, Princeton : Princeton University Press, 1960 ; Hedley Bull & Adam Watson, eds., *The Expansion of International Society*, Oxford : Oxford University Press, 1984 ; Adam Watson, *The Evolution of International Society : A Comparative Historical Analysis*, London & New York : Routledge, 1992.

（4）15世紀までの西欧世界の北方への拡大に関しては，山内進『北の十字軍——「ヨーロッパ」の北方拡大』講談社，1997年。

（5）オスマン帝国側から見た，西欧世界の拡大とその影響については，鈴木董『イスラムの家からバベルの塔へ——オスマン帝国における諸民族の統合と共存』リブロポート，1993年。特に第一章と第二章。

（6）オスマン・ポーランド関係に関する概観と史料ついては，Dariusz Kołodziejczyk, *Ottoman-Polish Diplomatic Relations (15th-18th Century). An Annotated Edition of ʻAhdnames and Other Documents*, Leiden : Brill, 2000.

（7）一般には「露土戦争」という用語が定着し，筆者もそれを否定するわけではない

が，オスマン帝国がオスマン・トルコと呼ばれなくなった現在，本書では露土戦争の代わりにロシア・オスマン戦争と表記する。

（8） 1774 年のキュチュク・カイナルジャ条約が西欧諸国とロシアのバルカン進出に与えた影響に関しては，黛秋津「ロシアのバルカン進出とキュチュク・カイナルジャ条約（1774 年）——その意義についての再検討」『ロシア・東欧研究』37，2009 年，pp. 98-109.

（9） 本章注(3)参照。

（10） Albert Sorel, *La question d'Orient au XVIIIe siècle : les origines de la triple alliance*, Paris : E. Plon et Cie, 1878.

（11） J. A. R. Marriot, *The Eastern Question, A Historical Study in European Diplomacy*, Oxford : Clarendon Press, 1917.

（12） M. S. Anderson, *The Origins of Modern European State System 1494-1618*, London : Longman, 1998 ; M. S. Anderson, *The Rise of Modern Diplomacy 1450-1919*, London : Longman, 1993（以下 Anderson, *Modern Diplomacy* と略す）.

（13） Paul W. Schroeder, *The Transformation of European Politics 1763-1848*, Oxford : Clarendon Press, 1994.

（14） В. В. Дегоев, *Внешняя политика России и международные системы : 1700-1918 гг.: Учебние пособие*, Москва, 2004.

（15） Н. Д. Чечулин, *Внешняя политика России в начале царствования Екатерины II*, *СПб*, 1896 ; Isabel de Madariaga, *Russia in the Age of Catherine the Great*, London, 1981.

（16） Patricia Kennedy Grimsted, *The Foreign Ministers of Alexander I. Political Attitudes and the Conduct of Russian Diplomacy 1801-1825*, Berkeley and Los Angels : University of California Press, 1969.

（17） John P. LeDonne, *The Russian Empire and the World, 1700-1917 : The Geopolitics of Expansion and Containment*, Oxford University Press, 1997 ; J. P. LeDonne, *The Grand Strategy of the Russian Empire, 1650-1831*, Oxford University Press, 2004.

（18） Е. И. Дружинина, *Кючук-кайнарджийский мир 1774 года（его подготовка и заключение）*, Москва, 1955.

（19） 18 世紀後半から 19 世紀初頭の時期を含むロシアの外交政策の概説としては，*История внешней политики России. XVIII век（от Северной войны до войн России против Наполеона）*, Москва, 1998 ; *История внешней политики России. первая половина XIX века（От войн России против Наполеона до Парижского мира 1856 г.）*, Москва, 1999.

（20） A. Nuri Yurdusev, ed., *Ottoman Diplomacy : Conventional or Unconventional?*, New York : Palgrave Macmillan, 2004. それ以前は，オスマン外交について言及がなされるときは，1961 年に発表されたフレヴィッツ論文が引用されることが多かった。J. C. Hurewitz, 'Ottoman Diplomacy and the European States System', *The Middle East Journal*, vol. 15（Spring 1961）, pp. 141-152. 邦文では鈴木董による以下の論考がある。鈴木董「中東イスラム世界に於ける国際体系の伝統と西洋の衝撃」『国際政治』第 69 巻，1981 年，pp. 93-107（鈴木董前出『イスラムの家からバベルの塔へ』第二章，pp. 45-70 に再録）；同「一八世紀初頭オスマン帝国の遣欧使節制度と「使節の書」——ウィーン派遣大使シラフタール・イブラヒム・パシャの事例」『東洋文

化』第67号，1987年，pp. 251–279；同「イスラム帝国の交渉行動——オスマン帝国の場合」木村汎編『国際交渉学——交渉行動様式の国際比較』勁草書房，1998年，第11章，pp. 214–232.

（21） 尾高晋己『オスマン外交のヨーロッパ化——片務主義的外交から双務主義的外交への転換』渓水社，2011年。

（22） Stanford J. Shaw, *Between Old and New : The Ottoman Empire under Sultan Selim III 1789–1807*, Cambridge, 1971.

（23） Thomas Naff, 'Ottoman Diplomatic Relations with Europe in the Eighteenth Century : Patterns and Trends', in T. Naff & R. Owen, eds., *Studies in Eighteenth Century Islamic History*, Carbondale and Edwardsville : Southern Illinois University Press, 1977, pp. 88–107.

（24） Ercüment Kuran, *Avrupa'da Osmanlı İkamet Elçiliklerinin Kuruluşu ve İlk Elçlerinin Siyasi Faaliyetleri, 1793–1821*, Ankara, 1988（1st ed. 1968）.

（25） Akdes Nimet Kurat, *Türkiye ve Rusya*, Ankara, 1970.

（26） Osman Köse, *1774 Küçük Kaynarca Andlaşması*（*Oluşumu-Tahlili-Tatbiki*）, Ankara, 2006.

（27） F. Ismail, *The Diplomatic Relations of the Ottoman Empire and the Great European Powers from 1806 to 1821*（Thesis Presented for the Degree of Doctor of Philosophy in the University of London）, 1975.

（28） キュチュク・カイナルジャ条約以降のワラキア・モルドヴァとオスマン帝国との関係を考察したものとして，M. M. Alexandrescu-Dersca, 'Rolul hatişerifurilor de privilegii în limitarea obligaților către Poartă（1774–1802）', *Studii. Revistă de istorie*, 11–6（1958）, pp. 101–119 ; Al. Vianu, 'Aplicarea tratatului de la Küciük Kainargi cu privire la Moldova şi Țara Romînească（1775–1783）', *Studii. Revistă de istorie*, 13–5（1960）, pp. 71–104.

（29） Л. Е. Семенова, *Княжества Валахия и Молдавия. Конец XIV–начало XIXв.*（*Очерки внешнеполитической истории*）, Москва : Индрик, 2006.

（30） Г. С. Гросул, *Дунайские княжства в политике России. 1774–1806*, Кишинев, 1975.

（31） *Александр I, Наполеон и Балканы*, Москва, 1997 ; *Век Екатерины II : Россия и Балканы*, Москва, 1998.

（32） Leonid Boicu, *Principatele române în raporturile politice internaționale*（*secolul al XVIII-lea*）, Iaşi : Junimea, 1986 ; L. Boicu, *Principatele române în raporturile politice internaționale*（*1792–1821*）, Iaşi : Institutul European, 2001.

（33） Karl A. Roider, Jr., *Austria's Eastern Question 1700–1791*, Princeton ; Princeton University Press, 1982（以下 Roider, *Eastern Question* と略す）.

（34） Harald Heppner, *Österreich und die Donaufürstentümer 1774–1812 : Ein Beitrag zur habsburgischen Südesteuropapolitik*, Graz, 1984（以下 Heppner, *Österreich und die Donaufürstentümer* と略す）. ルーマニア語訳は，Harald Heppner, *Austria şi Principatele dunărene*（*1774–1812*）. *O contribuție la politica Sud-Est Europeană a Habsburgilor*, Cluj-Napoca, 2000（以下 Heppner, *Austria şi Principatele dunărene* と略す）.

（35） Germaine Lebel, *La France et les Principautés danubiennes*（*Du XVIe siècle à la chute de Napoléon Ier*）, Paris, 1955.

（36） *Documente privind istoria României : colecția Eudoxiu de Hurmuzaki*（*serie nouă*）, vol. 1, 'Rapoarte consulare ruse（1770–1796）din Arhiva politica externă a Rusiei, Moscova',

Bucureşti, 1962 ; vol. 4, 'Rapoarte diplomatice ruse（1797–1806）', 1974（以下 Hurmuzaki, *Documente*（*serie nouă*）と略す）.

（37） *Внешняя политика России XIX и XX века*, Москва, 1960–（以下*ВПР*と略す）.

（38） *Сборникъ русскаго историческаго общества*, том 1–148（1867–1916）, С. Петербургъ（以下*СбРИО*と略す）.

（39） *Cevdet Tasnifi, Hariciye* や *Hatt-ı hümâyûn Tasnifi* など。

（40） Ahmed Vâsıf efendi, *Mehâsinü'l-Âsâr ve Hakâikü'l-Ahbâr*, 2 vols., İstanbul, 1219h.（1804–05）（以下 Vâsıf, *Mehâsinü'l-Âsâr* と略す）; Ahmed Vâsıf efendi, *Mehâsinü'l-Âsâr ve Hakâikü'l-Ahbâr*, haz. Mücteba İlgürel, Ankara, 1994. 前者はヒジュラ暦1166–1188年（西暦 1762–1774）を，後者は 1196–1202 年（西暦 1782–1787）を扱う。なお後者は現代トルコ語に転写されたものである。

（41） Ahmed 'Âsım efendi, *'Âsım târihi*, 2 vols., İstanbul, 1284h.（1867–68）（以下 *'Âsım târihi* と略す）.

（42） Şânîzâde Mehmed Atâullâh efendi, *Şânîzâde târihi*, 4 vols., İstanbul, 1284–1291h.（1867–1875）（以下 *Şânîzâde târihi* と略す）.

（43） Ahmed Cevdet Paşa, *Târih-i Cevdet*, new version, 2nd print, 12 vols., Der Saâdet, 1309h.（1891–92）（以下 *Târih-i Cevdet* と略す）.

（44） Adnan Baycar, ed., *Osmanlı-Rus İlişkileri Tarihi*（*Ahmet Câvid Bey' in Müntehabâtı*）, İstanbul : Yeditepe Yayınevi, 2004（以下 Câvid Bey, *Müntehabât* と略す）.

（45） Valeriu Veliman, *Relaţiile româno-otomane 1711–1821 : documente turceşti*, Bucureşti, 1984（以下 Veliman, *Relaţiile* と略す）.

（46） *Documente privitoare la istoria Românilor : culese de Eudoxiu de Hurmuzaki*, vol. 7（1750–1818）, Bucureşti, 1876 ; vol. 16（corespondenţa diplomatică şi rapoarte consulare franceze 1603–1824）, Bucureşti, 1912 ; vol. 19, partea 1（corespondenţa diplomatică şi rapoarte consulare austriace 1782–1797）, Bucureşti, 1922 ; supliment 1–2（1781–1814）, Bucureşti, 1885 ; supliment 1–3（1709–1812）, Bucureşti, 1889（以下 Hurmuzaki, *Documente* と略す）.

（47） *Correspondence de Napoléon Ier*, publiée par ordre de l'Empereur de Napoléon III., 33 vols., Paris, 1858–1870, reprint New York : AMS Press, 1974（以下 *Correspondence de Napoléon Ier* と略す）.

（48） G. F. de Martens, ed., *Recueil de traités d'Alliance, de Paix, de Trève, de Neutralité, de commerce, de limites, d'échange etc. et de plusieurs autres actes servant à la connaissance des relations étrangères des Puissances et états de l'Europe*, 2nd ed., 8 vols., Gottingue, 1817–1835 ; *Собранiе трактатовъ и конвенцiй, заключенныхъ Россiею с иностранными державами по порученiю Министерства иностранныхъ делъ*, Сост. Ф. Мартенс, 15 томы, С. Петербургъ, 1874–1909（以下 Мартенс, *Собранiе* と略す）.

（49） *Mu'âhedât mecmû'ası*, 5 vols., İstanbul, 1294–1298h.（1877–81）.

（50） Gabriel effendi Noradounghian, *Recueil d'actes internationaux de l'Empire Ottoman*, 4 vols, Paris, 1897–1900（以下 Noradounghian, *Recueil* と略す）; Baron I. de Testa, *Recueil des traités de la Porte Ottomane avec les Puissances Étrangères*, 11 vols., Paris, 1864–1911.

第1章

（1） 現代のトルコのEU加盟問題を見据えながら，オスマン・西欧関係を扱った論考として，Fikret Adanir, 'Turkey's Entry into the Concert of Europe', *European Review*, vol. 13, no. 3（2005), pp. 395-417；鈴木董「オスマン帝国とヨーロッパ」近藤和彦編『西洋世界の歴史』山川出版社，1999年，pp. 186-196；新谷英治「オスマン朝と近世ヨーロッパ像」谷川稔編『歴史としてのヨーロッパ・アイデンティティ』山川出版社，2003年，pp. 152-168.

（2） この時期のヴェネツィア・オスマン関係について近年の研究として，Eric R. Dursteler, *Venetians in Constantinople : Nation, Identity, and Coexistence in the Early Modern Mediterranean*, Baltimore : The Johns Hopkins University Press, 2006.

（3） Garrett Mattingly, *Renaissance Diplomacy*, New York, 1988（1st ed. in Boston, 1955), pp. 75-77.

（4） 宗教改革におけるオスマン帝国の影響については，Stephan A. Fischer-Galati, *Ottoman imperialism and German Protestantism, 1521-1555*, Cambridge : Harvard University Press, 1959.

（5） このイスラーム的世界秩序，およびシヤルに関しては，Majid Khadduri, *War and Peace in the Law of Islam*, Baltimore : The John Hopkins Press, 1955. 邦文では，奥田敦「ダール＝ル＝イスラーム内部の国際法——シャイバーニーのシヤルをめぐる一考察」『国際大学中東研究所紀要』第5号，1991年，pp. 217-245；鈴木董「イスラム国際体系」有賀貞，宇野重昭，木戸翁，山本吉宣，渡辺昭夫編『講座国際政治』1. 国際政治の理論，東京大学出版会，1989年，pp. 81-111.

（6） 18世紀までのオスマン帝国の西欧諸国への使節の派遣については，鈴木董「一八世紀初頭オスマン帝国の遣欧使節制度と『使節の書』——ウィーン派遣大使シラフタール・イブラヒム・パシャの事例」『東洋文化』第67号，1987年，pp. 251-279.

（7） Anderson, *Modern Diplomacy*, p. 9.

（8） Majid Khadduri, *op. cit.*, pp. 259-260.

（9） 例えば，オスマン帝国とハプスブルク帝国との間で締結された最初の本格的な和平条約とされる1606年のジトヴァトロク（Zsitvatorok）条約は，1616, 1618, 1625, 1627年と，10年経たずに更新されている。しかし，1642年にスルタン，イブラヒム一世と皇帝フェルディナンド三世との間で締結された和平条約では，和平の期間は20年とされた。Karl-Heinz Ziegler, 'The Peace Treaties of the Ottoman Empire with European Christian Powers', in Randall Lesaffer, ed., *Peace Treaties and International Law in European History. From the late Middle Ages to World War One*, Cambridge University Press, 2004, p. 346.

（10） このジトヴァトロク条約の第2条が君主の称号に関する内容であり，「……そして，互いに単に「王」ではなく「皇帝」と呼ぶこと……（...et unus alterum Caesarem appellat, non autem Regem...)」という条文がある。Noradounghian, *Recueil*, vol. 1, 1897, p. 104. オスマン語の原文を参照できなかったが，尾高晋己の研究によれば，この条約の前文では，神聖ローマ皇帝には 'Nemçe çasarı（ドイツ皇帝)' あるいは 'Roma çasarı（ローマ皇帝)'，オスマン帝国皇帝には 'pâdişâh（大王)' が称号として

用いられており，同一の称号が使われてはいない点が，条約の第2条の規定と矛盾している。尾高晋己「シトヴァトロク条約（1606年）について」『愛知学院大学文学部紀要』第15号，1985年，pp. 123-145.

（11） Noradounghian, *Recueil*, vol. 1, p. 88 ; Karl-Heinz Ziegler, *op. cit.*, pp. 342-343. この「大王」の称号は，1569年にオスマン・フランス間で締結された条約の中で初めて用いられた。

（12） Bülent Arı, 'Early Ottoman Diplomacy : Ad Hoc Period', in A. Nuri Yurdusev, ed., *Ottoman Diplomacy : Conventional or Unconventional?*, New York : Palgrave Macmillan, 2004, pp. 37-38.

（13） オスマン側が15-17世紀にこれらの国々に使節を派遣した回数は，確認できるだけでも80回ほどである。Faik Reşit Unat, *Osmanlı Sefirleri ve Sefaretnameleri*, Ankara, 1992（1st ed., 1968）, pp. 221-236.

（14） Martin Wight, *Systems of States*, Leicester : Leicester University Press, 1977, pp. 22-33.

（15） Charles Tilly, *Coercion, Capital, and European States, AD 990-1992*, Cambridge & Oxford : Blackwell, revised paperback edition, 1992（1st ed., 1990）, p. 162.

（16） *Ibid.*, p. 165.

（17） 三浦清美『ロシアの源流——中心なき森と草原から第三のローマへ』講談社，2003年，p. 16.

（18） Anderson, *Modern Diplomacy*, p. 37.

（19） *Ibid.*, pp. 28-30.

（20） このために1555年にイギリスから派遣された使節団については，T. S. Willan, *The Early History of the Russia Company, 1553-1603*, Manchester : Manchester University Press, 1956 ; 諸星和夫「リチャード・チャンセラー二度目の航海——英露交渉史研究ノート」鈴木建夫編『ロシアとヨーロッパ——交差する歴史社会』早稲田大学出版部，2004年，pp. 197-213.

（21） Arcadius Kahan, *The Plow, the Hammer and the Knout : An Economic History of Eighteenth-Century Russia*, Chicago & London : The University of Chicago Press, 1985, p. 163.

（22） А. Лактионов, *История дипроматии*, Москва, 2006, с. 289.

（23） 初期のロシアとオスマン帝国の関係に関しては，Omeljan Pritsak, '1491-1532 yıllarında Osmanlı-Moskova İlişkileri', in *Türk-Rus İlişkilerinde 500 yıl 1492-1992*, Ankara : Türk Tarih Kurumu, 1999, pp. 65-71.

（24） Halil İnalcık, 'The Origins of the Ottoman-Russian Rivalry and the Don-Volga Canal, 1569', *Les Annales de l'Université d'Ankara*, vol. 1（1947）, pp. 47-106 ; A. N. Kurat, 'The Turkish Expedition to Astrakhan in 1569 and the Problem of the Volga-Don Canal', *The Slavonic and East European Review*, vol. 40（1961）, pp. 7-23.

（25） 黒海北岸からオスマン帝国に供給された奴隷については，Alan Fisher, 'Muscovy and the Black Sea Slave Trade', *Canadian-American Slavic Studies*, vol. 6-4（1972）, pp. 575-594（Alan Fisher, *A Precarious Balance : Conflict, Trade, and Diplomacy on the Russian-Ottoman Frontier*, Istanbul : The Isis Press, 1999, pp. 27-46 に再録）.

（26） このポーランド・オスマン戦争の詳細については，Mehmet İnbaşı, *Ukrayna'da Osmanlılar. Kamaniçe Seferi ve Organizasyonu*（*1672*）, İstanbul, 2004.

(27) 1672年のポーランド・オスマン戦争後の，ロシア・ポーランド・オスマン関係については，Zbigniew Wójcik, *Rzeczpospolita wobec Turcji i Rosji 1674–1679*, Wrocław, 1976.

(28) Ivan Parvev, *Habsburgs and Ottomans between Vienna and Belgrade (1683–1739)*, East European Monographs, no. 931, Boulder, 1995, p. 31.

(29) *Ibid.*, p. 45.

(30) Arı, *op. cit.*, p. 53.

(31) カルロヴィッツ条約の交渉過程については，Rifa'at Ali Abou-El-Haj, 'Ottoman Diplomacy at Karlowitz,' *Journal of American Oriental Society*, vol. 87 (1967), pp. 498–512.

(32) Arı, *op. cit.*, pp. 52–53.

(33) ハプスブルクとオスマン帝国間での条約の原文は，オスマン語では，*Mu'âhedât mecmû'ası*, vol. 3, 1297h. (1879–1880), pp. 92–102. ラテン語では，D. A. Sturdza şi C. Colescu-Vartic, eds., *Acte şi documente relative la istoria renascerei Românei*, vol. 1 (1391–1841), Bucureşti, 1900, pp. 22–32（以下 *Acte şi documente* と略す）.

(34) ロシアの神聖同盟参加からイスタンブル条約締結までの経緯については，中山治一「イスタンブル条約（1700年）の意味したもの」『愛知学院大学文学部紀要』第9号，1979年，pp. 100–112. また，この時交渉に当たったロシア側代表ウクラインツェフ（Е. И. Украинцев）の記録に基づく，ロシア・オスマン間の交渉過程に関する研究として，М. М. Богословский, *Посольство Е. И. Украинцева в Константинополь 1699–1700*, Огиз : Госполитиздам, 1948.

(35) この条約のオスマン語条文は，*Mu'âhedât mecmû'ası*, vol. 3, pp. 209–219. ロシア語条文は，*Полное собранiе законовъ россiйской имперiй*, Серiе 1, т. 4, СПб, 1830, с. 66–72（以下*ПСЗРИ*と略す）.

(36) このプルート戦争の詳細については，Akdes Nimet Kurat, *Prut Seferi ve Barışı 1123 (1711)*, 2 vols., Ankara, 1951–53（以下 Kurat, *Prut Seferi* と略す）; Я. Е. Водарский, *Загадки Прутского похода Петра I*, Москва, 2004. またオスマン帝国に滞在中のカール十二世とオスマン政府の活動に関しては，Akdes Nimet Kurat, *İsveç Kıralı Karl'ın Türkiye'de karışı ve bu sıralarda Osmanlı İmparatorluğu*, İstanbul, 1940.

(37) この時同行していたエカチェリーナ（のちのエカチェリーナ一世）がバルタジュ・メフメト・パシャを篭絡し，ピョートルは最悪の事態を免れたという説があるが，これは後に作られた俗説のようである。エカチェリーナがこの時ピョートル救済のために尽力したことは事実であるが，オスマン側大宰相と接触した事実は確認されない。Kurat, *Prut Seferi*, vol. 2, pp. 557–561 ; Я. Е. Водарский, *указ. соч.*, с. 102–113.

(38) この条約の条文は，オスマン語では，*Mu'âhedât mecmû'ası*, vol. 3, pp. 222–229. またラテン文字に転写したものは，Kurat, *Prut Seferi*, vol. 2, pp. 527–528. ロシア語では，*ПСЗРИ*, т. 4, с. 714–716. クラトも指摘しているように，両者の条文にはかなりの相違があり，例えばロシア語条文では，アゾフ割譲については全く言及がされていない。Kurat, *Prut Seferi*, vol. 2, p. 530.

(39) İsmail Hakkı Uzunçarşılı, *Osmanlı Tarihi*, vol. 3, part 2, Ankara, 4th ed., 1988 (1st ed., 1954), pp. 240–242（以下 *Osmanlı Tarihi* と略す）.

(40) 18世紀のロシアの対外貿易については，Kahan, *op. cit.*, pp. 163–266.

(41) 例えば，*История внешней политики России XVIII век （От Северной войны до войн России*

против Наполеона), Москва, 1998.

(42) M. S. Anderson, *Modern Diplomacy*, pp. 70–71.

(43) 彼は，1702年から1709年までのオスマン帝国滞在中の詳細な記録を残し，その一部は刊行されている。*Русский посол в Стамбле* (*Петр Андреевич Толстой и его описание Османской империи начала XVIII в.*), Москва, 1985.

(44) パッサロヴィッツ条約の条文は，オスマン語では，*Mu'âhedât mecmû'ası*, vol. 3, pp. 102–112. ラテン語では *Acte şi documente*, pp. 32–40.

(45) 派遣された使節とその報告書に関する研究としては，鈴木董前出「一八世紀初頭オスマン帝国の遣欧使節制度と『使節の書』」pp. 251–279；同「一八世紀初頭オスマン朝の一官人の経歴について——パリ派遣大使イルミセキズ・チェレビィ・メフメット・エフェンディの場合」日本オリエント学会編『日本オリエント学会創立三十五周年記念「オリエント学論集」』刀水書房，1990年，pp. 273–294；Hüner Tuncer, 'Yirmi Sekiz Çelebi Mehmet Efendi' nin Paris sefâretnâmesi (1132–33 H./1720–21M.)', *Belleten*, 51/199 (1987), pp. 131–151. また，パリに派遣されたイルミセキズ・チェレビィの報告のフランス語訳は，Mehmed efendi, Jean-Claude Galland, trans., *Les paradis des infidèles. Un ambassadeur ottoman en France sour la Régence*, Paris, 1981 (2nd ed., 2004).

(46) Unat, *op. cit.*, pp. 230–231

(47) Мартенс, *Собранiе*, т. 1, с. 32–44.

(48) Karl A. Roider, Jr., *The Reluctant Ally : Austria's Policy in the Austro-Turkish War, 1737–1739*, Louisiana State University Press, 1972, pp. 42–43.

(49) *Ibid.*, pp. 49–50.

(50) *Ibid.*, pp. 132–133.

(51) 1737年，オスマン帝国とスウェーデンとの間で通商条約が締結され，ロシア・オスマン戦争終結直後の1740年には，両国間で相互防衛条約が結ばれた。*Osmanlı Tarihi*, vol. 4, part 1, 4th ed., 1988 (1st ed., 1956), pp. 294–295.

(52) 1737年，ネミロフで行われた和平会議で，ロシアの目的の一つが，ワラキアとモルドヴァをロシア保護下の独立国とすることが明らかになると，ハプスブルク側はこれを警戒した。Roider, *op. cit.*, pp. 105–106.

(53) ハプスブルク・オスマン間のこの条約のオスマン語条文は，*Mu'âhedât mecmû'ası*, vol. 3, pp. 120–131. ラテン語条文は，*Acte şi documente*, pp. 48–58.

(54) ロシア・オスマン間のこの条約のオスマン語条文は，*Mu'âhedât mecmû'ası*, vol. 3, pp. 244–251. イタリア語条文は，*Acte şi documente*, pp. 108–118. ロシア語条文は，*ПСЗРИ*, т. 10, с. 899–904.

(55) 全5カ条からなるこの条約のオスマン語の条文は，*Mu'âhedât mecmû'ası*, vol. 3, pp. 252–253. ロシア語条文は，*ПСЗРИ*, т. 11, с. 479–480.

(56) Roider, *Eastern Question*, pp. 95–97.

(57) この条約のオスマン語条文は，*Mu'âhedât mecmû'ası*, vol. 1, 1294h. (1877–78), pp. 83–90.

第2章

（1） 「公」を表す用語としてオスマン史料では，「軍司令官」を意味するスラヴ語起源の 'voyvoda' あるいは 'voievoda' が最も一般的に使われている。この用語は，オスマン帝国内では，大宰相をはじめとする政府高官，および宮廷関係者の保有する土地（hâss）における徴税官をも示す用語である。この他に，'bey', 'tekfûr', 'hâkim', 'bân' 等の用語が用いられる例も見られる。M. Guboglu, *Paleografia şi diplomatica turco-osmană, studii şi album*, Bucureşti, 1958, p. 84. ルーマニア語では，'domn', 'vodă' が，西欧側史料では，'duke', 'prince', 'hospodar' などの用語が使われている。

（2） この正確な年代については，条約文書（ahdnâme）が残っておらず，年代記の記述から1391年から1395年の間のことと考えられている。したがって，オスマン軍に敗れたミルチャ老公がトランシルヴァニアに逃れていた1395–97年の間に短期間公となったヴラド一世（Vlad I, 在位1394または1395–97）がオスマン側と和平を結んだ可能性もある。Tahsin Gemil, *Românii şi Otomanii în secolele XIV–XVI*, Bucureşti, 1991, pp. 24–26.

（3） P. P. Panaitescu, *Interpretări româneşti. Studii de istorie economică şi socială*, Bucureşti, 1947, pp. 144–159.

（4） Mihai Maxim, *Ţările Române şi Înalta Poartă*, Bucureşti, 1993, pp. 111–142（以下 Maxim, *Ţările Române* と略す）.

（5） ヴラド・ツェペシュとオスマン帝国との対立をめぐる国際関係については，Ileana Căzan, Eugen Denize, *Marile puteri şi spaţiul românesc în secolele XV–XVI*, Bucureşti : Editura Universităţii din Bucureşti, 2001, pp. 55–87.

（6） *Ibid*., p. 92.

（7） この間の詳しい経緯については，*Ibid*., pp. 88–196.

（8） 15世紀後半から16世紀初頭にかけての，モルドヴァをめぐるオスマン・ポーランド関係については，Dariusz Kołodziejczyk, *Ottoman-Polish Diplomatic Relations* (*15th–18th Century*). *An Annotated Edition of 'Ahdnames and Other Documents*, Leiden : Brill, 2000, pp. 109–119.

（9） *Ibid*., p. 118.

（10） ルーマニアのオスマン史研究者ヴィオレル・パナイテは，オスマン帝国とハプスブルク・ポーランド間の条約を分析し，1533年以降17世紀末まで，オスマン・ハプスブルク間で11，オスマン・ポーランド間では12もの条約の中に，両公国に関する条項が含まれていることを明らかにしている。ハプスブルク帝国とポーランドが，オスマン支配確立後も両公国への関心を持ち続けた一つの根拠と見なすことができる。Viorel Panaite, *The Ottoman Law of War and Peace : The Ottoman Empire and Tribute Payers*, Boulder : East European Monographs, 2000, p. 455（以下 Panaite, *The Ottoman Law* と略す）.

（11） *Ibid*., pp. 120–123.

（12） Mustafa A. Mehmed, ed., *Documente turceşti privind istoria româniei*, vol. 1 (1455–1774), pp. 93–96.

（13） ミハイ勇敢公についての研究は，ルーマニア人研究者によって数多くなされている

が，特にオスマン帝国との関係に注目したものとしては，Mihai Maxim, 'New Turkish Documents Concerning Michael the Brave and His Time,' *Revue Roumaine d'Histoire*, 32-3/4（1993), pp. 185-201 ; Mihai Maxim, 'Michael the Brave's Appointment and Investiture —September 2nd/12th, 1593— In two Unpublished Official Turkish Documents,' in *L'empire Ottoman au nord du Danube et l'autonomie des Principautés Roumaines au XVIe siècle. Études et documents*, Istanbul : Isis, 1999, pp. 157-171.

（14） 第1章注(5)参照。

（15） Mihai Maxim, 'L'autonomie de la Moldavie et de la Valachie dans les actes officiels de la Porte au cours de la second moitié du XVIe siècle,' *Revue des Études Sud-Est Européennes*, vol. 15-2, 1977, p. 210（Başbakanlık Osmanlı Arşivi（以下 BOA と略す), *Maliyeden Müdevver Defterleri*, nr. 17961).

（16） イスラーム法における「契約の地」としての，ワラキアとモルドヴァの位置づけに関する議論としては，Maxim, *Țările Române*, pp. 143-168.

（17） Mihail Guboglu, *Paleografia şi diplomatica turco-osmană : studiu şi album*, Bucureşti, 1958, pp. 132, 165 ; Mustafa A. Mehmed, ed., *Documente turceşti privind istoria româniei*, vol. 1, Bucureşti, 1976, pp. 5-7.

（18） Maxim, *Țările Române*, p. 95.

（19） Gemil, *op. cit.*, p. 38.

（20） *Ibid.*, pp. 211-217.

（21） *Ibid.*, pp. 217-219.

（22） こうした具体的な品目を示す文書の一例としては，Mihai Maxim, 'Nouveaux documents turc sur les cadeaux protocolaires（peşkeş) et les insignes du pouvoirs（hükümet alâmetleri),' in Mihai Maxim, *Romano-Ottomanica. Essays & Documents from the Turkish Archives*, Istanbul : ISIS Press, 2001, pp. 69-151. 特に Doc. nr. 1, 14, 20.

（23） Gemil, *op. cit.*, p. 220 ; Mihai Maxim, 'Regimul economic al dominației otomane în Moldova şi Țara românească în doua jumătate a secolului al XVI-lea,' *Revista de istorie*, vol. 32-9（1979), pp. 1749-1758.

（24） Viorel Panaite, 'The *Voivodes* of the Danubian Principalities : As Harâcgüzarlar of the Ottoman Empire,' *International Journal of Turkish Studies*, vol. 9/1-2（2003), pp. 72-75. こうした両公国の戦争への協力時には，その年にイスタンブルに支払われるべき税が減額，あるいは免除になることもあった。

（25） 一例として，ポーランドとの戦争が起きた1672年，スルタンはワラキアとモルドヴァの公に，それぞれ8万キレ（kile, 1 kile は約25.7kg）と6万キレの大麦（şa'îr）をオスマン軍に供給するよう命じている。1672年8月7日（1083年Rebiülâhir月12日）付，スルタン，メフメト四世からワラキア公グリゴレ・ギカ（Grigore Ghica）への勅令。Tahsin Gemil, ed., *Relațiile țărilor române cu Poarta otomană în documente turceşti, 1601-1712*, Bucureşti, 1984, pp. 340-341（doc. 154)（Başbakanlık Osmanlı Arşivi, *Maliyeden Müdevver Defterleri*, nr. 19589).

（26） Viorel Panaite, *Pace, război şi comerț în Islam. Țările Române şi dreptul otoman al popoarelor*（*secolele XV-XVII*), Bucureşti, 1997, pp. 342-343 ; Panaite, *The Ottoman Law*, pp. 393-396. オスマン帝国による外国の情報収集については，鈴木董「オスマン帝国と対外的コミュニケーション」pp. 73-114. 特に pp. 105-109.

（27） 1813年4月3日付（1228 Rebiülâhir 1），モルドヴァ公スカルラト・カリマキ（Scarlat Callimachi，在位 1806，1807–10，1812–19）から大宰相への tahrîrât. Борис Недков, *Османотурска дипломатика и палеография*, том *2*（документи и речник），София, 1977, с. 95–96, 274（Народната Библиотека "Св. Св. Кирил и Методий", *OAK*. 1/31）．西欧とロシアに関するワラキア公とモルドヴァ公からの報告は，主に18世紀のものであるが，BOA の *Cevdet tasnifi, Hariciye* や *Eyâlet-i Mümtâze* に多く収められている。

（28） 原文は，'dosta dost ve düşmana düşman olub'.

（29） Panaite, *The Ottoman Law*, pp. 394–395.

（30） *Ibid*., pp. 344–348.

（31） ルーマニアの歴史家クセノポール（A. D. Xenopol）の説。Peter F. Sugar, *Southeastern Europe under Ottoman Rule, 1354–1804*, Seattle & London : University of Washington Press, 1977, p. 123.

（32） Л. Е. Семенова, *Княжества Валахия и Молдавия. Конец XIV– начало XIX в.*（*Очерки внешнеполитической истории*），Москва : Индрик, 2006, с. 213–215.

（33） *Исторические связи народов СССР и Румынии в XV– начале XVIII в.. Документы и материалы в трех томах*, том II（1633–1673），Москва, 1968, с. 249–250.

（34） Л. Е. Семенова, *указ. соч.*, с. 238.

（35） *Там же*, с. 248.

（36） *Там же*, с. 254.

（37） *Исторические связи народов СССР и Румынии в XV– начале XVIII в.. Документы и материалы в трех томах*, том III（1673–1711），Москва, 1970, с. 114–121.

（38） *Там же*, с. 132–138.

（39） *Там же*, с. 162–166.

（40） *Там же*, с. 307–312, 318–322.

（41） *Очерки внешнеполитической истории молдавского княжества*（*последняя треть XIV– начало XIX в.*），Кишинев, 1987, с. 244–245.

（42） 条約文については，*Исторические связи народов СССР и Румынии в XV- начале XVIII в.. Документы и материалы в трех томах*, том III（1673–1711），Москва, 1970, с. 323–326.

（43） *Там же*, с. 331–336.

（44） Л. Е. Семенова, *указ. соч.*, с. 298.

（45） 本来はギリシア語の「ファナリオティス」を用いるべきであるが，日本では英語やフランス語の「ファナリオット」の語が定着しているので，ここではこの語を用いる。ファナリオットの全容については，未だにまとまった研究が見られないが，現段階で比較的まとまった研究と言えるものは，*Symposium L'époque phanariote, 21–25 octombre 1970 : à la mémoire de Cleobule Tsourkas*, Thessaloniki, 1974. その他，Steven Runciman, *The Great Church in Captivity : A Study of the Patriarchate of Constantinople from the Eve of the Turkish Conquest to the Greek War of Independence*, Cambridge University Press, 1968, pp. 360–384.

（46） 1661年，オスマン帝国の最高決定機関である御前会議（Dîvân-ı hümâyûn）に通詞職（Dîvân-ı hümâyûn tercümanlığı）が創設され，その主席通詞（baş tercümanı）にキ

オス島出身のギリシア人パナギオティス・ニクシオス（Παναγιώτης Νικούσιος）が就き，彼の後，1673年から1709年の長期にわたってアレクサンドロス・マヴロコルダトス（Αλέξανδρος Μαυροκορδάτος）がその職を務め，オスマン帝国の外交政策に大きな影響力を発揮した。彼の活動の詳細については，Nestor Camariano, *Alexandre Mavrocordato, le grand drogman. Son activité diplomatique 1673-1709*, Thessaloniki : Institute for Balkan Studies, 1970.

(47) *Osmanlı Tarihi*, vol. 4, part 2, 5th ed., 1988（1st ed., 1959), pp. 93-94.

(48) やや後の時代になるが，1793年にオスマン政府から両公国へ出された法令（kânûnnâme）の中に，公の就任時に，大宰相（sadr-ı âlî），大宰相用人（kethüdâ-i sadr-ı âlî），書記官長（reisü'l-küttâb）など，計11人の大宰相府高官へ所定の金額を支払うことが規定されている。Veliman, *Relaţiile*, p. 602（BOA, *Hatt-ı Hümâyûn Tasnifi*, nr. 12553).

(49) *Târih-i Cevdet*, vol. 6, p. 298.

(50) この3年という期間が公の任期の単位であることは，17世紀後半から確認できる。Tahsin Gemil, *Relaţiile ţărilor române cu Poarta otomană în documente turceşti, 1601-1712*, Bucureşti, 1984, pp. 333-334（doc. 148）（BOA, *İbnülemin Tasnifi, Hariciye*, nr. 179).

(51) この費用はcâize-i mukarrerと呼ばれる。

(52) 一例として，1715年12月にワラキア公に任命されたニコラエ・マヴロコルダトが，就任時に商人や金融家たちから借金をしたが，期日までに完済できなかったため，政府が残りの返済期限を先延ばしすることを認める内容の勅令が出されている。Veliman, *Relaţiile*, p. 102（BOA, *Mühimme Defteri*, nr. 125, f. 48).

(53) 彼が両公国で進めた改革については，Şerban Papacostea, 'La grande charte de Constantin Mavrocordato（1741）et les réformes en Valachie et en Moldavie', in *Symposium L'époque phanariote, 21-25 octombre 1970 : à la mémoire de Cleobule Tsourkas*, Thessaloniki, 1974, pp. 365-376 ; Florin Constantiniu, *Constantin Mavrocordato*, Bucureşti, 1985.

(54) *Очерки внешнеполитической истории молдавского княжества*（*последняя треть XIV- начало XIX в.*), Кишинев, 1987, с. 256-257.

(55) *Там же*, с. 258.

(56) この使節，プレダ・ドゥルガネスク（Preda Drugănescu）のロシアでの活動については，Al. Vianu, 'Din acţiunea diplomatică a Ţării romîneşti în Rusia în anii 1736-1738', *Romanoslavica*, vol. 8（1963）pp. 19-26.

(57) Karl A. Roider, Jr., *The Reluctant Ally : Austria's Policy in the Austro-Turkish War, 1737-1739*, Louisiana State University Press, 1972, pp. 58-61.

(58) *Ibid.*, pp. 105-108.

第3章

(1) 「東方問題」研究で著名なアンダーソンも1774年を「東方問題」の出発点としている。M. S. Anderson, *The Eastern Question 1774-1923 : A Study in International Rela-*

tions, London : Macmillan, 1966.

（2） Е. И. Дружинина, *указ. соч.*.

（3） Osman Köse, *op. cit.*.

（4） ロシアがモレアに進出した1770年にギリシア人の蜂起が発生し，これがバルカンにおける民族運動のさきがけとなった。

（5） Л. Е. Семенова, *указ. соч.*, с. 318. モルドヴァ住民宛のマニフェストは，*Россия и освободительная борьба молдавского народа против османского ига*（*1769–1812*），Кишинев, 1984, с. 20–21.

（6） セミョーノヴァによれば，1770年初頭までにモルドヴァから6300人がロシア軍に加わったということである。Л. Е. Семенова, *указ. соч.*, с. 318.

（7） BOA, *Cevdet Tasnifi, Hariciye*, nr. 5562. モルドヴァの公，ボイェール，聖職者，および有力者への勅令（Evâhir-i Receb 1183/1769. 11. 20–29）。

（8） Veliman, *Relaţiile*, pp. 444–449（BOA, *Mühimme Defteri*, nr. 168, f. 131）. アレッポ総督兼ニーボル（Niğbolu）守備司令官メフメト・パシャ（Ahmed Paşazâde Mehmed）宛の勅令（Evâil-i Şevval 1183/1770. 1.28–2.6）。

（9） 嘆願書の内容は，ワラキアについては，Hurmuzaki, *Documente*（*serie nouă*）, vol. 1, pp. 87–89. モルドヴァについては，*Россия и освободительная борьба молдавского народа против османского ига*（*1769–1812*），Кишинев, 1984, с. 24–31.

（10） *Târîh-i Cevdet*, vol. 2, p. 78.

（11） Vâsıf, *Mehâsinü'l-Âsâr*, vol. 2, pp. 11–12.

（12） 18世紀のプロイセンの興隆期に関する概観としては，Philip G. Dwyer, ed., *The Rise of Prussia 1700–1830*, Harlow : Longman, 2000. また1761年にプロイセンはオスマン帝国とも友好条約を結んでおり，両国は緩やかな同盟関係にあった。フリードリヒ時代のプロイセンとオスマン帝国関係の詳細については，Kemal Beydilli, *Büyük Friedrich ve Osmanlılar : XVIII. Yüzyılda Osmanlı-Prusya Münâsebetleri*, İstanbul, 1985.

（13） 1769年8月のハプスブルク皇帝ヨーゼフ二世とプロイセン国王フリードリヒ二世の会談で，フリードリヒはヨーゼフに対し，ロシアの拡大にハプスブルク帝国は何らかの措置を講ずるべきだと強く警告し，ヨーゼフらを驚かせた。Roider, *Eastern Question*, p. 112.

（14） フリードリヒ二世がポーランド分割構想をロシア側に明らかにしたのは1769年初めのことであったが，ロシア側は当初特別な反応を示さなかった。H. M. Scott, *The Emergence of the Eastern Powers, 1756–1775*, Cambridge : Cambridge University Press, 2001, pp. 189–190.

（15） *Архивъ государственнаго совета*, т. 1, СПб, 1869, с. 54（以下*АГС*と略す）.

（16） *Там же*, с. 60–61.

（17） *Там же*, с. 61.

（18） *СбРИО*, т. 20, 1877, с. 274–277. 1770年9月14日付，フリードリヒ二世からエカチェリーナ二世への書簡。

（19） *Там же*, с. 277–281. 1770年9月28日付，エカチェリーナ二世からフリードリヒ二世への返信。および *там же*, т. 97, с. 150–157. 1770年9月29日付，ペテルブルク駐在プロイセン全権大使ショルムス（Solms）への覚書。

（20） Köse, *op. cit.*, p. 54.

(21) *АГС*, т. 1, с. 61. この案は「和解計画（примирительный план）」と呼ばれる。

(22) *СбРИО*, т. 97, с. 253–254. ドゥルジニナによれば，プロイセンに示された「和解計画」では，第1の案のロシアの占領期間について25年間という具体的な数字が明記されていたが，オルロフへの訓示の中では消えている。Дружинина, *указ. соч.*, с. 131.

(23) *Там же*, с. 138.

(24) *СбРИО*, т. 97, с. 297–299.

(25) *АГС*, т. 1, с. 115.

(26) 第一次ポーランド分割に関する概要は，Jerzy Lukowski, *The Partitions of Poland, 1772, 1793, 1795*, London & New York : Longman, 1999, pp. 55–81. この条約の条文は，Мартенс, *Собранiе*, т. 2（трактаты съ Австрею 1772–1808 г.), с. 21–29.

(27) ハプスブルク宰相カウニッツも，ロシアの圧倒的優勢に対して驚きを表している。Roider, *Eastern Question*, p. 113.

(28) *Ibid.*, p. 119.

(29) *Ibid.*, pp. 119–121.

(30) *Ibid.*, p. 121.

(31) この条文は，de Testa, *Recueil des traités de la Porte Ottomane avec les Puissances Étrangères*, vol. 9, Paris, 1898, pp. 117–121.

(32) 本章注(19)参照。

(33) Vâsıf, *Mehâsinü'l-Âsâr*, vol. 2, pp. 196–197, 199–200 ; Câvid Bey, *Müntehabât*, pp. 379–381.

(34) 9カ条からなるこの休戦条約のロシア語条文は，*ПСЗРИ*, т. 19, с. 525–528. オスマン語条文は，Câvid Bey, *Müntehabât*, pp. 389–391.

(35) 当初開催地としてオスマン側はヤシを希望し，ロシア側はドナウ河口のイスマイル（İsmail，ロシア語でイズマイルИзмаил）を希望して意見対立したが，その後オスマン側がブカレストかフォクシャニのどちらかで開催することを主張し，ロシアはフォクシャニを選択した。Дружинина, *указ. соч.*, с. 158–159.

(36) オブレスコフは1768年までイスタンブル駐在ロシア代表を務めていたため，オスマン帝国の慣習に基づいて，ロシア・オスマン戦争開始と同時にイェディ・クレ（Yedi Kule）に幽閉されたが，1771年に解放され，ロシアへ戻った。彼の生い立ちや外交官としての活動については，Г. Л. Кессельбреннер, *Известные дипломаты России от Посольской избы до Коллегии иностранных дел*, Москва, 1999, с. 367–394.

(37) *СбРИО*, т. 118, с. 90–110. 特にc. 93–94, 103–104.

(38) フォクシャニでの交渉の詳細については，Дружинина, *указ. соч.*, с. 149–182 ; Câvid Bey, *Müntehabât*, pp. 398–437. この交渉が1カ月あまりで決裂した最大の理由は，ロシア側首席全権代表オルロフの個人的事情が挙げられる。当時彼はエカチェリーナと愛人関係にあったが，女帝にヴァシリチコフという新たな恋人が出来たという知らせを受け，彼は直ちにペテルブルクへ戻ることを希望し，交渉を早々に打ち切ってしまった。Дружинина, *указ. соч.*, с. 180.

(39) *Там же*, с. 202–203.

(40) トルコ語のkapı kehyâsı（kâhyası あるいは kethüdâsı）. 公的な代理人。

(41) *Там же*, с. 345–346.

(42) ラグーザ共和国に関する概説としては，Francis W. Carter, *Dubrovnik*（*Ragusa*）*: A Classic City-state*, London & New York : Seminar Press, 1972. 初期から18世紀までのオスマン帝国・ラグーザ関係を通観する研究としては，M. M. Фрейденберг, *Дубровник и Османская империя*, Москва, 1984.

(43) 原文は，'дозволить им пользоваться теми выгодами, коими пользовались они во время царствования достойной памяти султана Мегмета Четвертого, любезного родителя его султанова величества'. Дружинина, *указ. соч.*, с. 345. なお，表記は現代の正書法に直してある。

(44) M. M. Alexandrescu-Dersca, 'Rolul hatişerifurilor de privilegii în limitarea obligaților către Poartă（1774–1802）', *Studii. Revistă de istorie*, 11–6（1958）, p. 104 ; *Acte şi documente*, pp. 6–7.

(45) ヴァースフ史では，グリゴレ・ギカの後も彼の一族が代々後を継ぐ，とあるが，草案にはそのような内容は書かれていない。Vâsıf, *Mehâsin'ül-Âsâr*, vol. 2, p. 243.

(46) 原文は，'Соглашается также, чтоб по обстоятельствам обоих сих княжеств министры Российского императорского двора, при Блистательной Порте находящиеся, могли говорить в пользу сих двух княжеств, и обещает внимать оные с сходственным к дружеским и почтительным державам уважением.' Дружинина, *указ. соч.*, с. 346.

(47) *Там же*, с. 338–341.

(48) この時の功績により，ロシア軍を指揮したルミャンツェフには「ドナウを越えし者（Задунайский）」という称号が与えられた。

(49) この条約は，オスマン語・ロシア語・イタリア語の三カ国語で条文が作成され，オスマン側はオスマン語とイタリア語条文，ロシア側はロシア語とイタリア語条文に署名した。オスマン語条文は，*Mu'âhedât mecmû'ası*, vol. 3, pp. 254–273 ; *Târih-i Cevdet*, vol. 1, pp. 357–370. ロシア語条文は，*ПСЗРИ*, т. 19, с. 957–967. イタリア語条文は，G. F. de Martens, ed., *Recueil de traités d'Alliance, de Paix, de Trève, de Neutralité, de commerce, de limites, d'échange etc. et de plusieurs autres actes servant à la connaissance des relations étrangères des Puissances et états de l'Europe*, 2nd ed., vol. 2, Gottingue, 1820, pp. 286–322. この条約のテキストに関する研究としては，尾高晋己「キュチュク＝カイナルジャ条約（1774年）について」『愛知学院大学文学部紀要』第30号，2000年，pp. 203–209.

(50) ロシア語の原文は，'посредством присылаемых депутатов всякие два года'. オスマン語では，'iki senede bir kere meb'ûslarının vesâtetiyle'. イタリア語では，'col mezzo de' deputati Commissari ogni 2 anni'.

(51) ロシア語の原文は，'поверенного в делах из християн греческого закона'. オスマン語では，'rûm mezhebinde hıristiyan olmak üzre maslahatgüzârlar'. イタリア語では，'incaricati d'affari Cristiani della Religione Greca'.

(52) グリゴレ・ギカのモルドヴァ公任命時の，1774年9月27日（1188年Receb月21日）付の勅許状（berât）の写しは，ルーマニア国立文書館に所蔵されている。Arhivele statului ale României, *Documente istorice*, pachet DLXXXI/64.

(53) この議論に関しては，R. H. Davison, ''Russian Skill and Turkish Imbecility' : The Treaty of Kuchuk Kainardji Reconsidered', *Slavic Review*, 35–3（1976）, pp. 463–483 ; 黛秋津

「キュチュク・カイナルジャ条約におけるロシアのいわゆる『キリスト教徒保護権』について」『イスラーム社会におけるムスリムと非ムスリムの政治対立と文化摩擦に関する比較研究』平成11年度—平成12年度科学研究費補助金（基盤研究(B)(2)）研究成果報告書（11410097）（研究代表者　小山皓一郎），平成13年3月，pp. 169–176.

第4章

（1） Roider, *Eastern Question*, p. 140.

（2） *Ibid.*

（3） 1771年に締結されたハプスブルク・オスマン条約において，ハプスブルク側に割譲されることになっていたオルト川以西のワラキア領，すなわち小ワラキア（オルテニア）に，実際に条約が発効しなかったにもかかわらず，この時ハプスブルク軍が駐屯していた。そのことが，オスマン側のハプスブルク帝国に対する不信感を高める一つの要因となっていた。Hurmuzaki, *Documente*, vol. 7, pp. 101–102. 1773年9月3日付，オスマン政府からトゥグトへの覚書。この中で，オスマン政府は，ハプスブルク側に小ワラキア占領の理由を質し，抗議の意思を伝えている。

（4） Roider, *Eastern Question*, p. 145.

（5） 1774年10月24日付のルミャンツェフから，イスタンブルに派遣されたペテルソンへの訓示の中で，ロシアはハプスブルクによるブコヴィナ占領について中立の立場であり，何も行動を起こす意志のないことを，大宰相らにほのめかすようペテルソンに命じている。*Русскiй архивъ*, 1879, кн. 3, с. 164.

（6） Hurmuzaki, *Documente*, vol. 7, p. 139. 1775年2月21日付，ハプスブルク政府からイスタンブル駐在使節トゥグトへの交渉全権付与の信任状。

（7） *Ibid.*, pp. 141–144. 1775年3月4日付，トゥグトからカウニッツへの報告。

（8） フランス語条文は，Hurmuzaki, *Documente*, vol. 7, pp. 159–161 ; *Acte şi documente*, pp. 62–64 ; Noradounghian, *Recueil*, vol. 1, pp. 334–338. オスマン語条文は，*Mu'âhedât mecmû'ası*, vol. 3, pp. 142–145 ; BOA, *Nâme-i Hümâyûn Defteri*, nr. 9, f. 57–58.

（9） 条約第1条参照。

（10） Hurmuzaki, *Documente*, vol. 7, p. 113.

（11） *Istoria Românilor*, vol. 6（Românii între Europa clasică şi Europa luminilor, 1711–1821）, Bucureşti, 2002, p. 684.

（12） Дружинина, *указ. соч.*, с. 311. ロシアがキュチュク・カイナルジャ条約を批准したのは，締結直後の1774年8月であったのに対し，オスマン帝国がそれを批准したのは，1775年1月のことであった。

（13） *АГС*, т. 1, с. 291.

（14） *Очерки внешнеполитической истории молдавского княжества*（*последняя треть XIV– начало XIX в.*）, Кишинев, 1987, с. 317.

（15） オスマン政府による，アレクサンドル・イプシランティのモルドヴァ公任命の勅許状は，BOA, *Cevdet Tasnifi, Hariciye*, nr. 9208.

（16） ハプスブルク政府は，1774年8月のブコヴィナ占領後，ギカに贈物あるいは終身

年金を与えることによって，彼からブコヴィナ割譲の同意を取り付けた後，オスマン政府に対して割譲の承認を迫ろうとした。Roider, *Eastern Question*, pp. 147–148. その過程でギカとトゥグトの間で書簡のやり取りがなされた。その一部については，Hurmuzaki, *Documente*, vol. 7, pp. 108, 127, 134, 169–170.

（17） *Ibid.*, p. 132. 1775年2月7日付，アレクサンドル・イプシランティからトゥグトへの書簡。

（18） *СбРИО*, т. 5, с. 188–189 ; Hurmuzaki, *Documente*（*serie nouă*）, vol. 1, pp. 97–98.

（19） *Ibid.*, pp. 99–103.

（20） *Ibid.*, pp. 110–111 ; *СбРИО*, т. 6, с. 344–345.

（21） 彼は後にモルドヴァ公に任命され，1795年から1799年まで公位にとどまる。

（22） Hurmuzaki, *Documente*（*serie nouă*）, vol. 1, pp. 124–125. 1776年11月2日付，スタヒエフからエカチェリーナ二世への報告。

（23） 例えば，*СбРИО*, т. 5, с. 212–213.

（24） *Târih-i Cevdet*, vol. 2, p. 78. ギカ処刑の背景についての詳細は，Tahsin Gemil, ‘Mărturii din arhivele turceşti referitoare la sfîrşitul tragic al domnului Moldovei Grigore Al. Ghica（1777）’, *Revista arhivelor*, 1984/3, pp. 289–298.

（25） オスマン語条文は，*Mu‘âhedât mecmû‘ası*, vol. 3, pp. 275–284 ; *Târih-i Cevdet*, vol. 2, pp. 329–335. ロシア語条文は，*ПСЗРИ*, т. 20, с. 800–805. フランス語条文は，*Acte şi documente*, pp. 150–156 ; Noradounghian, *Recueil*, vol. 1, pp. 338–344.

（26） オスマン語では ‘yerlü meb‘ûsların yedinden’，ロシア語では ‘посредством .... природных тамошних депутатов’，フランス語では ‘par des députés nationaux’.

（27） Г. С. Гросул, *Дунайские княжества в политике России. 1774–1806*, Кишинев, 1975, с. 76.

（28） Hurmuzaki, *Documente*（*serie nouă*）, vol. 1, pp. 115–116 ; *Россия и освободительная борьба молдавского народа против османского ига*（*1769–1812*）, Кишинев, 1984, с. 93–95. 1775年8月2日付，スタヒエフからエカチェリーナ二世への報告。

（29） Г. Л. Кессельбреннер, *Хроника одной дипломатической карьеры*（*Дипломат-востоковед С. Л. Лашкарев и его время*）, Москва, 1987. с. 91.

（30） Câvid Bey, *Müntehabât*, pp. 503–505.

（31） Hurmuzaki, *Documente*（*serie nouă*）, vol. 1, pp. 157–158.

（32） Гросул, *указ. соч.*, с. 79–80.

（33） このロシアの，両公国およびベッサラビアにおける領事館開設の詳細に関しては，B. G. Spiridonakis, ‘L’établissement d’un consulat russe dans les Principautés Danubiennes, 1780–1782’, *Balkan Studies*, vol. 4–2（1963）, pp. 289–314.

（34） Мартенс, *Собранiе*, т. 2, с. 96–116.

（35） Heppner, *Österreich und die Donaufürstentümer*, p. 21 ; Heppner, *Austria şi Principatele dunănere*, p. 40.

（36） *Târih-i Cevdet*, vol. 2, p. 169.

（37） *Heppener, Österreich und die Donaufürstentümer*, pp. 25–26 ; *Heppner, Austria şi Principatele dunănere*, pp.45–46.

（38） Hurmuzaki, *Documente*, vol. 7, p. 405.

（39） *Ibid.*, pp. 408–409.

(40) 「領事」と「代表」の差異に関する議論については，Heppner, *Österreich und die Donaufürstentümer*, pp. 28–33 ; Heppner, *Austria şi Principatele dunănere*, pp. 55–61.
(41) エカチェリーナ二世の発布したマニフェストは，*ПСЗРИ*, т. 21, с. 897–898.
(42) 原文は，'Eflâk ve Boğdan memleketleri hakkında bin yediyüz yetmiş dört senesi musâlahası muktezâsı üzre mu'âmele olunub bu bâbda her dürlü mübhemâtı bertaraf etmek içün ba'd-ezîn verecekleri cizyeye ve hilâf-ı kâ'ide cebren ihdâs olunan ahmâlın ref'ine dâ'ir müzâkere oluna', *Târih-i Cevdet*, vol. 2, pp. 353–354. ミュジュテバ・イルギュレルの校訂したヴァースフ史と，バイジャルの校訂した *Müntehabât* の中では，'mübhemâtı' が 'mühimmâti' と転写されているが，これでは意味が通らないように思われる。Ahmed Vâsıf efendi, *Mehâsinü'l-Âsâr ve Hakâikü'l-Ahbâr*, haz. Mücteba İlgürel, Ankara, 1994, pp. 12–14 ; Câvid Bey, *Müntehabât*, pp. 508–509.
(43) Hurmuzaki, *Doucmente* (*serie nouă*), vol. 1, pp. 177–178.
(44) *Ibid*., pp. 184–186.
(45) この条約のオスマン語条文は，*Mu'âhedât mecmû'ası*, vol. 3, pp. 284–319. ロシア語条文は，*ПСЗРИ*, т. 20, с. 800–805. フランス語条文は，*Acte şi documente*, pp. 163–186 ; Noradounghian, *Recueil*, vol. 1, pp. 351–373.
(46) *Ibid*., pp. 379–382.
(47) オスマン語条文は，*Mu'âhedât mecmû'ası*, vol. 3, pp. 319–320. ロシア語条文は，*ПСЗРИ*, т. 20, с. 1082–1083. フランス語条文は，Noradounghian, *Recueil*, vol. 1, pp. 377–378. ロシアのクリム・ハーン国併合をめぐる詳細な研究として，Alan W. Fisher, *The Russian Annexation of the Crimea, 1772–1783*, Cambridge University Press, 1970.
(48) *Mu'âhedât mecmû'ası*, vol. 4, pp. 2–4 ; *Târih-i Cevdet*, vol. 3, pp. 334–335 ; Arhivele statului ale României, *Documente istorice*, DLXXXI/92. フランス語訳は，*Acte şi documente*, pp. 192–195.
(49) BOA, *Cevdet Tasnifi, Eyâlet-i Mümtâze*, nr. 1015.
(50) 原文は，'... tahkîk olunmuş töhmet vukû' bulmadukca beyler azl olunmamak...'.
(51) 本章注(38)参照。
(52) ロシアの場合，1784年にヤシに副領事としてイヴァン・セルンスキ（Иван Лаврентьевич Селунский）が任命された。*Istoria Românilor*, vol. 6 (Românii între Europa clasică şi Europa luminilor, 1711–1821), Bucureşti, 2002, p. 645. ハプスブルク帝国では，1793年にヤシに通商代表が置かれたが，それ以前にも，少なくとも1787年初頭には職員が常駐していた。Hurmuzaki, *Documente*, vol. 19–1, p. 272. 1787年2月6日付，ヤシのシュパウンからカウニッツへの報告。
(53) Hurmuzaki, *Documente*, vol. 19–1.
(54) ハプスブルク政府から任命されたのは，ライチェヴィチを含めて1783年には3人，1785年には5人であった。Heppner, Österreich und die Donaufürstentümer, pp. 33–34 ; Heppner, Austria şi Principatele dunănere, p. 62.
(55) Hurmuzaki, *Documente* (*serie nouă*), vol. 1.
(56) ワラキア公宛は，ルーマニア国立文書館 *Documente istorice*, DLXXXI/66a，モルドヴァ公宛は DLXXXI/65a. ともに1188年 Şevval 月中旬（1774年12月15–24日）付の勅令の写し。

（57） 原文は，'... bir müddetden berü serî'an u müte'âkıben ve hilâf-ı 'âdet-i memleketeyn-i mezbûreteyn voyvodaları azl u nasbından... harâb ve karîn-i ihtilâl...,' '...voyvodaları dahi azllarını muktazâ töhmet-i sarîheleri 'alenan zâhir ve mu'ayyen olmadukca azl olunmamak...'.

（58） ファナリオット出身の各公の概要については，Mihai Ţipău, *Domnii fanarioţi în Ţările Române 1711–1821. Mică Enciclopedie*, Bucureşti, 2004. トルコ語では，Zeynep Sözen, *Fenerli Beyler. 110 Yılın Öyküsü（1711–1821）*, İstanbul, 2000.

（59） Hurmuzaki, *Documente（serie nouă）*, vol. 1, p. 178.

（60） *Ibid.*, p. 133.

（61） *Ibid.*, p. 302.

（62） *Târih-i Cevdet*, vol. 2, p. 169.

（63） Hurmuzaki, *Documente（serie nouă）*, vol. 1, pp. 205–218.

（64） *Târih-i Cevdet*, vol. 3, pp. 263–264. 辞任の表向きの理由は病気によるものとされた。脅迫で命の危険にさらされているため，スツはロシア総領事に対し，自分の辞任に抗議しないよう要請している。Hurmuzaki, *Documente（serie nouă）*, vol. 1, p. 353.

（65） 彼は任命時に終身のワラキア公位を約束された，とする報告がある。*Ibid.*, p. 359.

（66） Köse, *op. cit.*, pp. 168–169.

（67） *Târih-i Cevdet*, vol. 4, p. 9.

（68） Câvid Bey, *Müntehabât*, pp. 567–568, 573–574.

（69） Ahmed Vâsıf Efendi, *Mehâsinü'l-Âsâr ve Hakâikü'l-Ahbâr*, haz. Mücteba İlgürel, Ankara, 1994, pp. 380–381；Câvid Bey, *Müntehabât*, pp. 569–570；BOA, *Cevdet Tasnifi, Hariciye*, nr. 3442. 1201年Rebiü'l-âhır月22日（1787年2月11日）付，ワラキア公ニコラエ・マヴロヤニからの報告。この事件のため，アレクサンドル・マヴロコルダト二世には「逃亡者（Firaris）」というあだ名が付けられた。

（70） Câvid Bey, *Müntehabât*, pp. 581–584.

（71） *АГС*, т. 1, с. 500–501.

（72） Heppner, *Österreich und die Donaufürstentümer*, p. 70；Heppner, *Austria şi Principatele dunănere*, p. 113.

（73） Hurmuzaki, *Documente*, vol. 19–1, pp. 308–309, 370, 400.

（74） *Ibid.*, pp. 391–392.

（75） *Târih-i Cevdet*, vol. 4, p. 55. イプシランティはこの時ハプスブルク軍の捕虜という形でモルドヴァを去り，モラヴィアのブルノ（Brno）に戦争終結まで留まった。その後オスマン政府に許され，イスタンブルに戻った。Mihai Ţipău, *op. cit.*, p. 91.

（76） オスマン語条文は，*Mu'âhedât mecmû'ası*, vol. 1, pp. 160–162. フランス語訳は，Noradounghian, *Recueil*, vol. 2, pp. 1–3.

（77） Isabel de Madariaga, *Russia in the Age of Catherine the Great*, London：Phoenix Press, paperback ed., 2002（1st ed., 1981）, pp. 400–401.

（78） オスマン語条文は，BOA, *Nâme-i Hümâyûn Defteri*, vol. 4, f. 17–18；*Mu'âhedât mecmû'ası*, vol. 1, pp. 90–94. フランス語訳は，Noradounghian, *Recueil*, vol. 2, pp. 3–6. また，このプロイセン・オスマン同盟の背景に関する詳細については，Kemal Beydilli, *1790 Osmanlı-Prusya İttifâkı（Meydana geliş-Tahlili-Tatbiki）*, İstanbul, 1981.

（79） Roider, *Eastern Question*, p. 188.

(80) この交渉過程の一部は，BOA, *Cevdet Tasnifi, Hariciye*, nr. 6098.

(81) この条約のオスマン語条文は，BOA, *Nâme-i Hümâyûn Defteri*, nr. 4, f. 67-74 ; *Mu'âhedât mecmû'ası*, vol. 1, pp. 90-94. フランス語条文（前文のみラテン語）は，Hurmuzaki, *Documente*, vol. 7, pp. 523-529 ; *Acte şi documente*, pp. 71-79.

(82) ヤシにおけるこの和平交渉の議事録は，*СбРИО*, т. 29, с. 548-630.

(83) オスマン語条文は，BOA, *Rusya Ahidnâme Defteri*, 83/1, f. 190-193 ; *Mu'âhedât mecmû'ası*, vol. 4, pp. 5-13 ; *Târih-i Cevdet*, vol. 5, pp. 330-339. ロシア語条文は，*ПСЗРИ*, т. 23, с. 287-292.

(84) *СбРИО*, т. 29, с. 579-582.

(85) オデッサの歴史に関するまとまった研究としては，Patricia Herlihy, *Odessa : A History, 1794-1914*, Cambridge : Harvard University Press, 1986.

(86) 18世紀末にオスマン帝国が開始した常駐使節の派遣については，Ercümend Kuran, *Avrupa'da Osmanlı İkamet Elçiliklerinin Kuruluşu ve İlk Elçinin Siyasi Faâliyetleri 1793-1821*, Ankara, 1988 (1st ed., 1968).

第5章

(1) この五月三日憲法と，それを成立させた四年議会の詳細については，白木太一『近世ポーランド「共和国」の再建——四年議会と五月三日憲法への道』彩流社，2005年。

(2) フランス革命のオスマン帝国への影響については，鈴木董「オスマン帝国とフランス革命——イスラム世界と近代西欧世界の同時代的接触のひとこま」田中治男，木村雅昭，鈴木董編『フランス革命と周辺国家』リブロポート，1992年，pp. 59-106.

(3) ニザーム・ジェディードに関しては数多くの研究がなされているが，包括的な研究として，Stanford J. Shaw, *Between Old and New : The Ottoman Empire under Sultan Selim III 1789-1807*, Cambridge University Press, 1971. しかし，この本には事実の誤りも散見される。

(4) デコルシェはオスマン政府による信任前にフランスによって本国へ召還され，代わってヴェルニナクが特命使節（envoyé extraordinaire）としてオスマン政府に信任された。この経緯の詳細については，E. de Marcère, *Une ambassade à Constantinople. La politique orientale de la Révolution française*, vol. 2, Paris, 1927, pp. 157-221.

(5) *Târih-i Cevdet*, vol. 6, pp. 200-202.

(6) 皇太子時代のセリムとルイ十六世との間の文通については，İsmail Hakkı Uzunçarşılı, 'Selim III'ün Veliaht iken Fransa Kralı Lui XVI ile Muhabereleri', *Belleten*, vol. 2/5-6 (1938), pp. 191-246.

(7) 17世紀末までの，フランスとワラキア・モルドヴァ関係については，Lebel, *op. cit.*, pp. 11-48.

(8) この議論に関する詳細は，V. Mihordea, *Politica orientală franceză şi Ţările române în secolul al XVIII-lea —1749-1760— După corespondenţa agenţilor de la „Secret du roi"*, Bucureşti, 1937.

（9） Lebel, *op. cit.*, p. 199.

（10） *Istoria Românilor*, vol. 6（Românii între Europa clasică şi Europa luminilor, 1711-1821), Bucureşti, 2002, p. 650.

（11） ワラキアとモルドヴァに避難したポーランド人の問題に関しては，Veniamin Ciobanu, 'Les Principautés Roumaines à la fin du XVIIIe siècle et les partages de la Pologne', *Revue Roumaine d'Histoire*, 12-4（1973), pp. 715-730. 1795 年には，モルドヴァに避難したポーランド人をフランスが組織する計画も存在した。*Ibid.*, p. 721.

（12） Hurmuzaki, *Documente*, suplement 1-2, p. 100.

（13） *Ibid.*, pp. 113-114.

（14） *Ibid.*, p. 120.

（15） オスマン臣民を外国の領事として信任しない方針は，たびたび外国政府に示されている。例えば，BOA, *Cevdet Tasnifi, Hariciye*, nr. 8121.

（16） Hurmuzaki, *Documente*, suplement 1-2, p. 160.

（17） 彼の両公国における活動に関しては，Adriana Camariano-Cioran, 'L'activité d'Émil Claude Gaudin, premier consul de France à Bucarest', *Revue Roumaine d'Histoire*, vol. 9（1970), pp. 251-260 ; Lebel, *op. cit.*, pp. 205-219. なお，カマリアノ・チョランは，論文の表題で彼を最初の領事としているが，彼は領事の肩書きは持っていなかった。おそらく彼の実質的な活動が領事と同様であることから，そのような表題をつけたのであろう。

（18） Hurmuzaki, *Documente*, suplement 1-2, pp. 162-164.

（19） Hurmuzaki, *Documente*, suplement 1-3, p. 457.

（20） *Ibid.*, p. 467.

（21） Hurmuzaki, *Documente*, suplement 1-2, p. 171.

（22） 両公国におけるフランス革命の文化的影響に関しては，Al. Zub, *Reflections on the Impact of the French Revolution : 1789, De Tocqueville and the Romanian Culture*, Iaşi-Oxford-Portland : The Center for Romanian Studies, 1999.

（23） *BOA, Hatt-ı hümayun tasnifi*, nr. 12553. この法令集についての研究として，Mustafa Ali Mehmet, 'O nouă reglamentare a raporturilor Moldovei şi Ţării Româneşti faţă de Poartă la 1792（O carte de lege-Kanunname-în limba turcă)', *Studii. Revistă de istorie*, vol. 20-4（1967), pp. 691-707.

（24） アーヤーンの台頭過程に関しては，永田雄三「トルコにおける前資本主義社会と「近代化」――後進資本主義の担い手をめぐって」大塚久雄編『後進資本主義の展開過程』アジア経済研究所，1973 年，pp. 139-187 ; Yuzo Nagata, *Tarihte Âyânlar, Karaosmanoğulları Üzerine Bir İncelemesi*, Ankara : Türk Tarih Kurumu, 1997.

（25） 1768-74 年のロシア・オスマン戦争におけるアーヤーンの台頭とオスマン政府の対応については，Yuzo Nagata, *Muhsin-zâde Mehmed Paşa ve Ayanlık müessesesi*, Tokyo, 1976.

（26） 1790 年代から 1810 年代における，アーヤーン間の抗争により混乱するルメリに関する研究としては，Вера Мутафчиева, *Кърджалийско време*, София, 1977.

（27） 18 世紀末から 19 世紀初頭にかけての，オスマン政府の対アーヤーン対策に関しては，Yücel Özkaya, *Osmanlı İmparatorluğundu Dağlı İsyanları*（1791-1808), Ankara, 1983.

(28) テペデレンリ・アリ・パシャに関するまとまった研究としては，K. E. Fleming, *The Muslim Bonaporte : Diplomacy and Orientalism in Ali Pasha's Greece*, Princeton : Princeton University Press, 1999.

(29) 彼に関しては，İsmail Hakkı Uzunçarşılı, *Meşhur Rumeli Âyanlarından Tirsinikli İsmail, Yılık oğlu Süleyman Ağalar ve Alemdar Mustafa Paşa*, İstanbul, 1942, pp. 8–32.

(30) パズヴァンドオウル・オスマンに関する研究は，本章注(26)のムタフチエヴァのモノグラフの他に，R. Gradeva, 'Osman Pazvantoğlu of Vidin : Between Old and New', in Frederick F. Anscombe, ed., *The Ottoman Balkans 1750–1830*, Princeton, 2006, pp. 115–161 ; Robert Zens, 'Pasvanoğlu Osman Paşa and the Paşalık of Belgrade, 1791–1807', *International Journal of Turkish Studies*, 8/1–2 (2002), pp. 89–104.

(31) 例として，Hurmuzaki, *Documente* (*serie nouă*), vol. 4, pp. 135–138, 262–263, 270–271 など。

(32) *Ibid.*, pp. 297–298.

(33) フランスのエジプト侵攻期におけるフランス・オスマン関係に関する研究として，E. Z. Karal, *Fransa-Mısır ve Osmanlı İmparatorluğu* (*1797–1802*), İstanbul, 1938 ; İsmail Soysal, *Fransız İhtilâli ve Türk-Fransız Diplomasi münasebetleri* (*1789–1802*), Ankara, 1964 ; 鈴木董前出「オスマン帝国とフランス革命」pp. 59–106.

(34) *Târih-i Cevdet*, vol. 6, p. 284.

(35) ロシアとの条約の条文は，オスマン語では，*Mu'âhedât mecmû'ası*, vol. 4, pp. 19–28. ロシア語では，*ПСЗРИ*, т. 24, с. 500–502. フランス語は，Noradounghian, *Recueil*, vol. 2, pp. 24–27. イギリスとの条約の条文は，オスマン語では，*Mu'âhedât mecmû'ası*, vol. 1, pp. 262–266. フランス語では，Noradounghian, *Recueil*, vol. 2, pp. 28–31.

(36) イスタンブルの海峡通過の問題に関しては，これまでにいくつかの研究が発表されているが，代表的なものとして，C. Tukin, *Boğazlar Meselesi*, İstanbul, 1999 (1st ed., 1947).

(37) *Târih-i Cevdet*, vol. 7, p. 44.

(38) *Ibid.*, p. 95.

(39) V. Mutafchieva, Al. Vianu, 'Frămîntările feudale din Bulgaria de nord la sfârşitul secolului al XVIII-lea şi începutul secolului al XIX-lea şi ecoul în Ţara Românească', *Relaţii româno-bulgare de-a lungul veacurilor* (*sec. XII–XIX*), *Studii*, vol. 1, Bucureşti, 1971, p. 228.

(40) Hurmuzaki, *Documente* (*serie nouă*), vol. 4, p. 305. 1801年1月22日付，パズヴァンドオウルからブカレスト駐在ロシア副領事キリコ（Лука Григоревич Килико）への書簡。

(41) オルテニアの一部の道路沿いには，現在でも18世紀末に建てられた見張り塔がいくつか存在する。これらはパズヴァンドオウル軍の襲来を監視する目的で建てられたと考えられる。V. Stancu, 'L'architecture dans les pays roumaines à l'époque phanariote et les monuments répresentatifes les plus importants de cette époque', *Symposium l'époque Phanariote 21–25 octobre 1970 à la mémoire de Cléobule Tsourkas*, Thessaloniki, 1974, pp. 265–294. また，現在のオルテニア方言には，パズヴァンドオウルの名前に由来する 'pazvangiu' や 'pazvandlâu' という言葉が残っており，「泥棒」や「追いはぎ」の意味である。*Dicţionarul explicativ al limbii române*, ediţia a 2-a, Bucureşti,

1998.

（42） Hurmuzaki, *Documente* (*serie nouă*), vol. 4, pp. 354–355.

（43） Вера Мутафчиева, *Кърджалийско време*, София, 1977, с. 278–279.

（44） *Târih-i Cevdet*, vol. 7, p. 154.

（45） *ВПР*, т. 1, с. 195.

（46） Hurmuzaki, *Documente* (*serie nouă*), vol. 4, p. 387.

（47） *Ibid*., p. 421 ; *Târih-i Cevdet*, vol. 7, p. 161.

（48） *ВПР*, т. 1, с. 710.

（49） *Там же*, с. 239.

（50） *Там же*, с. 241–243.

（51） 1801年10月，ロシアはフランスと和平条約を結び，その秘密条項第3条の中で，フランスとオスマン帝国との和平交渉時にロシアが仲介役を務める旨が定められていた。この条約の条文は，*Там же*, с. 95–97. 秘密協約は，*Там же*, с. 98–102.

（52） *Там же*, с. 232–233.

（53） *Там же*, с. 250–254.

（54） *Там же*, с. 238–239.

（55） *Там же*, с. 241–243.

（56） Hurmuzaki, *Documente* (*serie nouă*), vol. 4, pp. 393–394.

（57） *ВПР*, т. 1, с. 254–255. この覚書の要約は，BOA, *Hariciye Siyâsî Kısmı*, dosya 1011, nr. 3.

（58） Hurmuzaki, *Documente* (*serie nouă*), vol. 4, pp. 315–317. 彼に関する研究としては，V. Mischeva & P. Zavitsanos, *Principele Constantin Ypsilanti 1760–1816*, Chişinău, 1999.

（59） オスマン側は公解任に際して，「ロシア代表は（公の犯した——引用者注）違反行為について前もって知らされる」という表現で妥協を図ったが，タマーラは拒否した。*ВПР*, т. 1, с. 280.

（60） *Там же*, с. 281.

（61） *Там же*, с. 275, 713.

（62） 両国の合意を受けてワラキア・モルドヴァ両公宛に発布された勅令は，写しではあるが，ワラキア公宛が，Arhivele Statului ale României, *Documente turceşti*, nr. 1149, 2440. モルドヴァ公宛が Arhivele Statului ale României, *Microfilm Turcia*, rola 1, c. 19–22（オリジナルは，Topkapı Sarayı Müzesi Arşivi, E-3999/1）. 刊行されたものとして，*Târih-i Cevdet*, vol. 7, pp. 352–361 ; М. Губоглу, ‘Два указа（1801. г）и священный рескрипт（1802 г.）, связанные с турецко-русско-румынским отношениями’, *Восточные источники по истории народов Юго-Восточной и Центральной Европы*, т. 2, Москва, 1969, с. 238–274. また，*Acte şi documente*, pp. 252–289 には，ワラキア公宛勅令のフランス語訳とルーマニア語訳が，Noradounghian, *Recueil*, vol. 2, pp. 55–67 にはワラキア公宛勅令のフランス語訳が，M. A. Mehmet, *Documente turceşti privind istoria României*, vol. 3（1791–1812）, Bucureşti, 1986, pp. 167–188 には，ルーマニア語訳がある。

（63） *ВПР*, т. 1, с. 300–301.

（64） *Там же*, с. 385.

（65） ロシア側からの覚書では，新たに就任する公がイスタンブルから連れてくるギリシ

ア人は，公個人に奉仕する職に限定し，その他のあらゆる公職には現地のボイェールを登用することが要求されていたが，勅令では「ギリシア人のうち，高潔な者，知識のある者，そしてその職にふさわしい者の指名も公の選択肢のうちである（rûm tâ'ifesinden ehl-i 'ırz ve erbâb-ı vukûf ve bu menâsıba lâyık olanların intihâbı dahi voyvodanın yed-i ihtiyârında ola）」とされ，ギリシア人の登用も認められた。

（66） 原文は，'rusya elçisinin buna dâir ve memleketin imtiyâzât ve bâ-husûs işbu fermân-ı âlîde münderic şurûtın vikâyesine mütedâir vâki' olacak ifâdâtına voyvodalar i'tibâr eyliye.'

（67） 原文は，'müddet-i merkûme içünde töhmeti zuhûrunda cânib-i Devlet-i Aliyye'den Rusya elçisine ihbâr olunub bu vechile tarafeynden ba'de'-l tahkîk voyvoda-i mûmâileyh fî nefsi'l-emr müttehem olduğu zâhir ve müttehakik olur ise yalnız ol hâlde azli câ'iz ola.'

第6章

（1） ロシア皇帝アレクサンドル一世が果たした，ウィーン体制における役割に関しては，池本今日子『ロシア皇帝アレクサンドル一世の外交政策——ヨーロッパ構想と憲法』風行社，2006年。

（2） この条約のオスマン語条文は，*Mu'âhedât mecmû'ası*, vol. 1, pp. 35–38. フランス語条文は，Noradounghian, *Recueil*, vol. 2, pp. 51–54.

（3） 第5章注(51)参照。

（4） イギリスは1799年の同盟条約において，黒海での商船の自由航行をオスマン帝国に認められていた。

（5） Lebel, *op. cit.*, pp. 235–236.

（6） オスマン政府は，これを事実上の領事と見なしていた。ブカレストにおけるイギリス代表部（領事館）開設に関しては，Paul Simionescu, Radu Valentin, 'Documents inédits concernant la création du consulat britanique à Bucarest（1803）', *Revue Roumaine d'Histoire*, vol. 8/2（1969）, pp. 241–262.

（7） ナポレオンが出発前のブリュヌ将軍に宛てた訓示では，最も重要な任務として，イスタンブルにおけるフランスの優位な立場を回復することを挙げている。*Correspondence de Napoléon Ier*, vol. 8, Paris, 1861, pp. 69–70.

（8） *Târih-i Cevdet*, vol. 7, p. 260.

（9） Гросул, *указ. соч.*, с. 166.

（10） *Târih-i Cevdet*, vol. 7, p. 256.

（11） Hurmuzaki, *Documente*（*serie nouă*）, vol. 4, pp. 482–484, 501–502.

（12） *ВПР*, т. 1, с. 389–390.

（13） Гросул, *указ. соч.*, с. 169.

（14） *Târih-i Cevdet*, vol. 8, pp. 6–8.

（15） この時期のロシアのカフカース進出に関しては，Nikolas K. Gvosdev, *Imperial Policies and Perspectives towards Georgia, 1760–1819*, London & New York, 2000. 邦文では，黛秋津「帝国のフロンティアとしてのカフカース——一八世紀の帝政ロシアのカフカース進出とオスマン帝国」木村崇，鈴木董，篠野志郎，早坂眞理編『カフカース——二つの文明が交差する境界』彩流社，2006年，pp. 17–56.

（16） トルコ語では「七島共和国（Yedi Ada Cumhuriyeti）」と呼ばれる。1800年3月21日に締結されたこの条約は，オスマン語では，*Mu'âhedât mecmû'ası*, vol. 4, pp. 28-34. ロシア語では，*ПСЗРИ*, т. 25, *с*. 88-92. フランス語条文は，Noradounghian, *Recueil*, vol. 2, pp. 36-41. この条約の第5条で，ロシア軍が共和国の防衛のために軍を駐屯させることが認められている。

（17） 条約更新時のロシア軍事船の海峡通行の問題に関しては，C. Tukin, *op. cit.*, pp. 138-139. 18世紀末から19世紀初頭にかけての，ロシアのイオニア諸島を中心とする地中海政策に関しては，Norman E. Saul, *Russia and the Mediterranean 1797-1807*, Chicago & London : The University of Chicago Press, 1970 ; A. M. Станиславская, *Россия и Греция в конце XVIII – начале XIX века. Политика России в Ионической республике 1798-1807 г.*, Москва, *1976.*

（18） *ВПР*, т. 2, с. 677.

（19） このロシアとオスマン帝国との交渉の詳細な経過については，ロシア側と西欧側史料のみに依拠しているが，Armand Goşu, *La troisième coalition antinapoléonienne et la Sublime Porte 1805*, Istanbul : Isis, 2003 も参照。この条約はオスマン語とフランス語の二カ国語で作成された。オスマン語条文については，*Mu'âhedât mecmû'ası*, vol. 4, pp. 35-41. フランス語条文については，*ВПР*, т. 2, с. 582-586. なおノラドゥンギャンの条約集にもフランス語の条文があるが，これはオスマン語からの訳出である。Noradounghian, *Recueil*, vol. 2, pp. 70-74.

（20） 秘密条項は，オスマン語では，*Mu'âhedât mecmû'ası*, vol. 4, pp. 41-48. フランス語では，*ВПР*, т. 2, с. 586-589.

（21） *Там же*, с. 677-678.

（22） *Там же*, с. 697.

（23） ナポレオンは定期的にセリム三世に書簡を送り，ロシアとの決別を働きかけていた。一例として，*Correspondence de Napoléon Ier*, vol. 10, 1862, pp. 130-131. 1805年1月30日付，ナポレオンからセリム三世への親書。

（24） この時オスマン政府からロシア側へ渡された批准書の内容は，BOA, *Nâme-i Hümâyûn Defteri*, nr. 10, f. 38-41. 秘密条項は，*ibid.*, f. 41-44.

（25） *Târih-i Cevdet*, vol. 8, p. 46.

（26） *Ibid*.

（27） *Ibid.*, p. 48 ; *'Âsım târihi*, vol. 1, p. 75.

（28） *Târih-i Cevdet*, vol. 8, p. 61. しかし，新制軍はベオグラードに向けて出発したものの，途中アーヤーンたちの一致団結した反対に会い，エディルネから先に進むことができずにイスタンブルに帰還した。この事件は第二エディルネ事件と呼ばれる。

（29） *ВПР*, т. 3, с. 69-70, 78.

（30） *Там же*, с. 684 ; C. Tukin, *op. cit.*, pp. 144-145.

（31） *ВПР*, т. 3, с. 666.

（32） *Там же*, с. 179, 252.

（33） *Там же*, с. 263-264 ; *Târih-i Cevdet*, vol. 8, p. 74.

（34） *Correspondence de Napoléon Ier*, vol. 12, 1863, pp. 474-475.

（35） *ВПР*, т. 3, с. 252-253.

（36） *Târih-i Cevdet*, vol. 8, p. 74.

(37) Мартенс, *Собрание*, т. 8, с. 332–338.
(38) *'Âsım târihi*, vol. 1, pp. 199–200.
(39) *ВПР*, т. 3, с. 273–278.
(40) *Там же*, с. 301–302 ; *'Âsım târihi*, vol. 1, p. 182.
(41) de Testa, *Recueil des traités de la Porte Ottomane avec les Puissances Étrangères*, vol. 2, Paris, 1865, pp. 279–281.
(42) *ВПР*, т. 3, с. 341–343.
(43) *Târih-i Cevdet*, vol. 8, pp. 75–76.
(44) *ВПР*, т. 3, с. 347.
(45) *Там же*, с. 360.
(46) 1806 年末のロシア・オスマン戦争開始前後の時期の，西欧側とロシア側から見たオスマン帝国をめぐる国際関係については，Paul F. Shupp, *The European Powers and the Near Eastern Question*, New York, 1966.
(47) P. P. Panaitescu, *Corespondența lui Constantin Ypsilanti cu guvernul rusesc 1806–1810 : pregătirea eteriei și a renașterii politice românești*, București, 1933, p. 10. 彼はその後キエフやサンクト・ペテルブルクに住み，ロシアでその生涯を終える。Mihai Țipău, *op. cit.*, p. 96.
(48) *Correspondence de Napoléon Ier*, vol. 14, 1863, p. 5.
(49) *Ibid.*, pp. 128–129.
(50) *Târih-i Cevdet*, vol. 8, p. 102.
(51) *Loc. cit.*
(52) F. Ismail, *The Diplomatic Relations of the Ottoman Empire and the Great European Powers from 1806 to 1821*（Thesis Presented for the Degree of Doctor of Philosophy in the University of London），1975, p. 82（以下 F. Ismail, *The Diplomatic Relations* と略す）; *Târih-i Cevdet*, vol. 8, pp. 108–109.
(53) *Ibid.*, pp. 112–113.
(54) *Ibid.*, pp. 113–114.
(55) この事件の詳細については，*Ibid.*, pp. 155–175 ; Antoine de Juchereau de Saint-Denys, *Révolutions de Constantinople en 1807 et 1808*, 2 vols., Paris, 1819.
(56) *СбРИО*, т. 88, с. 71.
(57) フランス・ロシア間の条約は，*Acte și documente*, pp. 576–584 ; *СбРИО*, т. 89, с. 51–59.
(58) *СбРИО*, т. 89, с. 60–63.
(59) 原文は，'Pareillement, si par une suite des changements qui viennent de se faire à Constantinople, la Porte n'acceptait pas la médiation de la France, ou si, après qu'elle l'aura acceptée, il arrivait que, dans le délai de trois mois après l'ouverture des négociations, elles n'eussent pas conduit à un résultat satisfaisant, la France fera cause commune avec la Russie contre la Porte ottomane, et les deux hautes parties contractantes s'entendront pour soustraire toutes les provinces de l'empire ottomane en Europe, la ville de Constantinople et la province Roumélie exceptées, au joug et aux vexations des Turcs.'
(60) F. Ismail, *The Diplomatic Relations*, p. 128.
(61) この条約はオスマン語とフランス語の 2 カ国語で作成された。オスマン語条文は，*'Âsım târihi*, vol. 2, pp. 104–107. フランス語条文は，А. Н. Петров, *Война России с*

Турцией 1806–1812 гг., т. 1, 1885, с. 405–408.
(62) *СбРИО*, т. 89, с. 135.
(63) *Там же*, с. 107–108.
(64) *Acte şi documente*, pp. 618–619.
(65) *СбРИО*, т. 89, с. 178–179.
(66) *Там же*, с. 260.
(67) *СбРИО*, т. 88, с. 424.
(68) その会談や覚書の内容については，*Acte şi documente*, pp. 790–822.
(69) *Ibid*, p. 811.
(70) *ВПР*, т. 3, с. 375–378. 1806 年 11 月 26 日付，外務大臣ブドベルクからポッツォ・ディ・ボルゴ（Pozzo di Borgo）への訓示。
(71) *Acte şi documente*, pp. 536–537.
(72) *СбРИО*, т. 89, с. 417.
(73) *Târih-i Cevdet*, vol. 8, p. 233.
(74) *Ibid.*, p. 238.
(75) *Acte şi documente*, p. 758.
(76) 草案の内容は *Ibid.*, pp. 918–922.
(77) *ВПР*, т. 4, с. 330.
(78) 第 9 条の終わりに次のような文言がある。「オスマン政府がイギリスの腕の中に身を投じることを妨げるため……（pour empêcher la Porte de se jeter dans les bras de l'Angleterre...）」。
(79) Augustus B. Paget, ed., *The Paget Papers : Diplomatic and Other Correspondence of Sir Arthur Paget 1794–1807*, vol. 2, London, 1896, pp. 320–324.
(80) F. Ismail, *The Diplomatic Relations*, p. 142.
(81) イギリスとの交渉に前向きだったハーレト・エフェンディがセバスティアニの抗議を受けイスタンブルから追放となった。*Târih-i Cevdet*, vol. 8, p. 244.
(82) Robert Adair, *The Negotiations for the Peace of Dardanelles, in 1808–9 : with Dispatches and Official Documents*, Vol. 1, London, 1845, pp. 2–4（以下 Adair, *The Negotiations* と略す）; *Târih-i Cevdet*, vol. 9, p. 57.
(83) *Ibid.*, p. 59.
(84) この交渉の詳細な経過は，Adair, *The Negotiations*, vol. 1, London, 1845, pp. 24–118 ; F. Ismail, *The Diplomatic Relations*, pp. 197–206.
(85) この条約文はオスマン語とフランス語の 2 カ国語で作成された。オスマン語条文は，*Mu'âhedât mecmû'ası*, vol. 1, pp. 266–270，フランス語条文は，Noradounghian, *Recueil*, vol. 2, pp. 80–83.
(86) Şânîzâde Ataullah efendi, *Şânîzâde târihi*, vol. 1, 1284h（1867–68）, p. 151.
(87) *ВПР*, т. 4, с. 367–368.
(88) *Там же*, с. 439–440.
(89) F. Ismail, *The Diplomatic Relations*, pp. 216–217.
(90) А. Н. Петров, *Война России с Турцией 1806–1812 гг.*, т. 2, 1887, *с*. 560–561 ; Adair, *The Negotiations*, vol. 1, pp. 165–167
(91) *Ibid.*, pp. 167–170.

(92) *Acte şi documente*, p. 966.
(93) *Correspondence de Napoléon Ier*, vol. 20, 1866, pp. 505–506.
(94) *ВПР*, т. 5, с. 530–534.
(95) Adair, *The Negotiations*, vol. 2, pp. 72–73.
(96) *ВПР*, т. 5, с. 538–539.
(97) *Târih-i Cevdet*, vol. 9, p. 170.
(98) *ВПР*, т. 6, с. 129.
(99) *Târih-i Cevdet*, vol. 9, p. 268.
(100) F. Ismail, *The Diplomatic Relations*, pp. 266–267.
(101) *Târih-i Cevdet*, vol. 10, pp. 12–13.
(102) *Ibid.*, p. 14.
(103) *Ibid.*, p. 20.
(104) *Ibid.*, pp. 23–24.
(105) フランス語条文は，Noradounghian, *Recueil*, vol. 2, pp. 86–92 ; *ВПР*, т. 6, с. 406–412. オスマン語条文は，*Mu'âhedât mecmû'ası*, vol. 4, pp. 49–57.

終　章

(1) ウィーン会議に関する研究は数多く存在するが，オスマン帝国とこの会議との関わりやウィーン体制におけるオスマン帝国の位置づけなどについての研究はこれまでほとんどなされていない。
(2) Schroeder, *op. cit.*, p. 573.
(3) 詳細な過程は，F. Ismail, *The Diplomatic Relations*, pp. 363–371.
(4) この通信の内容については，Friedrich von Gentz, *Dépêches inédites du Chevalier de Gentz aux Hospodars de Valachie*, 3 vols., Paris, 1876–7.
(5) Keith Hitchins, *The Romanians 1774–1866*, Oxford University Press, 1996, pp. 156–157.
(6) *Ibid.*, p. 185.
(7) *Ibid.*, p. 281.
(8) その一例として，黛秋津「ワラキア・モルドヴァにおけるロシア・ハプスブルク帝国の領事館設置問題——18世紀後半における黒海の国際化との関連で」『東京国際大学論叢　経済学部編』42号，2010年，pp. 177–197.